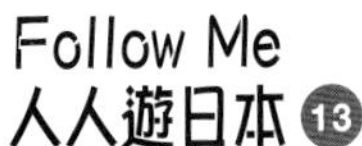

東北

人人出版

目次 人人遊日本 — 東北

MAP系列 13

Page Contents

青森・十和田湖・津輕

盛岡・平泉・三陸

八幡平・田澤湖・角館

本書使用前注意事項

由於受到新冠肺炎（COVID-19）的影響，本書所刊載的資訊，其後住宿設施、店面、觀光景點、交通機關的營業時間、費用等可能會有所調整，務必事前確認。

仙台・松島

山形・米澤・庄內

會津・磐梯

旅遊的規劃

鴨隊長

人人遊日本全新系列中負責介紹工作的白鴨，興趣是旅行。在旅途中吃下太多美食而幾乎無法飛行，只能隨興地靠雙腳和搭乘大眾運輸工具悠遊於日本各地。

●住宿設施的價格，是最主要的房型的房費（含稅、服務費）。如果是有附餐的旅館，則標示的是平日2人1室時每個人的最低金額。Ⓢ是單人房、Ⓣ是雙床房，標示的是不含餐的價格。
●書中的各種費用指的是含稅的大人費用。
●每家店的休息日期，原則上只標示公休日，有時候會省略掉過年期間、盂蘭盆節等假期，請注意。標示為LO的時間是指最後點餐的時間。
●火車和巴士會有季節等因素而大幅度變更運行時刻和班次的情況，請務必事先確認。
●本書裡的各項資訊均為2021年1月時的資訊，在2023年10月做了大幅度更新。這些資訊可能會有變動，請在出發前加以確認，敬請知悉。

景點索引地圖

啟程前往東北旅遊之前，先以這張地圖掌握全境，確認大略的地區和想去的觀光景點位置吧。

［青森］
除了佞武多祭（睡魔祭）之外，
還可盡情品嘗北部海域的海鮮
P.14

［奧入瀨］
飽覽新綠和楓紅時節的溪谷美
在大自然環繞下散步
P.24

［盛岡］
擁有懷舊氛圍的
歷史和文學之城
P.52

［平泉］
遊逛藤原三代的榮華歷史
世界文化遺產散步
P.65

［角館］
洗練的黑色木板圍牆綿延
秋田的小京都
P.97

［仙台］
集結了東北的美食
綠意盎然的森林之都
P.106

［米澤］
在與上杉家有淵源的城下
信步遊逛
P.127

［會津若松］
「八重之櫻」的舞台
鶴之城的城下町
P.158

48 五能線沿線
50 十二湖
104 男鹿半島
145 酒田
149 最上峽
150 鶴岡
152 羽黑山
154 村上

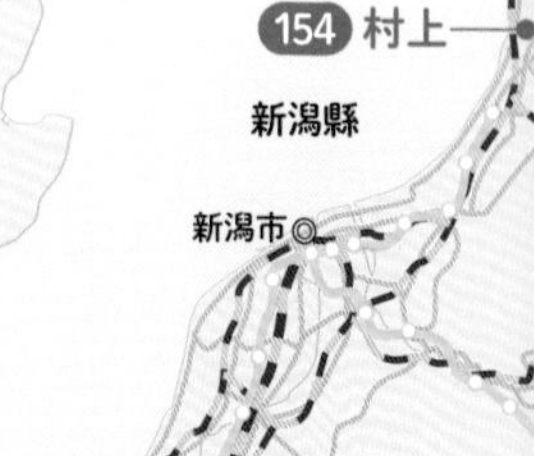

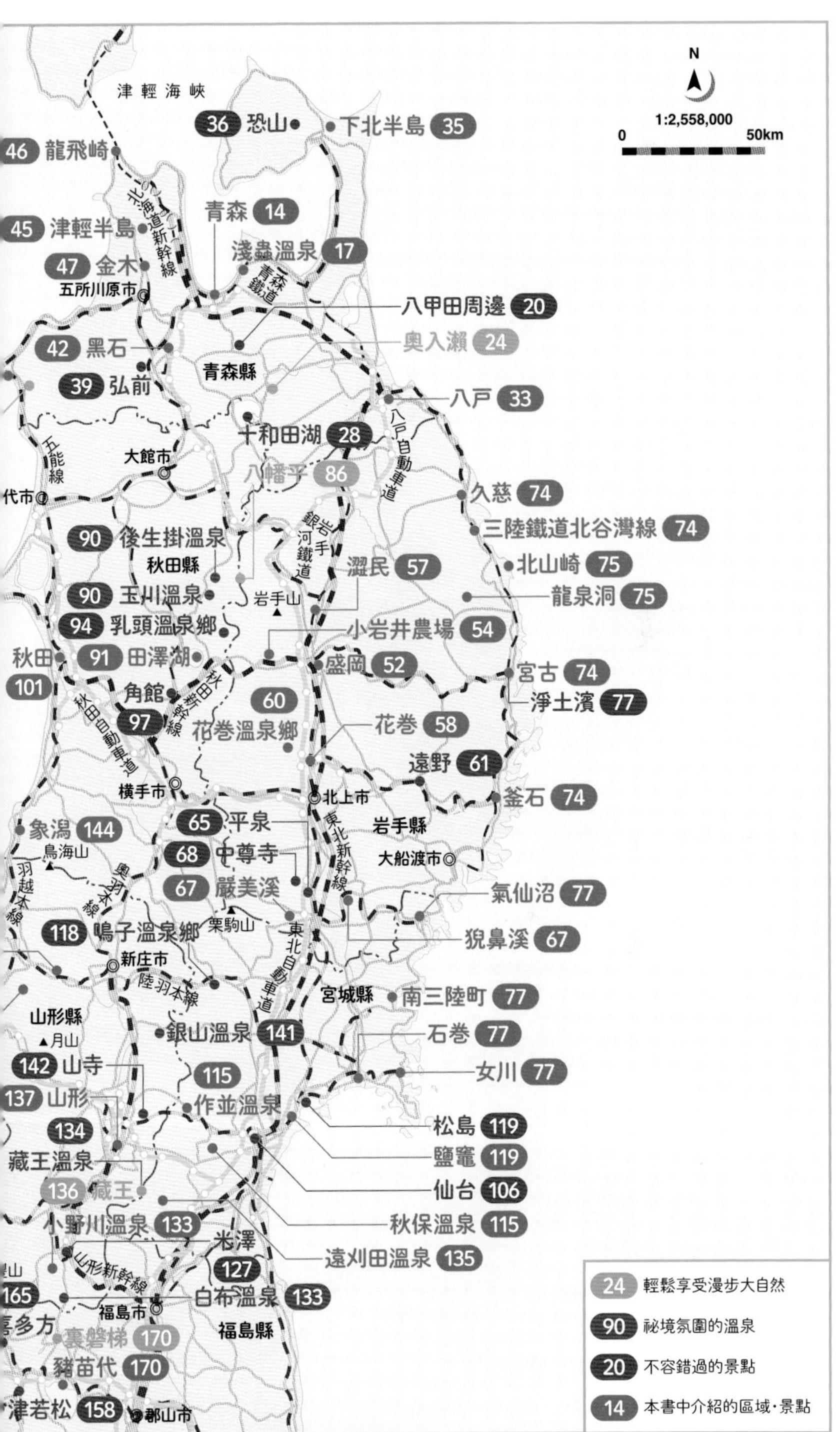
津輕海峽
36 恐山
下北半島 35
N
1:2,558,000
0
50km
46 龍飛崎
北海道新幹線
青森 14
45 津輕半島
淺蟲溫泉 17
47 金木
青森鐵道
五所川原市
八甲田周邊 20
42 黑石
奧入瀨 24
青森縣
39 弘前
八戶 33
十和田湖 28
八戶自動車道
五能線
大館市
八幡平 86
代市
久慈 74
三陸鐵道北谷灣線 74
90 後生掛溫泉
銀河岩手鐵道
秋田縣
澀民 57
北山崎 75
90 玉川溫泉
岩手山
龍泉洞 75
94 乳頭溫泉鄉
小岩井農場 54
秋田
91 田澤湖
盛岡 52
宮古 74
101
秋田新幹線
淨土濱 77
角館
60
97
秋田自動車道
花卷溫泉鄉
花卷 58
遠野 61
橫手市
北上市
釜石 74
65 平泉
東北新幹線
岩手縣
象潟 144
鳥海山
68 中尊寺
大船渡市
羽越本線
奧羽本線
67 嚴美溪
氣仙沼 77
栗駒山
118 鳴子溫泉鄉
東北自動車道
猊鼻溪 67
新庄市
陸羽本線
宮城縣
南三陸町 77
山形縣
月山
銀山溫泉 141
石卷 77
142 山寺
115
女川 77
137 山形
作並溫泉
134
松島 119
藏王溫泉
鹽竈 119
136 藏王
仙台 106
小野川溫泉 133
秋保溫泉 115
米澤
遠刈田溫泉 135
127
山形新幹線
165
白布溫泉 133
福島市
多方
裏磐梯 170
福島縣
豬苗代 170
津若松 158
郡山市
24 輕鬆享受漫步大自然
90 祕境氛圍的溫泉
20 不容錯過的景點
14 本書中介紹的區域·景點

↓磐城 82

～視線轉變一下，原來是這樣的地方～

東北　神之群山，神祕的自然美景

照片・文字／山本直洋

山形縣・
月山　彌陀之原

位於月山8合目廣闊的彌陀之原濕地。海拔約1400公尺。車子可以開到附近，因此可以輕鬆前往欣賞高山植物。遠處可以遼望到鳥海山。

山形縣·
羽黑山五重塔

位於羽黑山一之坂的登山口處，建於樹齡300～400年的老杉木林中。考慮到遠近效果而將每層的屋頂大小做些微變動，能感受到一體性以及品味。

山形縣・
藏王的樹冰

從藏王空中纜車上眺望的景色。過了地藏山山腰處便能看到樹冰。以前要拚命往上爬才能夠看到的景色，現在輕輕鬆鬆就能欣賞。

步入神明所居住的山岳
對大自然的神威感到敬畏

山形的出羽三山神社，與西邊的伊勢參道相對，被稱作東邊的奧參道，有許多參拜者前往。

坐鎮於羽黑山、月山、湯殿山等三座山頂上的出羽神社、月山神社、湯殿山神社並稱為出羽三山神社，以修驗宗之地聞名，至今仍有進行山嶽修驗的僧侶來到此山修行。

不知是否如此，踏入此山後面對如此莊嚴的自然景色，油然升起想試煉自己的心情，不禁緊張了起來。

羽黑山是現世的庇佑，月山代表死後的體驗，湯殿山則象徵轉化新生，一面想著這個「三關三度」的信仰，一面一步一步使勁地往山上爬。總覺得開始稍稍理解山嶽修驗僧侶們自古爭相前往此地修行的心境了。

山本直洋
(やまもと・なおひろ)
主要從事使用動力飛行傘進行空拍攝影的攝影師。在「Earthscape」主題下，不斷地拍攝感受得到地球存在的主題照片。也涉足電視、廣告、電影等的空拍動畫攝影活動。
http://www.naohphoto.com

從空中俯瞰南三陸町。照片為2012年5月攝影時的模樣。現在正在進行受海嘯波及之建築物的拆除作業。
照片中央左邊的防災廳不曉得要保存或拆掉，引起一波熱烈討論。現在這個時間點還無法判斷，就交給後世的人決定了。到2031年為止，都會先歸於政府財產保存。

震災的傷痕、重建的生機

照片・山本直洋

被沖上氣仙沼市街道上的第十八共德丸，已被解體

從全日本各地寄來的千羽鶴。裝飾著南三陸町歌津地區的國道沿線

送到女川町避難所的加油旗幟，寫著全日本的打氣留言

石卷門脇小學。在教職員的引導之下將學生和住在本區的民眾帶至日和山避難

青森
十和田湖
津輕

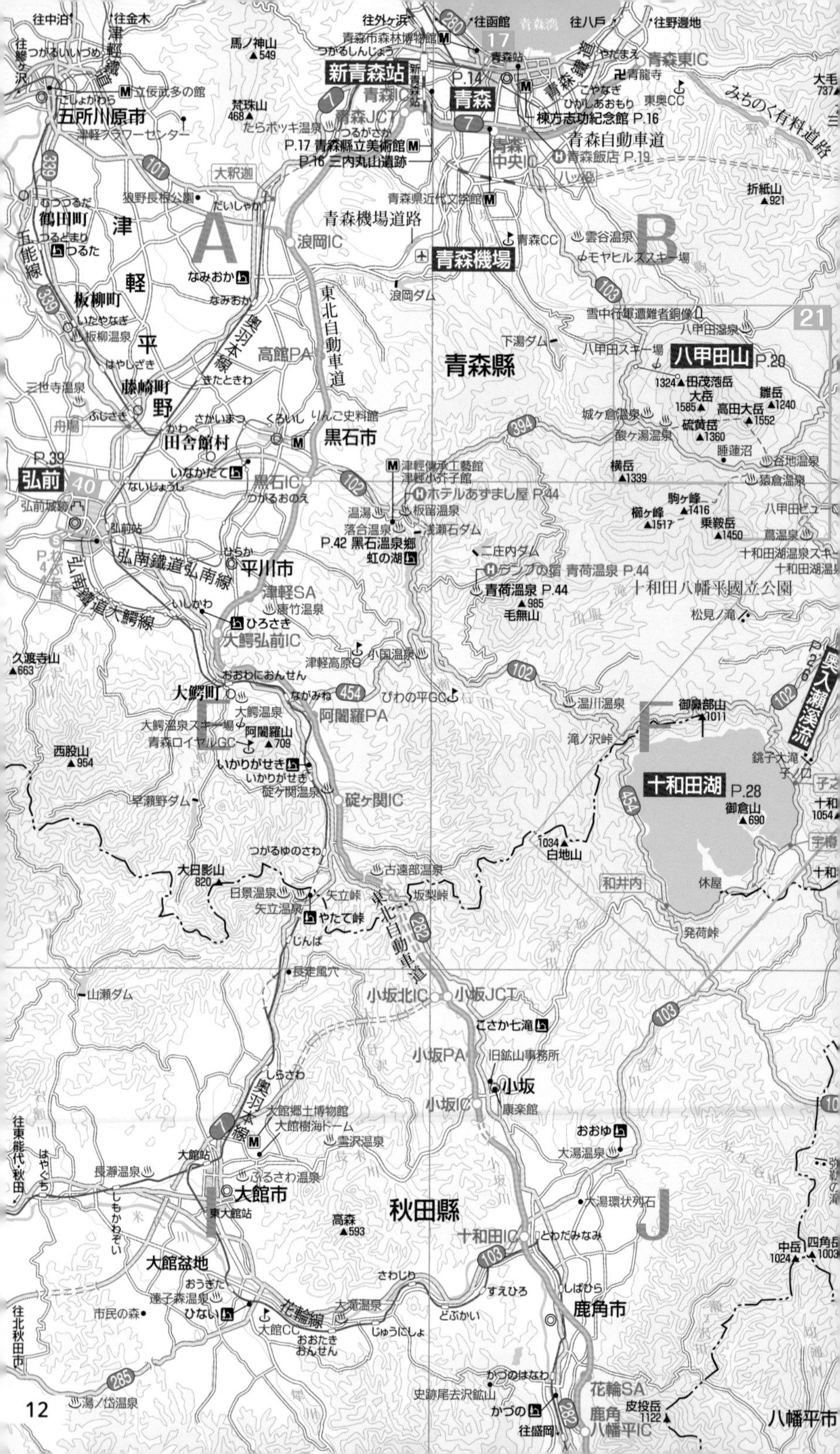

新青森站
青森
青森機場
八甲田山
P.20
十和田湖
P.28
弘前
P.39
五所川原市
鶴田町
板柳町
藤崎町
田舍館村
黒石市
平川市
大鰐町
大館市
鹿角市
青森縣
秋田縣
十和田八幡平國立公園
東北自動車道
奥羽本線
青森自動車道
青森機場道路
みちのく有料道路
弘南鐵道弘南線
弘南鐵道大鰐線
花輪線
奥入瀬溪流
青森市森林博物館
青森縣立美術館
三内丸山遺跡
棟方志功紀念館
青森県近代文学館
青森飯店
津軽藩ねぷた村
黒石温泉郷
虹の湖
ランプの宿 青荷温泉
青荷温泉
ホテルあずまし屋
大館郷土博物館
大館樹海ドーム
浪岡IC
黒石IC
大鰐弘前IC
碇ヶ関IC
小坂IC
小坂北IC
小坂JCT
十和田IC
鹿角八幡平IC
青森IC
青森JCT
青森中央IC
青森東IC
高館PA
阿闍羅PA
小坂PA
津軽SA
花輪SA
八甲田温泉
酸ヶ湯温泉
城ヶ倉温泉
谷地温泉
猿倉温泉
蔦温泉
雲谷温泉
板留温泉
落合温泉
温湯
嶽竹温泉
大鰐温泉
碇ヶ関温泉
古遠部温泉
日景温泉
矢立温泉
温川温泉
大湯温泉
雪沢温泉
ぶるさわ温泉
長瀬温泉
大滝温泉
湯ノ岱温泉
三世寺温泉
板柳温泉
小国温泉
田茂萢岳
大岳
高田大岳
雛岳
硫黄岳
横岳
駒ヶ峰
櫛ヶ峰
乗鞍岳
毛無山
阿闍羅山
西股山
久渡寺山
大日影山
白地山
御鼻部山
御倉山
高森
中岳
四角岳
皮投岳
折紙山
馬ノ神山
梵珠山

青森·十和田·弘前
1:375,000
0
8km
周邊廣域地圖 P.176-177
往苫小牧·室蘭
小川原湖
往陸奧市
野辺地町
往青森
烏帽子岳
▲720
清水目ダム
ちびき
天間ダム
青森鐵道
おっとも
みさわ「斗南藩記念観光村」
天間林温泉
七戸町
七戸松並木
しちのへとわだ
しちのへ
歴史民俗資料館
P.34 寺山修司紀念館
市民の森公園
かみきたちょう
小川原湖ふれあい村
おがわら湖
東北町
上北温泉郷
こがわら
三沢航空科学館
三澤機場
シルバーフェリー
あすなろ温泉
東八甲田家族旅行村
さかた温泉
三沢市
みさわ
古牧温泉
星野集團青森屋 P.30
三沢十和田下田IC
みちのく国際GC
むかいやま
十和田国際CC
稲生町9
稲荷町1
六戸町
駒っこランド
十和田市
ろくのへ
六戸温泉
おいらせ町
下田百石IC
しもだ
十和田市現代美術館
とわだ
奥入瀬
百石道路
むついちかわ
34
八戸北IC
八戸市水産科学館
三陸復興國立公園
往久慈
ながなわしろ
本八戸站
陸奥湊站
八戸線
さめ
五戸町
まきば温泉
八戸站
塩町
G
D
C
H
八戸IC
櫛引八幡宮
八戸
P.33
こどもの国
倉石温泉
きたたかいわ
新郷村
とまべち
南部町
八戸JCT
キリストの墓
けんよし
福地PA
大石神ピラミッド
しんごう
間木ノ平
モーターランドSP
八戸站
野沢温泉
新郷温泉
すわのたいら
なんごう
東北新幹線
南郷IC
階上町
高堂山
▲539
世増ダム
さんのへ
さんのへ
名久井岳
▲615
三戸町
大黒森
▲719
タプコプ創遊村
めとき
田子町
朝日奈岳
▲720
田子温泉
きんたいちおんせん
金田一温泉
IGR岩手銀河鐵道
軽米町
軽米IC
えぞぞと大自然のロマンの森
八戸自動車道
折爪SA
ニュー軽米CC
往久慈
フォリストパーク軽米
とまい
二戸市
折爪岳
852▲
K
L
二戸站
馬仙峡
九戸IC
おりつめ
一戸IC
長興寺
一戸町
九戸神社
九戸村
いちのへ
二戸PA
岩手縣
稲庭岳
▲1078
天台寺
浄法寺IC
岩手一戸トンネル
くのヘスキー場
宮田温泉
こずや
往安代JCT
往盛岡
往岩泉
24-25

青森

東北四大祭之一的青森睡魔祭

夏季的睡魔祭熱力四射、氣氛熱烈！

以睡魔之家Wa Rasse和A-FACTORY而受到矚目的海港地區裡，有著能感受到陸奧地區人們特有的溫情的市場和小巷。郊外則有令人聯想到古代歷史的三內丸山遺跡，以及收藏許多青森縣作家作品的美術館。

前往青森的方法

臺灣目前沒有直飛青森。由東京站搭乘東北新幹線「はやて」到新青森站，需時3小時22分鐘。搭乘「はやぶさ」最快2小時59分到達。前往青森機場則有由東京、札幌（新千歲）、名古屋（小牧）、大阪（伊丹）起飛的班次。可參照p184

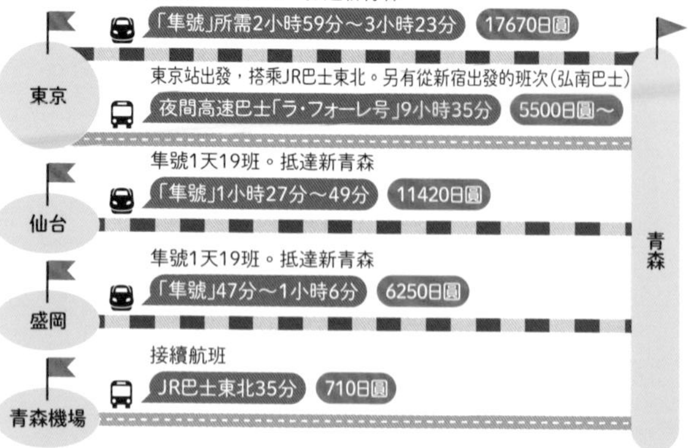

區域的魅力度

觀光景點
★★★
散步
★★
溫泉
★★

季節情報：
青森冬日祭典（2月上旬～中旬左右）、青森春日祭典（4月下旬～5月上旬）、青森睡魔祭（8月2日～7日）

詢問處

青森市觀光交流資訊中心（青森站前）
☎017-723-4670
青森觀光會議協會
☎017-723-7211
青森市觀光課
☎017-734-5179、5153
青森縣觀光綜合服務處（ASPAM內）
☎017-734-2500
青森市計程車協會
☎017-781-4015
青森市營巴士(東部)
☎017-726-5453
JR巴士東北(高速巴士)
☎017-773-5722

遊覽順序的小提示

觀光設施和餐廳等主要觀光景點都集中在青森站周邊。搭乘新幹線抵達新青森站的情況下，若目的地不是郊外的三內丸山遺跡或縣立美術館，可以轉乘火車先前往青森站。觀光重點都集中在該站的北側的海港地區。睡魔之家Wa Rasse～八甲田丸～ASPAM一路設有觀光步道，也可步行前往。

●靈活運用ねぶたん號

以新青森站與青森站為主軸，連結三內丸山遺跡和棟方志功紀念館之間兩條路線的觀光巴士。乘車費1次300日圓，一日乘車券為700日圓，從9點～17點之間，1小時行駛1～2班。從新青森站到三內丸山遺跡17分，到棟方志功紀念館40分。

自行車租借

從青森站剪票口出來後往左邊前進，會看到「まちなかレンタサイクル」。9:00～16:00（受理）、1次300日圓（4月下旬～10月31日）。☎017-771-1101

周遊巴士的ねぶたん號

Ⓐ 青森站周邊

在東口有巴士乘車處。みずうみ號（p20、25、28）在第11號、往三內丸山遺跡在6號、ねぶたん號在7號乘車處停靠。

Ⓑ 海港地區

匯集睡魔之家Wa Rasse和A-FACTORY等主要觀光景點。可步行橫渡連接八甲田丸和青之海公園的大橋。

Ⓒ 站前的市場

AUGA新鮮市場、青森魚菜中心等都在車站徒步圈內。青森魚菜中心的任意丼（p.18）從早上7點就能品嘗。

TEKU TEKU COLUMN

睡魔祭

8月2～7日

2～6日19:10時睡魔花車會從遊行路線全線出發。7日也有海上遊行。

觀賞＆遊逛

八甲田丸
はっこうだまる

地圖 p.17-A
JR 青森站 5分

利用前後往來青森和函館80年的青函連絡船「八甲田丸」作為鐵道連絡船博物館。船內有地下引擎機房和運送鐵路車輛的車輛甲板、利用煙囪改造而成的觀景台等等，值得一看的地方相當多。

017-735-8150　青森県青森市柳川1-112-15
9:00～最後入館18:00（11～3月最終入館16:30）
休 11～3月的週一（逢假日則翌日休）、3月第2週的週一～五、12/31、1/1　¥ 510日圓　P 20輛

睡魔之家Wa Rasse
ねぶたのいえ わ･らっせ

地圖 p.17-A
JR 青森站 即到

可以親身體驗青森最具代表性的祭典「睡魔」震撼力的設施。最值得觀賞的是展示在睡魔大廳，最近幾年祭典中獲獎的5台大型睡魔花車。在大型螢幕上也會放映祭典時的影像。週六、日、假日時還可配合現場演奏的囃子伴奏體驗跳人（舞者）。

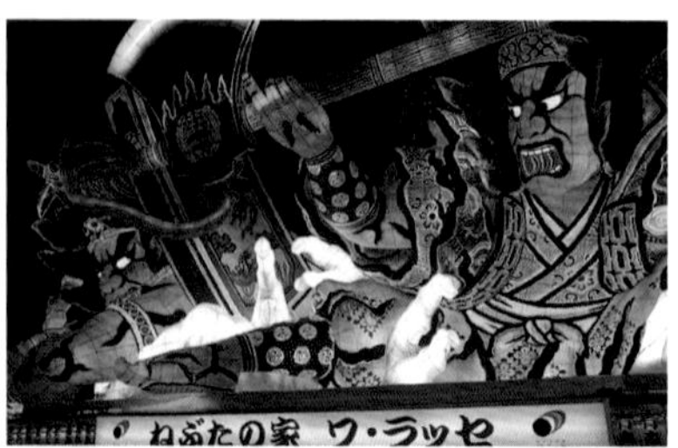

017-752-1311　青森県青森市安方1-1-1
9:00～18:00（5～8月至19:00）　休 8/9・10、12/31、1/1　¥ 620日圓　P 100輛（收費）

青森縣觀光物產館ASPAM
あおもりけんかんこうぶっさんかんあすぱむ

地圖 p.17-A
JR 青森站 8分

1樓為伴手禮專區。2樓則是以360度的多螢幕介紹十和田的自然和睡魔等景觀。也設有可以眺望下北半島、陸奥灣、八甲田群山的觀景台以及鄉土料理店等等。

017-735-5311　青森県青森市安方1-1-40
9:00～19:00（視店鋪或季節而異）
休 12/31、有臨時休館日
¥ 入館免費（全景影像、觀景台套票850日圓）
P 150輛（收費）

棟方志功紀念館
むなかたしこうきねんかん

地圖 p.12-B
JR 青森站搭乘「ねぶたん号」路線1，9分後在棟方志功記念館前下車 即到。還有其他多班巴士

紀念出生於青森的版畫家棟方志功榮獲文化勳章而開館。除了展示其代表作《釋迦十大弟子》為首的眾多版畫，其他還有大和繪、油畫、書等作品。

017-777-4567　青森県青森市松原2-1-2
9:00～17:00（11～3月為9:30～）
休 週一（逢假日與睡魔祭期間則開館）、12/29～1/1
¥ 550日圓　P 30輛

三內丸山遺跡
さんないまるやまいせき

地圖 p.12-A
搭乘青森站市巴士往三內丸山遺跡20～24分，或搭乘ねぶたん號13分，三內丸山遺跡下車 即到

約5500年前～4000年前的繩文時代，長期定居留下的日本最大聚落遺跡。全盛時期約有

青森中心區

1:10,300
0 200m
步行4分

周邊廣域地圖 P.12-13

往旅客船中心
津輕海峽冬景色歌謡碑
八甲田丸 P.16
青森港
連結八甲田丸和ASPAM的橋樑
青森ラブリッジ
ねぶたラッセランド
展望台
青森海灣大橋
奥羽本線・津輕線
青森站
A-FACTORY P.19
睡魔之家Wa Rasse P.16
県水産ビル
みちのく料理 西むら P.18
青森縣觀光物產館ASPAM P.16
アスパム前
青海公園
START
青森市観光交流情報センター
青森駅前
甚太古 P.18
東横イン青森駅正面口
青森ボウル
ホテルルートイン青森駅前
安方通り
安方(一)
APA飯店青森站東 P.18
一八寿し P.18
ホテルJALシティ青森
安方(二)
本町(三)
青森製氷
青森署
ラビナ
大黒寿司
サンルート青森
アパホテル青森駅県庁通
青森県立郷土館
フェスティバルシティ・アウガ
おさない屋
ホテルアベスト青森
一念寺
新町2
三ッ石
善知鳥神社
アートホテル青森
ホテルマイステイズ青森駅前
青森市民図書館
AUGA新鮮市場 P.19
新町(一)
みずほ
津軽物産販賣所 P.19
赤い林檎 P.18
本町(二)
往棟方志功紀念館
GOAL
古川1
甘精堂本店
新町1
新町通り
県庁通り
新町(二)
市民美術展示館
新町2
スマイルホテル青森
青森グリーンパークホテル・アネックス
さくら野百貨店
有櫻花花瓣形狀的照明裝置
青森
本町1
青森のっけ丼 P.18
新町1
夜店通り
県警本部
県庁舎北棟
寿屋
味の札幌 大西 P.18
昭和通り
青森合同庁舎
県共同ビル
青森センターホテル
青森まちなかおんせん
8月2～7日睡魔祭典的遊行路線之一
八甲田通り
青森県庁
警察本部東
常光寺
本町(一)
日本赤十字
青森第二合同庁舎
正覚寺
蓮心寺
古川
青森
県庁通り
青い森公園
新町2
本町公園
古川(三)
国道旭町通
県庁前
長島(一)
裁判所

100戶。這裡有許多像豎穴住居遺跡、墳墓、貯藏穴、道路等的遺跡。腹地內所展示的建築物是復原後的展品。

> 017-766-8282　青森県青森市三内丸山305
> 9:00～17:00（黃金週與6～9月至～18:00）。免費導覽為9:15～16:00；4/1～7/31為9:15、10:00、11:00、12:00、13:00、14:00、15:00、15:30；8/1～9/30為9:15、10:00、11:00、12:00、13:00、14:00、15:00、16:00；10/1～3/31同4/1～7/31
> 休 第4週一（逢假日則翌日休）、12/30～1/1
> ¥ 410日圓　P 512輛

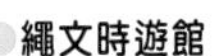

繩文時遊館

除了放映介紹三內丸山遺跡的影片，還有試穿繩文服飾、出土的土偶及土器展覽等的7種體驗行程。

> 017-766-8282
> 9:00～17:00（黃金週與6～9月至18:00）
> 休 第4週一（逢假日則翌日休）、12/30～1/1

青森縣立美術館

あおもりけんりつびじゅつかん

地圖p.12-A
搭乘青森站市巴士往三內丸山遺跡19～23分，或搭乘ねぶたん號11分，県立美術館前下車 即到

展示著馬克・夏卡爾的4幅芭蕾「Aleko」背景畫，以及棟方志功和奈良美智等青森縣出身的藝術家作品。

> 017-783-3000
> 青森県青森市安田近野185
> 9:00～18:00（10～5月為9:30～17:00）
> 休 第2、4週一（逢假日則翌日休）
> ¥ 510日圓（企劃展另外計費）　P 400輛

TEKU TEKU COLUMN

淺蟲溫泉

地圖p.177-G

知名的青森後花園，由於鄰近青森鐵道淺蟲溫泉站，作為青森的觀光據點也十分便利。有可以眺望陸奧灣，視野良好的旅館、飯店以及民宿。

淺蟲溫泉觀光協會 017-752-3250
＊ JR青森站搭乘青森鐵道16～23分、在淺蟲溫泉站下車。或由JR青森站搭乘青森市營巴士往淺蟲溫泉方向50分，終點站下車

美食

壽司

一八寿し
いっぱちずし

地圖p.17-A
JR青森站 8分

從陸奧灣捕獲的比目魚等魚類製成7貫握壽司及1條卷壽司（松）2200日圓。蔥花鮪魚手卷670日圓

017-722-2639
青森県青森市新町1-10-11
11:30～21:00，LO至打烊15分前
休 第2、4週日 ＊70席 P 無

味噌咖哩牛奶拉麵

味の札幌 大西
あじのさっぽろ おおにし

地圖p.17-A
JR青森站 8分

這間店的口味據說是傳承自札幌的味噌拉麵，為味噌咖哩牛奶拉麵的老店。以味噌為湯底加入咖哩粉、牛奶的味噌咖哩牛奶拉麵，980日圓。

017-723-1036
青森県青森市古川1-15-6
11:00～18:00LO
休 不定休（有暑假休店）
＊33席 P 無

鄉土料理

みちのく料理 西むら
みちのくりょうり にしむら

地圖p.17-A
JR青森站8分（ASPAM的10樓）

可享用青森新鮮海鮮跟當季食材的鄉土料理。內含味噌燒帆立貝、生魚片的津輕定食1850日圓（供應至14:30）。店內不僅有定食，帆立貝的單點料理、當地青森鄉土料理的品項選擇也很豐富。

017-734-5353
青森県青森市安方1-1-40 ASPAM10樓
11:00～15:00、16:30～19:00，LO至30分前
休 準同ASPAM
＊80席 P 150輛

任意丼

青森のっけ丼
あおもりのっけどん

地圖p.17-A
JR青森站5分

可自行搭配喜好食材的知名任意丼。在丼飯（小份）上放上各店販售的鮪魚、比目魚切片、帆立貝和海膽等喜歡的食材（1片～）。發行專用餐券，分成1張200日圓跟10張2000日圓。

017-763-0085
青森県青森市古川1-11-16
任意丼7:00～16:00
休 週二等不定休 ＊132席 P 無

咖啡廳·蘋果派

赤い林檎
あかいりんご

地圖p.17-B
JR青森站15分

使用蘋果的西點店，2樓為咖啡廳。10月中旬～6月限定的自製蘋果派400日圓很受歡迎。

017-722-7738
青森県青森市新町2-6-15
10:30～17:00
（店鋪9:30～18:00）
休 不定休 ＊32席 P 無

購物

鮮魚·水產加工品

AUGA新鮮市場
アウガしんせんいちば

地圖p.17-A
JR青森站 3分

位在車站前開發大樓「Festival City AUGA」B1的市場。集結蔬菜水果店、精肉店、食堂等87間店鋪，以販售青森活扇貝、黑鮪魚、鮭魚和海鞘等海鮮，以及花魚一夜干、鹽漬鮭魚、鱈魚子等水產加工品為主。由於市場是從站前遷移至此，至今還是能感受當時的活力朝氣。

017-718-0151
青森県青森市新町1-3-7
5:00～23:00
休 不定休
P 522輛

傳統工藝品

津輕物產販賣所
つがるぶっさんはんばいしょ

地圖p.17-B
JR青森站 10分

主要販賣特色是有特殊斑點圖案的津輕漆器與原創陶器為主。陳列刺子繡中心1100日圓、木通草編織工藝品1000日圓等～。設置有蕎麥麵店。

017-722-2507
青森県青森市新町2-6-21
11:30～15:00、
17:00～21:00
休 週日、另外有不定休
P 無

TEKU TEKU COLUMN

位在港前倉庫中，集結青森魅力的
A-FACTORY

地圖p.17-A　JR青森站 2分

在倉庫般的建築內，「アオモリシードル工房」釀造一種稱為Sidra的發泡蘋果酒。使用富士蘋果、紅龍蘋果的各種青森氣泡蘋果酒，200ml 495日圓～。

除此之外，還有堅持選用農家蔬菜水果的「Food Marché」、法式可麗餅專賣店「Galetteria Da Sasino」、使用青森產雞蛋製作的塔類點心很受歡迎的「SKIP EGG」等各種充滿個性的店鋪。也設有內用區。

017-752-1890
青森県青森市柳川1-4-2
10:00～19:00
(餐廳11:00～18:00)
休 不定休
P 16輛(收費)

住宿指南

APA飯店 青森站東	017-722-1100／地圖p.17-A／Ⓢ18000日圓～、Ⓣ32000日圓～ 靠近鬧區，便於觀光。距離青森站步行4分。
青森飯店	017-775-4141／地圖p.12-B／Ⓢ7000日圓～、Ⓣ14000日圓～ 建於鬧區附近。可一覽陸奧灣的夜景。
南部屋·海扇閣	017-752-4411／地圖p.177-G／1泊2食13200日圓～ 淺蟲溫泉。以鄉土色調豐富的民藝畫作裝飾的摩登風格。
辰巳館	017-752-2222／地圖p.177-G／1泊2食11000日圓～ 淺蟲溫泉。臨青森灣，有木造本館與白色度假風格的新館。

八甲田周邊

八甲田葫蘆路線的瞭望台

區域的魅力度

觀光景點
★★★
散步
★★★★
溫泉
★★★★★

季節情報：
八甲田漫步（3月下旬），紅葉（9月中旬～10月下旬）。樹冰（1月上旬～2月下旬）

沉浸在群山與高原交織而成的大自然美景中

以1585公尺的大岳為主峰，赤倉岳、硫黃岳、井戶岳等10座山峰相連的北八甲田，以及面向著櫛峰等6座山峰的南八甲田。這些火山群地區的總稱就是八甲田山，擁有濕地、沼澤、溪流等充滿四季變化之趣，是大自然的寶庫。這裡還散布著富有各自特色的獨棟祕湯旅館。

前往八甲田的方法・遊覽順序的小提示

●利用巴士「みずうみ號」

往八甲田方向是從JR青森站前的11號乘車處乘坐往十和田湖的「みずうみ號」。下一站新青森站的停車處則在東口1號乘車處。沿著巴士路線有許多觀光景點分布。不會經過青森機場。除了右頁的圖示之外，到萱野高原（♀萱野茶屋）為36分～1小時、到睡蓮沼為1小時12～35分、到猿倉溫泉為1小時15～38分。1天有4～6班往返。冬季為1日3班往返（預定），在萱野茶屋和睡蓮沼、猿倉溫泉不停車，可往返於酸湯溫泉。行駛所需時間也不同。

●結合奧入瀨、十和田湖一同遊逛

連接青森站和十和田湖的巴士沿線有許多景點，不妨考慮結合奧入瀨溪流和十和田湖觀光，以青森站→八甲田周邊→奧入瀨→十和田湖→八戶（或是八幡平、盛岡）路線或以相反的順序等來遊逛。

想要順道去八甲田周邊觀光景點的話，推薦2天1夜的行程，但若沒有時間，就投宿在青森市內的旅館，縮小觀光景點來遊逛。

詢問處

青森市觀光課
☎017-734-5179、5153
JR巴士東北青森分店（みずうみ号、おいらせ号）
☎017-723-1621
青森市觀光交流資訊中心（青森站前）
☎017-723-4670

從上毛無岱眺望的井戶岳

八甲田周邊
1:91,500
0
2km
N
雪中行軍遭難記念像
青森市區
野茶屋
萱野高原 P.22
旧火箱沢林道
みちのく深沢温泉
八甲田温泉
田代平湿原
田代牧場
駒込
田代高原
小川
駒込川
空川
青森市
ロープウェー駅前
山麓
田茂萢沢
八甲山纜車
八甲田山荘
八甲田リゾートホテル
八甲田スキー場
寒水沢
前嶽
▲1252
田茂萢岳
▲1324
山頂公園
八甲山葫蘆路線 P.22
赤倉岳
▲1548
井戸岳
1537▲
八甲田山
大岳避難小屋
大岳
▲1585
毛無岱濕原 P.22
▲906
南股山
HOTEL Jogakura P.32
城ヶ倉
城ヶ倉入口
城ヶ倉温泉
酸湯溫泉 P.32
小岳
1478▲
高田大岳
▲1559
仙人岱ヒュッテ
雛岳
▲1240
A
B
C
D
レストハウス幕場
又兵衛の茶屋
高原茶屋
田代高原・田代キャンプ場
往七戸
田代牧場
ゲ刈沼
酸ケ湯温泉
鬼面庵
地獄沼 P.22
ふかし湯
酸ケ湯キャンプ場
城ヶ倉渓谷
P.23 東北大學植物園八甲田山分園
Hakkoda Hotel P.32
硫黄岳
▲1360
石倉岳
▲1202
十和田八幡平國家公園
黒森
1023▲
394
103
逆川岳
▲1183
横沼
逆川
赤水沢
睡蓮沼
傘松峠
睡蓮沼 P.23
高田萢
猿倉沢
猿倉温泉
谷地溫泉 P.32
谷地温泉
猿倉温泉
P.32 元湯猿倉温泉
猿倉大滝
湯尻沢
仙人橋
仙人平
矢櫃沢
矢櫃萢
赤沼
蔦トンネル
蔦川
十和田市
蔦溫泉 P.32
大町桂月墓
蔦沼
赤倉岳
P.23 蔦野鳥森林・蔦七沼
長沼
蔦温泉
周邊廣域地圖 P.12-13
往奥入瀬溪流・十和田湖↓
HINT
みずうみ號的路線和車資
※所需小時和車資以青森站・新青森站為起點。無註記則為みずうみ號的資訊
青森駅
新青森駅
54分～1小時17分
1120日圓
八甲田ロープウェー駅前
1小時28分
1360日圓
酸ケ湯温泉
1小時42分
1830日圓
谷地温泉
2小時8分
2180日圓
蔦温泉
おいらせ号／八戸站西口發車，經焼山至十和田湖（中途可下車）。八戸站西口至焼山1小時28分，1950日圓。八戸站至十和田湖2小時15分，2720日圓。
十和田湖（休屋）
3小時8分
3140日圓
2小時23分
2350日圓
焼山
十和田湖
2小時53分
2740日圓
2小時47分
2700日圓
2小時38分
2610日圓
2小時32分
2510日圓
子ノ口
銚子大滝
雲井の滝
石ケ戸
八戸駅西口
奥入瀬溪流

觀賞&遊逛

萱野高原
かやのこうげん

地圖 p.21-A
萱野茶屋即到

位於十和田八幡平國立公園北端的高原，有寬廣的綠油油草原。巴士站前的「萱野茶屋」，有酸之湯蕎麥麵、五平餅及生薑味噌關東煮等，菜色多樣。也有免費的休憩處，可以免費喝傳說「喝一杯延壽3年，喝2杯則延壽6年，喝3杯則可安享天年」的三杯茶（11月中旬～4月休業）。

萱野茶屋 017-738-2428
青森県青森市横内八重菊　100輛

八甲田葫蘆路線
はっこうだゴードライン

地圖 p.21-A
ロープウェー駅前／山麓站搭乘八甲田空中纜車10分、山頂公園駅下車 即到

以八甲田空中纜車的山頂公園站為起點，如在濕地中描繪8字型一般，漫步路線相當完備。還在幾個地點設置了解說高山植物的介紹板。全長為1.8公里，需時1小時左右。從途中道路交叉處附近的瞭望台，可眺望濕地及屹立其對面的赤倉岳及大岳等名峰。自瞭望台返回山頂公園站的簡短路線為1公里，只需30分。

青森市觀光課 017-734-5153、5179／
八甲田纜車 017-738-0343
青森県青森市荒川字寒水沢1-12
空中纜車運行9:00～16:20（11月中旬～2月至15:40），每15～20分一班
休 無休(逢11月檢查維修日則停止運行)
¥ 單程1250日圓、來回2000日圓　350輛

毛無岱濕原
けなしたいしつげん

地圖 p.21-A
八甲田空中纜車山頂公園站 1小時

不需繞行八甲田葫蘆路線一周，由最裡面的叉路轉向毛無岱天堂線方向，下行至酸之湯溫泉的路線，就是水生植物寶庫的上毛無岱、下毛無岱濕原。濕原地帶有規劃良好的木板路，9月下旬～10月中旬的紅葉格外美麗動人。由纜車山頂站到酸之湯溫泉需2小時30分。

八甲山纜車 017-738-0343
青森県青森市荒川
空中纜車運行時間參照八甲田纜車
八甲山空中纜車山麓站　利用350輛

地獄沼
じごくぬま

地圖 p.21-C
酸ケ湯溫泉 10分

是八甲田火山遺留下來的爆裂火口湖。至今自沼底仍會湧出二氧化硫的氣體以及熱泉。沼澤西岸是眺望沼澤及其後方大岳景觀的絕佳觀光景點。

青森市觀光交流資訊中心 017-723-4670
青森県青森市荒川南荒川山国有林酸ヶ湯沢
＊ 自由參觀 使用酢湯公共停車場160輛

東北大學植物園八甲田山分園
とうほくだいがくしょくぶつえんはっこうださんぶんえん

地圖 p.21-C
酸ヶ湯温泉 5分

園內有生長於八甲田的植物約600種。在稱為極樂沼的的濕地裡，可以觀察到水芭蕉和白毛羊鬍子草、紅莓苔子等濕地植物。繞行參觀路線一周約30分。附近還有被稱為「蒸饅頭」的蒸氣溫泉。

017-738-0621
青森県青森市荒川字南荒川山1-1
6月1日～10月30日開園　日出～日落
開園中無休　免費
使用酢湯公共停車場160輛

睡蓮沼
すいれんぬま

地圖 p.21-C
睡蓮沼即到

國道103號線旁的小沼澤。初夏時期，倒映著北八甲田山風貌的水面上，有蝦夷未草（睡蓮）綻放著白色花朵。附近還有名為高田蒞的濕地，有野生的水芭蕉以及蓮華躑躅。蒞的意思為有水草生長、會冒出泡沫的溼地之意。

十和田奥入瀬觀光機構 0176-24-3006
青森県十和田市法量字谷地
＊ 自由參觀 無

蔦野鳥森林‧蔦七沼
つたやちょうのもり‧つたななぬま

地圖 p.21-D
蔦温泉即到

圍繞著蔦溫泉的天然林被稱為蔦森林，散布著蔦沼等大大小小6個沼澤，觀光步道相當完備。境內有長2.8公里，約1小時路程的「環沼小路」，以及中途分歧後又合併、長2.1公里約40分路程的「野鳥小徑」。前者環繞蔦沼、鏡沼、長沼，靠近終點處就是有森林樹蛙棲息的瓢簞沼。後者是地面有些許起伏的森林道路。茂密的落葉闊葉樹林裡有許多白腹琉璃及黃眉黃鶲等夏候鳥。

環境省十和田八幡平国立公園管理事務所
0176-75-2728
青森県十和田市奥瀬　＊ 自由參觀　30輛

八甲田周邊

奧入瀨

區域的魅力度

觀光景點 ★★★
散步 ★★★★★
溫泉 ★★

奧入瀨溪流的代表景觀
石戸之瀨

平川市
往黑石·弘前
甚九郎沢
滝ノ沢展望台
津根川森
青森縣
滝ノ沢キャンプ場
滝ノ沢
爺倉崎
102
白地湿地帯
御鼻部山 1011
御鼻部山展望台
A
B
寺子ノ岬
和井内神社
ミソナゲ峠
園地
大川岱
十和田ふるさとセンター
小坂町
鉛山
十和田王子大飯店 P.32
454
十和田湖 P.29
往小坂IC
白雲亭展望台
よどの岬
P.32 十和田酒店
鉛山
鉛山峠
現頭倉 885
御門石
大畳石
猿鼻岬
中山崎
見返りの松
十和田大館樹海ライン
千鳥ヶ浦
十和田湖遊覽船 P.29
錦ヶ浦
中湖
日暮崎
ヒメマス ふ化場
和井内
中山半島
小町岩
小畳石
千丈幕
御倉山 690
六方岩
鴨ヶ崎
和井内
西湖(内湖)
五色岩
子之口
生出キャンプ場
紫明亭展望台
乙女の像
御倉半島
子ノ口
東湖(外湖)
烏帽子岩
子之口
發荷峠展望台
發荷
十和田湖(バスターミナル)
屏風岩
小島ヶ浦
E
F
P.30 發荷峠
休屋
千本松
剣岩
十和田湖畔溫泉
P.30
大平
103
甲岳台
中ノ平
29
P.30 瞰湖台
宇樽部キャンプ場
赤岩山 786
下宇樽部
宇樽部
花鳥渓谷
宇樽部
宇樽部
秋田縣
454
宇樽部川
103
鹿角市
十和田山 1054
高山 725
往大湯溫泉·十和田IC
往五戸

前往奧入瀨的方法・遊覽順序的小提示

由十和田湖的子之口流出的河流便是奧入瀨溪流。由於觀光步道完善，可以一面欣賞美麗的河流和瀑布一面散步。觀光步道沒有岔路，由上游的子之口或下游的燒山出發皆可。一般是採從燒山出發行至子之口後，再到十和田湖的觀光路線。

往此區的交通請參照p.20-21。搭乘JR巴士「みずうみ號」由青森站至燒山約2小時23分，2350日圓。由八戶搭JR巴士「おいらせ號」約1小時30分，1990日圓。皆沿著燒山到子之口的觀光步道行駛。由於溪流全長約14公里，對體力沒自信的話，也可在石戶或馬門岩、雲井瀑布等處的巴士站下車，只步行一部分。

想盡情享受美麗溪流，推薦石戶～子之口之間。想欣賞重點景色則推薦雲井林業巴士站～銚子大瀑布之間路段。

詢問處

十和田奧入瀨觀光機構
☎0176-24-3006
十和田湖國立公園協會
☎0176-75-2425
JR巴士東北青森分店
☎017-723-1621

兼顧景觀的巴士站

十和田湖・奥入瀬

周邊區域地圖 P.12-13

1:96,000

0 2km

隨興遊逛

奧入瀨溪流

おいらせけいりゅう

奧入瀨溪流是自十和田湖的子之口流出的十和田湖唯一河流。從子之口到燒山長約14公里的溪流，有匯集了數十個瀑布、被稱為「瀑布街道」的地方，以及數處可見的急流等，唯溪流獨有的觀光景點繁多。十和田市觀光協會 ♪0176-24-3006

地圖p.12-F

01 石戶
↓ 1.6公里 45分
02 阿修羅之流
↓ 1.1公里 30分
03 雲井瀑布
↓ 3.0公里 1小時20分
04 一目四瀑布
↓ 0.8公里 20分
05 九段瀑布
↓ 0.5公里 10分
06 銚子大瀑布
↓ 1.5公里 40分
07 子之口

全長8.5km

總步行時間
3小時45分

沿著奧入瀨溪流，全長14公里的觀光步道之中，特別推薦名勝景觀匯集的石戶～子之口路段。石戶為 石ヶ戸 即到。散步前先繞到燒山的奧入瀨溪流館，了解一下奧入瀨的自然和歷史吧。

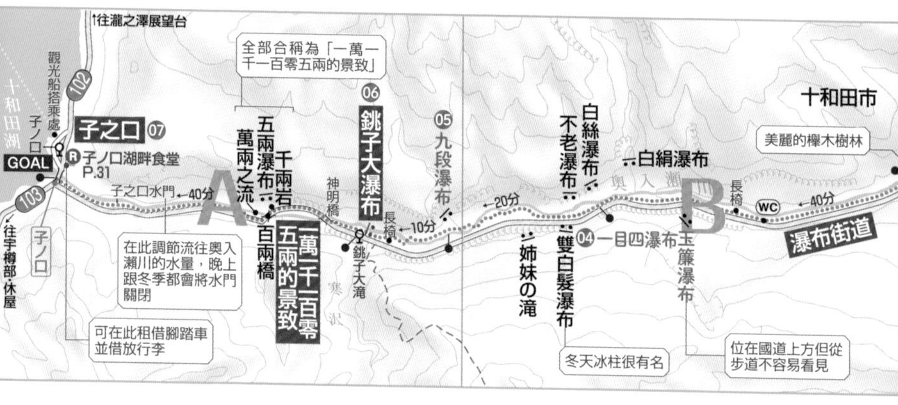

01 觀光 10分

石戶

いしげど

觀光步道旁由巨大連香樹支撐的大岩塊，傳說這裡曾是女盜賊的根據地。附近就是奧入瀨溪流唯一的休憩設施，附設展示室及販賣部。供應蕎麥麵等輕食餐點。

石ヶ戸 即到

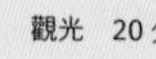
02 觀光 20分

阿修羅之流

あしゅらのながれ

奧入瀨溪流最湍急的急流。急流激起白色的泡沫、在生苔的岩石之間宛如舞動一般竄流。這種雄壯的樣子被比喻為陽剛的水流。在為數眾多的奧入瀨溪流拍攝景點中，是十分受歡迎的景點之一。

馬門岩 5分

TEKU TEKU COLUMN

認識奧入瀨的自然·奧入瀨溪流館 地圖p.25-D

可以認識奧入瀨的歷史和自然環境。也有看板介紹詩人大町桂月等與當地相關人物。也提供租借自行車，4小時1000日圓～。可在石戶休息處、子之口服務處還車。（♪0176-75-2244）。燒山 5分

♪0176-74-1233 青森県十和田市奥瀬栃久保183
9:00～16:30 不定休
免費 50輛

03 觀光　20分

雲井瀑布
くもいのたき

由觀光步道橫越過並行的車道，瀑布就位於稍微溯著奧入瀨溪流的小支流而上的一帶。自25公尺的高度分成3段落下，瀑布水量豐沛。

♀雲井の滝 即到

04 觀光　20分

一目四瀑布
ひとめよたき

一目四瀑布是白絹瀑布、白絲瀑布、不老瀑布、雙白髮瀑布等4處的總稱。白絹瀑布是因呈束狀嘩啦嘩啦落下的模樣就像綢緞一般，故得其名。白絲瀑布（如圖）為高低落差30公尺，如細絲垂下一般纖細的景色。再往白絲瀑布上游的右手邊就是傳說水流從未枯竭的不老瀑布，落差有80公尺。雙白髮瀑布則是好幾道水流沿著黑色岩壁流下。冬天時冰柱景色迷人。

♀雲井林業 40分

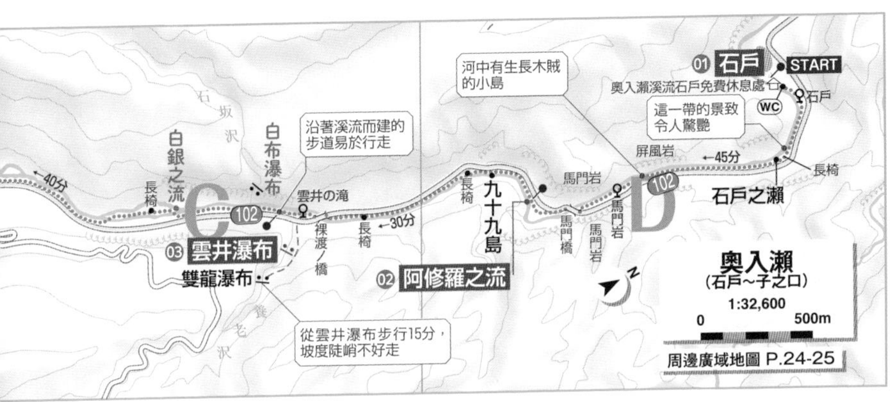

05 觀光　20分

九段瀑布
くだんのたき

位於森林深處，與奧入瀨溪流主河道有一段距離的瀑布。複雜的地層被侵蝕後變成一層層流下。水量雖然不多，但滑過岩盤而下的景色給人優美的感覺。落差約有15公尺，上半部份為一道水流，下半部份分散成扇形流下。

♀銚子大滝 10分

06 觀光　30分

銚子大瀑布
ちょうしおおたき

奧入瀨溪流主流上唯一的瀑布。落差7公尺，寬約20公尺，豐沛的水量傾瀉而下的景色非常壯觀。因如同形成一道水牆阻礙著朝著十和田湖逆流而上的魚兒，所以也被稱作「魚止瀑布」。在山色返青之時因融雪，水量會變得特別豐沛。

♀銚子大滝 即到

十和田湖

從空中俯瞰的十和田湖

區域的魅力度

觀光景點
★★★
散步
★★
溫泉
★★

季節情報：
新綠（5月中旬～6月上旬）、紅葉（10月上旬～11月上旬）、雪之祭（十和田湖冬物語／2月）。
從休屋有木板道路延伸至御前濱，十分適合散步。可走過沙灘前往欣賞少女像。

從湖上或觀光步道眺望充滿神祕感的湖

十和田湖海拔400公尺，湖水湛藍而深，為二重式的火口湖。自古即為修驗宗的聖地，也曾開墾為礦山，透過明治時代的詩人大町桂月，此處的存在才廣為人知。初夏新綠以及紅葉季節之美，深深吸引著人們的心。

前往十和田湖的方法·遊覽順序的小提示

子之口與休屋（十和田湖　巴士站）是十和田湖的觀光據點。由青森站搭乘JR巴士「みずうみ號」前往子之口約2小時53分、3060日圓；前往十和田湖約3小時8分、3480日圓（冬季所需時間不同）。由八戶站搭乘JR巴士「おいらせ號」前往子之口需2小時、2600日圓；前往十和田湖需2小時15分、3050日圓（參照p.21）。

從弘前可以參加弘南巴士的觀光巴士「弘前⇔十和田湖周遊觀光巴士」，有兩種路線。每週六日、假日僅有預約時行駛。櫻花節（4月23日～5月5日）、睡魔祭（8月1～7日）如有預約則每日行駛。（從弘前巴士轉運站需要3小時15分，單程4000日圓，來回6500日圓。須在5日前預約。☎0172-38-2255）

遊客中心和住宿、餐飲、伴手禮店等設施均聚集在休屋。由奧入瀨溪流漫步前往十和田湖就會抵達子之口，從這裡搭乘搭JR巴士「みずうみ號」、「おいらせ號」前往休屋為15分、720日圓。子之口～休屋之間也有遊覽船行駛。需時50分、1650日圓。

詢問處

十和田奧入瀨觀光機構
☎0176-24-3006
十和田湖國立公園協會
☎0176-75-2425
JR巴士東北青森分店
☎017-723-1621
弘南巴士
☎0172-38-2255
十和田觀光電鐵(遊覽船)
☎0176-75-2201

自行車租借

4～10月之間在休屋的JR巴士十和田湖站有自行車租借服務。1小時500日圓（延長每1小時400日圓）☎0176-75-2153

十和田湖巴士站

十和田湖遊覽船

とわだこゆうらんせん

地圖p.24-E・F、p.29-A
♀十和田湖👟即到（休屋的棧橋）、或是♀子ノ口👟即到

能夠從湖上實際體驗十和田湖之美的遊覽船。有往來子之口及休屋的A行程，以及從休屋遊覽中湖再返回休屋的B行程兩種，可近距離眺望御倉半島的千丈幕及烏帽子岩、屏風岩等斷崖絕壁，還有中山半島的錦浦、回眸之松等美景。B行程在11:30、16:00發船的班次會在十和田神社前停靠，可以在人形的和紙上寫下願望並從船上投入湖中，在船上進行祈願（免費）。A行程一天3班往返；B行程一天6班往返，各皆需時50分。休屋的遊覽船站也有伴手禮店和輕食區。

☎ 0176-75-2909（十和田湖遊覽船預約中心）
📍 青森県十和田市奥瀬十和田湖畔休屋486
🕓 A路線於4/28～11/6運行
B路線於4/28～11/6運行
¥ 各路線皆為1650日圓
（商務船艙須加價550日圓）
Ⓟ 無

十和田神社

とわだじんじゃ

地圖p.29-B
♀十和田湖👟15分

位於休屋之北，走過杉木圍繞的參道就是神社。自鎌倉時代以前就以修驗宗的修行場而為人所知，江戶時代則發展成為南部藩的靈場。

☎ 0176-75-2508
📍 青森県十和田市奥瀬十和田湖畔休屋486
＊ 自由參觀 Ⓟ 無

少女像

おとめのぞう

地圖p.29-B
♀十和田湖👟15分

豎立於湖畔觀光步道處的青銅裸婦像。以湖面的倒影為概念，2座銅像互相面對。昭和28（1953）年，為了紀念列為國立公園15週年而建造，是高村光太郎生涯最後的傑作。

十和田湖畔溫泉

とわだこはんおんせん

地圖p.24-E
十和田湖 1～8分

於2000年湧出的湖畔溫泉。泉質為鈉・鈣－硫酸鹽・氯化物碳酸氫鹽溫泉，泉溫為34.8度。現在休屋有15間旅館引用該溫泉。也有提供純泡湯的旅館（500～800日圓，時間需洽詢）

十和田湖國立公園協會 ♪0176-75-2425

十和田湖的觀景台

とわだこのてんぼうだい

地圖p.24-E・F
瞰湖台為 休屋 5分
從休屋搭乘預約制計乘車「とくとく十和田号」25分到發荷峠

眺望十和田湖的觀景台共有5處，較推薦瞰湖台（右上圖）。觀景台設置在矗立在御倉半島，位於面對著中湖的懸崖絕壁上。左邊能一覽中山半島，右邊能眺望御倉半島的屏風岩及五色岩。從瞰湖台開車約15分的發荷峠（下圖）也是俯瞰湖面的最佳景點。位於十和田湖南側，海拔630公尺的圓形觀景台，可以眺望闊葉林外的廣闊湖面以及南八甲田、櫛峰。

十和田湖國立公園協會 ♪0176-75-2425
とくとく十和田号 ♪0186-29-2525
瞰湖台／青森縣十和田市十和田湖畔
發荷峠／秋田縣小坂町發荷峠
＊ 自由參觀
Ⓟ 瞰湖台無，發荷峠可停50輛

TEKU TEKU COLUMN

泉質潤滑的美肌溫泉

古牧溫泉 星野集團 青森屋

位於十和田湖往東北50公里處的溫泉，占地廣闊的境地內規劃有生機盎然的公園。腹地內湧出的無色透明溫泉素有美肌溫泉的美名，可以在全部以青森羅漢柏建造的室內浴池和露天浴池（下圖）放鬆泡澡。

在設施內的餐廳，可以品嘗到講究的青森美食。晚餐有青森湯品御膳之外，還有中西及日式80種菜色的自助餐。在餐廳「みちのく祭りや」，每晚都可享受囃子和津輕三味弦、跳人等體驗。

星野集團 青森屋
地圖p.13-D
♪ 0176-51-1116、0570-073-022（預約專線）
青森県三沢市古間木山56
¥ 1泊2食15850日圓～。元湯不住宿入浴費450日圓 Ⓟ 200輛

購物＆美食

和食

子ノ口湖畔食堂
ねのくちこはんしょくどう

地圖p.26-A
子ノ口 即到

在遊覽船搭乘處前的餐廳。紅鮭定食2500日圓，除了可品嘗鹽烤紅鮭，還有西太公魚甘露煮、山菜等的當地食材。

0176-75-2226
青森県十和田市奥瀬十和田湖畔子の口468
9:00～16:30
休 11月中旬～4月中旬
＊400席 P 30輛

紅鮭料理

十和田食堂
とわだしょくどう

地圖p.29-B
十和田湖 7分

可享用產自十和田湖漁獲稀少的紅鮭。在這裡4月下旬～11月上旬能夠品嘗到新鮮美味的紅鮭生魚片。由於是當天捕獲的野生紅鮭，覆蓋著脂肪入口即化般的口感極佳。鹽烤口味整年都有販賣。紅鮭生魚片定食1814日圓～，烤紅鮭定食1587日圓～。

0176-75-2768
青森県十和田市奥瀬十和田湖畔休屋486
9:30～15:30
休 無休（12～3月僅週日、假日營業）
＊ 70席
P 5輛

咖啡廳&船塢

十和田湖マリンブルー
とわだこマリンブルー

地圖p.29-A
十和田湖 8分

位於十和田湖畔，兼做出租船塢的咖啡廳。能夠一面眺望湖景一面喝茶，使用「富士蘋果」的手作蘋果派500日圓頗受好評。咖啡450日圓、啤酒450日圓。

0176-75-3025
秋田県小坂町十和田湖休平
8:00～18:00
休 4月下旬～11月營業，期間無休
＊16席～ P 10輛

傳統工藝品

暮らしのクラフトゆずりは
くらしのクラフトゆずりは

地圖p.29-B
十和田湖 4分

以「日常生活中的使用物品」為主題，網羅了以青森、秋田、岩手為中心進行創作活動師傅們的傳統工藝品。陳列著木製工藝品、漆器、織品等等獨具匠心的商品。陶器・漆器1100日圓～、木通草手提袋19800日圓。

0176-75-2290
青森県十和田市奥瀬十和田湖畔休屋486
10:00～17:00
休 4月中旬～11中旬營業，期間無休 P 5輛

用餐・伴手禮

信州屋
しんしゅうや

地圖p.29-B
十和田湖 5分

賣場面積坐擁十和田湖畔最大規模，陳列諸多陸奥三縣（青森、秋田、岩手）的特產品。2樓餐廳的紅鮭料理、十和田牛排、稻庭烏龍麵、比內土雞料理等鄉土特色鮮明的菜色很受歡迎。十和田牛排提供菲力、莎朗、骰子牛等選項。標榜可以看到湖景，不妨來此賞景用餐。

0176-75-3131
青森県十和田市大字奥瀬字十和田16
9:00～18:00
（冬季期間11:00～16:00）
休 無休(4月中旬～11月中旬)
冬季期間除天氣惡劣外營業
P 20輛

住宿

 八甲田周邊 

酸之湯溫泉旅館

すかゆおんせんりょかん

地圖 p.21-C
♀酸ケ湯溫泉即到

佇立於八甲田山．大岳西麓的獨棟旅館，330年歷史的名湯據說有治百病的功效，也提供投宿期間可自己開伙的溫泉療養部。著名的羅漢柏千人浴池有160張榻榻米大。

☎ 017-738-6400
¥ 1泊2食9460日圓～
＊133室　P 80輛

 十和田湖 

十和田酒店

とわだホテル

地圖 p.24-A
♀十和田湖有接駁巴士服務（預約制）15分

位於十和田湖西岸的台地，可眺望湖景的飯店。1938年建造的本館是使用秋田杉巨木的3層建築，集結了80名東北的社寺木匠相互較勁功力，隨處可見專業師傅的技術，挑高的玄關更是一大焦點。露天浴池望去便是寬廣的十和田湖。

☎ 0176-75-1122
¥ 1泊2食37400日圓～
＊50室　P 60輛　冬期休業

八甲田周邊	谷地溫泉	☎0176-74-1181／地圖p.21-D／1泊2食17130日圓～ 保留祕湯風情的旅宿。有透明稍熱的38°C溫泉和42°C的白濁溫泉。
	つたおんせんりょかん 蔦溫泉旅館	☎0176-74-2311／地圖p.21-D／1泊2食17600日圓～ 本館建於1918(大正7)年，浴池底部會湧出溫泉。冬季休業。
	Hakkoda Hotel	☎017-728-2000／地圖p.21-C／1泊2食22637日圓～ 外觀為小木屋風格。餐點可選擇要正統法式料理或日式料理。
	ホテル ジョウガクラ HOTEL Jogakura	☎017-738-0658／地圖p.21-A／1泊2食17600日圓～ 北歐風的外觀，大浴池裡按摩浴缸跟桑拿的設施都很完備。
	もとゆさるくらおんせん 元湯猿倉溫泉	☎080-5227-1296／地圖p.21-D／1泊2食15000日圓～＋冬季暖氣費500日圓 溫泉量十足，被綠意圍繞的男女各兩座露天浴池可度過清爽時光。
奧入瀨	星野集團 奧入瀨溪流飯店	☎0570-073-022(預約)／地圖p.25-D／1泊2食18500日圓～ 沿著奧入瀨溪流而立，是此地唯一的度假型飯店。有岡本太郎做的巨大暖爐。
	奧入瀨森之飯店	☎0176-70-5000／地圖p.25-D／1泊2食14580日圓～ 來此品嘗大量使用來自當地牛與蔬菜的料理。
	ゆうぎょそう 遊魚荘	☎0176-74-2202／地圖p.25-D／1泊2食9800日圓 使用境內養殖紅鮭的紅鮭盡享定食備受好評。為國營旅館。
	ののはなやけやまそう 野の花焼山荘	☎0176-74-2345／地圖p.25-D／1泊2食28600日圓～ 館內以青森產羅漢柏打造。源泉式溫泉是較不刺激的單純泉。
十和田湖	やまのおふるまい 山乃御振舞 しんざんてい とわだこ賑山亭	☎0176-75-2711／地圖p.29-A／1泊2食15400日圓～ 引自十和田湖畔溫泉的純日式旅館。晚餐提供炭火爐端燒或鄉土料理等。
	十和田 王子大飯店	☎0176-75-3111／地圖p.24-A／1泊2食12388日圓～ 建於湖畔的閒適飯店。露天浴池使用腹地內湧出的天然溫泉。
	Towadako Lakeside Hotel	☎0176-75-2336／地圖p.29-A／1泊2食8800日圓～ 可享用切蒲英鍋、強飯等使用當地食材的菜色。
	Towadako Lake View Hotel	☎0176-75-1500／地圖p.29-A／1泊2食11000日圓～ 建於湖畔的度假型飯店。使用十和田名產紅鮭的料理很受歡迎。

はちのへ 地圖 p.13-H

八戶

7月31日～8月4日的八戶三社大祭

可以享受豐盛海產和風光明媚景色的港都

總漁獲量為全日本第6（2012年）的港都。市場和市中心的屋台村等的海鮮美食很吸引人。在2013（平成25）年，沙灘以及地處谷灣式海岸分界點的種差海岸被指定為三陸復興國立公園。

前往八戶的方法・遊覽順序的小提示

由東京搭乘東北新幹線「隼號」到八戶為2小時45～54分、 16590日圓。由東京車站鍛冶橋停車場搭乘高速巴士「えんぶり號」為9小時35分、4500日圓～。八戶市內交通可利用JR八戶線，或從市區的巴士總站搭乘路線巴士。從JR八戶站到市區的巴士總站，可於東口的1、2號乘車處搭乘巴士25分。

抵達後的第一步

日曜朝市循環巴士いさば號（4月～12月的每周日行駛）會經過陸奥湊站前、館鼻岸壁、湊山手通的早市前。從JR鮫站搭乘うみねこ號連接蕪島、種差海岸站（4月～11月上旬為每日，冬季為週六日、假日行駛）等處。費用各為100日圓。

區域的魅力度

觀光景點
★★★
散步
★★★
溫泉
★★★

詢問處

八戶市觀光課
0178-43-9536
八戶觀光會議協會
0178-41-1661
南部巴士
八戶營業所
0178-44-7111
市營巴士
0178-25-5141
十和田觀光電鐵八戶營業所
0178-43-4520

蕪島
かぶしま

地圖p.34-B
JR鮫站 15分

因為是黑尾鷗的繁殖地而列為國家天然紀念物。每年3月上旬左右，會飛來3～4萬隻的黑尾鷗，到8月上旬遷移之間，會在此產卵・養育雛鳥。

青森県八戸市鮫町鮫56-2
＊ 自由參觀 P 60輛

種差海岸
たねさしかいがん

地圖p.34-B
種差天然草地由JR種差海岸站 3分

以蕪島為起點朝東南方延伸的海岸。白色沙灘配上松木青翠的明媚景點，被指定為國家名勝。也可眺望沙灘景色和粗獷的海蝕平臺景觀。從廣闊的天然草原延伸到海岸邊的種差天然草原，還有走在沙上會發出聲音的鳴砂大須賀海岸。

種差海岸資訊服務中心 0178-51-8500
青森県八戸市鮫町棚久保
＊ 自由參觀 P 280輛

購物 美食

市場

八戸市營魚菜零售市場

はちのへしえいぎょさいこうりいちば

地圖p.34-B
JR陸奥湊站 即到

販賣鮮魚、乾貨、加工海產。也可享用組合100日圓的白飯搭配湯品等的定食（食堂5:00～10:00左右）

0178-33-6151
青森県八戸市湊町久保38-1
3:00～15:00(視店鋪而異)
休 週日、第2週六（逢盂蘭盆節、過年期間則營業，早市為第1週日舉行）
P 無

鄉土料理

割烹さんりく

かっぽうさんりく

地圖p.34-A
JR本八戸站 10分

將三陸海鮮發揮極致的鄉土料理店。八戶外海捕獲的烏賊烹製的八戶烏賊丼1500日圓。奢侈地使用海膽與鮑魚的湯品草莓煮2000日圓。所謂的草莓煮，是由於海膽用熱水一燙看起來就像野生草莓一般，因而得名。

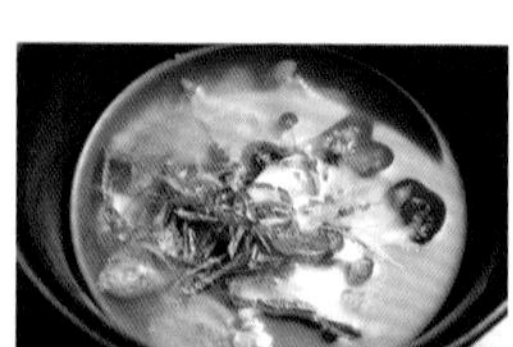

0178-43-3501
青森県八戸市六日町23
11:00～14:00、17:00～21:00
休 1/1　＊190席　P 無

TEKU TEKU COLUMN

出生於三澤的天才·寺山修司

地圖P.13-D

十幾歲時就以天才歌人之姿出道的寺山修司，在《推薦離家出走》一書中刺激年輕人、而在劇團·天井棧敷以及其執導的電影作品，每次新作發表時都會引起正反兩極的評價。

寺山修司紀念館就在寺山度過少年時代的小鎮三澤。擺放大型道具的傾斜舞台、放映著黑白影像的螢幕、使用手電筒尋找，打開書桌抽屜就會發現手寫原稿……。充滿幽默感和重重機關，深具持續突破既成觀念的寺山風格。

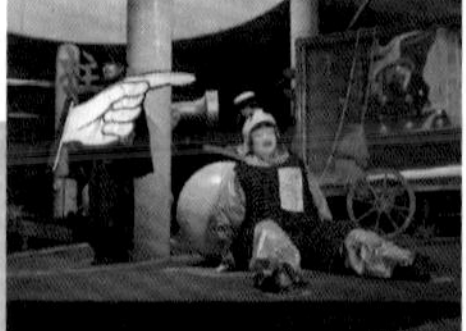

從三澤站搭乘MISAWAぐるっと巴士（以週六日、假日為主）30分
0176-59-3434
青森県三沢市三沢淋代平116-2955
9:00～17:00　休 週一（逢假日則翌日休，8月第1～3週一開館）　¥ 550日圓　P 70輛

下北半島

宛如佛像的奇岩異石延續的佛浦

盡情享受本州島北界，豐饒的自然之美

位於本州最北端突出的斧形半島，因江戶時代往來北海道和東北地方、瀨戶內海、大阪等地的北前船停泊而興起。境內有恐山和日本獼猴棲息的最北端 — 脇野澤所在的陸奧市、以盛產鮪魚聞名的本州島最北端 — 大間町、有許多奇岩的佛浦所在的佐井市等，充滿自然氣息的6個城鎮。

前往下北半島的方法・遊覽順序的小提示

●前往東北新幹線八戶站、新青森站的方法

由八戶站搭青森鐵道、JR大湊線直通快速（一天3班）約1小時34～55分，費用2530日圓到下北站；約1小時39分～2小時到大湊站。也有一班從青森出發的快速列車。另外，週六、假日有行駛於八戶～大湊站間的「リゾートあすなろ下北」，需時1小時42～49分，3060日圓，1天2班來回（行駛日需注意）。從野邊地站有直通陸奧巴士總站的巴士，需時1小時29分，1600日圓，1天有5～6班。

從下北站搭乘下北交通巴士往恐山約43分，810日圓。從下北站可搭乘同家巴士公司前往佐井（佛浦）方向。到下風呂約1小時10～15分，1240日圓。到大間崎約1小時41～46分，2030日圓。到佐井約2小時13～18分，2500日圓。從JR大湊站搭乘JR巴士往脇野澤站約1小時5分，1700日圓。

●由青森搭乘シィライン的高速艇「ポーラスター」前往

青森港～脇野澤港約1小時～1小時10分，2660日圓。到佐井港約2小時25～30分，3620日圓。途中能欣賞鯛島、佛浦的美景。

區域的魅力度

觀光景點
★★★★
散步
★★
溫泉
★★★★

季節情報：
能夠享受春、秋的山菜，夏季的海膽、扇貝、烏賊，秋季的大間鮪魚，以及冬季的青甘、鱈魚的魚白等美食。最大的觀光景點為恐山，夏季的例行大祭與秋季祭拜最為熱鬧。溫泉則有藥研溫泉及下風呂溫泉、大間溫泉等等。

詢問處

陸奧市觀光戰略課
♪0175-22-1111
風間浦村產業建設課
♪0175-35-2111
大間町產業振興課
♪0175-37-2111
佐井村觀光協會
♪0175-38-4515
下北交通巴士(むつ)
♪0175-22-3221
JR巴士東北大湊營業所
♪0175-24-2146
シィライン
♪017-722-4545

租車遊覽

下北站有車站租車處。由於恐山～藥研溫泉間沒有巴士行駛，如果有車就能方便安排行程。只是前往恐山的山路在12月上旬～4月下旬會因積雪封閉。也可利用繞行恐山、藥研溪谷等的觀光計程車。

觀賞＆遊逛

恐山

おそれざん

地圖p.36-A
JR下北站搭乘🚌下北交通巴士往恐山方向43分，終點站下車即到

和比叡山、高野山並列為日本三大靈場之一。862（貞觀4）年，據說是天台宗的慈覺大師圓仁所開創。穿過大門，正面就是地藏堂，左側岩表升起的硫氣展現出粗獷的景色。

境內有名為賭博地獄、重罪地獄等景點，賽之河原對面則是宇曾利山湖。

●恐山溫泉

恐山境內有溫泉湧出，只要是登山者就能免費使用冷拔之湯、古瀧之湯、花染之湯、藥師之湯等四種浴池。泉質全都是氯化土類硫化氫泉。

在過去包含現在沒在使用的新瀧之湯，合稱五靈泉。

☎0175-22-3825
📍青森県むつ市田名部宇曽利山
🕓6:00～18:00（10月中旬～31日為～17:00）
休 無休（11～4月休山）
¥ 入山費500日圓，宿坊1泊2食12000日圓
P 200輛

下北半島
1:460,000
0 10km
周邊廣域地圖 P.176-177

往函館 津輕海峽 渡輪 弁天島 大間崎 大間崎 P.37 大間町 大間観光土産センター P.38 おおま温泉海峡保養センター P.38 P.38 大間・浜寿司 津軽海峡 279 易国間 桑畑温泉「湯ん湯ん♪」 奥戸 風間浦村 むつはまなすライン 下風呂温泉 P.37 下風呂 津鼻崎 338 材木 佐井港 原田 A 目滝山 ▲618 燧岳 ▲781 B N アルサス 佐井村 佐井 願掛岩 森林体験館 木野部 P.37 薬研渓谷 大畑 大畑駅 あすなろライン 尻屋 シィライン 磯谷 奥薬研温泉 P.37 夫婦河童之湯 薬研温泉 岩屋ウィンドファーム 桑畑山 荒沢山 672▲ 岩屋 長後 関根浜 異部 かもしかライン 下北半島國定公園 P.36 恐山 恐山菩提寺 入口 野牛 石持 猿ヶ森砂丘 福浦 福浦崎 大作山 ▲776 朝比奈岳 ▲874 むつ下北観光物産館 まさかりプラザ P.38 縫道石山 626▲ 湯野川 湯野川温泉 宇曽利山湖 陸奥 スカイレストラン P.38 濃々園 陸奥市 陸奥格蘭酒店 P.38 佛浦 P.37 827▲ 大尽山 釜臥山 878▲ おおみなと 猿ヶ森 牛滝 川内ダム しもきた 下田屋 ヒバ埋没林 焼山崎 野平 かわうち湖 於法岳 ▲533 あかがわ 楠こう P.38 東通村 下田代 釜臥山展望台 砂子又 左京沼 海峡ライン P.38 Hotel Folkloro Ominato 芦崎白鳥飛来地 秋山 ▲631 大湊湾 小田野沢 湯ノ沢山 558▲ C 銀杏木 城ヶ沢 かなやさわ D 朝比奈平 太平洋 279 338 奥内 近川 戸沢 田野沢 ちかがわ 川内新町 宿野部 338 黒崎 冷水峠 大湊線 石川台 ▲339 七引園地・野猿公苑 P.37 わきのさわ 蛎崎 老部 脇野沢本町 陸奥湾 マリンハウス脇野沢 白糠 往外濱 往野邊地 ありはた 往三濱 物見崎

藥研溪谷

やげんけいこく

地圖p.36-A
JR下北站搭乘🚌下北交通巴士往佐井方向45～50分、♀大畑駅下車🚗20分

下北半島國家公園內沿著大畑川的一部分。羅漢柏林和落葉樹林繁茂，新綠及紅葉時期的景色格外美麗動人。全長8公里的觀光步道綿延不斷。釣岩魚、香魚等魚類的溪釣也相當受到歡迎。

むつ市大畑庁舎産業建設課 ☎0175-34-2111
📍青森県むつ市大畑町薬研 🅿200輛

夫婦河童之湯（奧藥研溫泉）

めおとかっぱのゆ（おくやげんおんせん）

地圖p.36-A
♀大畑駅🚗25分

在面向著藥研溪谷的露天溫泉，能夠一邊聽著潺潺流水聲一邊享受泡湯樂趣。溫泉為浴池旁湧出的單純溫泉。

☎0175-34-2008（奥薬研修景公園レストハウス）
📍青森県むつ市大畑町赤滝山1-3
🕘9:00～17:00（5～8月至18:00，11月11日～3月31日為10:00～17:00）
休 12/30～1/3、1～3月的週二
¥ 入浴費230日圓 🅿30輛

下風呂溫泉

しもふろおんせん

地圖p.36-A
JR下北站搭乘🚌下北交通巴士往佐井1小時～1小時10分、♀下風呂下車👟即到

從室町時代起就是溫泉療養地而廣受歡迎。共同浴場新湯 大湯にかわり、海峽之湯於2020年12月新開幕。

下風呂温泉　海峡の湯 ☎0175-33-2116
📍青森県風間浦村下風呂71-1
🕘7:00～20:30（4月～10月）（11～3月為8:00～）
休 第2、4週二、1月1日 ¥450日圓 🅿16輛

大間崎

おおまざき

地圖p.36-A
JR下北站搭乘🚌下北交通巴士往佐井方向1小時41～46分、♀大間崎下車👟即到

位於本州最北端之處，能夠看的到海面上的弁天島，以及其後方的北海道。周邊還有幾家民宿。

大間町産業振興課 ☎0175-37-2111
📍青森県大間町大間大間平 🅿20輛

七引園地・野猿公苑

しちびきえんち・やえんこうえん

地圖p.36-C
JR大湊站搭乘🚌JR巴士往脇野沢方向1小時5分、終點下車、🚗5分（也有巴士）

野生日本猿猴棲息地最北端的陸奧市脇野澤的公園。可以看見被指定為天然紀念物的70隻猿猴。

☎0175-44-3423 📍青森県むつ市脇野沢七引201-211
🕘9:00～16:30 休 無休 ¥200日圓 🅿20輛

佛浦

ほとけがうら

地圖p.36-C
JR下北站搭乘🚌下北交通巴士往佐井方向2小時13～18分、♀佐井下車。轉搭遊覽船30分，或是♀佐井🚗40分

白綠色的凝灰岩綿延不絕，長達2公里。突出海岸的奇岩群是經年累月波浪侵蝕下的景觀。往返佐井港～佛浦間的高速觀光船（2間公司各3班～）定期行駛中。

佐井村観光協会 ☎0175-38-4515
📍青森県佐井村長後仏ヶ浦
🕘觀光船1日2班+臨時4班，所需1小時30分（含上陸30分）
休 運航4月20日～10月31日、期間中無休
¥ 來回2700日圓 🅿30輛

購物＆美食

鄉土料理・日本料理

楠こう

なんこう

地圖 p.36-D
JR下北站搭乘巴士下北交通巴士往大畑站方向10分、むつ巴士ターミナル下車步行即到

店內全用羅漢柏裝潢，除了桌席之外，其餘都是包廂。能品嘗到下北捕獲的海鮮製成的生魚片和火鍋等日本料理。可品嘗味噌烤貝類、火烤貝類、生魚片等海產的下北總匯御膳3850日圓。另外還有下北海膽釜飯1320日圓、下北海鮮丼3300日圓。

0175-22-7377
青森県むつ市田名部町2-5
11:30～14:30、17:00～21:30
週六日、假日整天營業
休 週三（逢假日則翌日休）、12/31、1/1、8/13
＊240席 P 25輛

壽司

大間・浜寿司

おおま・はまずし

地圖 p.36-A
大間 步行1分

能品嘗到頂級大間產鮪魚的店家。特上壽司3080日圓、黑鮪魚赤身丼2860日圓～。另有2個人才能預約的鮪魚全餐，可以在此大飽口福。

0175-37-2739
青森県大間町大間69-3
11:00～21:00
休 不定 ＊70席 P 20輛

法式料理

スカイレストラン

地圖 p.36-D
JR下北站 開車8分

主廚推薦的午餐1980日圓主餐可選肉或魚。位於陸奧格蘭酒店11樓。2022年12月16日起休業至今，還請至官網確認。

0175-22-2331
青森県むつ市田名部下道4
11:45～14:00LO、17:00～21:00LO
休 無休 ＊60席 P 150輛

伴手禮

大間観光土産センター

おおまかんこうみやげセンター

地圖 p.36-A
大間崎 步行即到

位於本州最北端，販賣原創大間伴手禮的店。鮪魚鹽辛180g860日圓、大間鮪魚環保包裝800日圓等產品都很受歡迎。

0175-37-3744
青森県大間町大間大間平17-728
8:00～18:00（11～3月為9:00～17:00）
休 無休 P 有

伴手禮

むつ下北観光物産館まさかりプラザ

むつしもきたかんこうぶっさんかんまさかりプラザ

地圖 p.36-D
むつ巴士ターミナル 步行即到
※也有下北站前店

匯集觀光資訊與下北物產的設施。販售檜木製的砧板等工藝品，還有魷魚鹽辛、活扇貝等許多海產加工品。

下北物產協会
0175-22-9161
青森県むつ市柳町1-10-25
9:30～18:00（冬季為10:00～17:00）
休 無休 P 40輛

住宿指南

陸奥格蘭酒店	0175-22-2331／地圖p.36-D／1泊2食9900日圓～ 陸奧市內的大型飯店。擁有視野絕佳的餐廳、空中餐廳。
Hotel Folkloro Ominato	0175-24-0051／地圖p.36-D／Ⓢ6340日圓～、Ⓣ12680日圓～ 緊鄰JR大湊站。住宿含自助早餐吃到飽。
おおま温泉海峡保養センター	0175-37-4334／地圖p.36-A／1泊2食12000日圓～ 本州最北的大間崎溫泉旅宿。僅入浴（8:00～21:00）為400日圓。

弘前

約2600棵櫻花盛開的弘前公園（弘前城）

櫻花時節十分美麗，北方的寧靜城下町

保有城下町風貌的武家宅邸和東北唯一現存天守閣座落的弘前城等，弘前保留了洋溢藩政時代風情的文化財。櫻花節及弘前睡魔祭時，遊客如織，非常熱鬧。

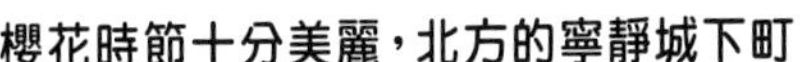

前往弘前的方法・遊覽順序的小提示

臺灣目前沒有直達青森的班機，僅有長榮包機。從東京站搭乘東北新幹線「隼號」前往新青森，再從新青森轉乘奧羽本線快速或普通列車，約3小時40分～4小時38分，18000日圓。從BUSTA新宿搭夜間巴士「パンダ号新宿」約9小時25分，4000日圓～。從青森機場搭弘南巴士為55分，1200日圓。從秋田搭奧羽本線快速為2小時3～10分，3200日圓。從仙台搭長距離巴士「キャッスル号」為4小時20～30分，5700日圓。

觀光景點集中於弘前公園周邊一帶。推薦在站前搭乘「TAMENOBU號」等，前往津輕藩睡魔村，遊覽武家宅邸，再前往弘前公園。回程由追手門前往市役所、市立觀光館。也有1天500日圓的出租自行車，可以在蘋果公園或車站觀光服務處等4～5處租借。

●便於觀光的100日圓巴士

由巴士總站經過車站前，繞行市役所周邊的土手町循環巴士於10:00～18:00（12～3月為17:00）間隔10分1班，一律100日圓。可與「TAMENOBU號」（1天4班、冬期停駛、100～200日圓）共通的1日乘車券500日圓。

區域的魅力度

觀光景點
★★★★
散步
★★★★
溫泉
★★

季節情報
弘前城雪燈籠節（2月上旬），櫻花節（4月下旬），弘前睡魔祭（8月1～7日）。

詢問處

弘前市立觀光館
☎0172-37-5501
弘前觀光會議協會
（自行車租借詢問處）
☎0172-35-3131
弘前巴士總站綜合服務處
☎0172-36-5061

弘前站前巴士乘車處

④TAMENOBU號⑤五所川原線、黑石線、青森機場線等。⑥弘前公園・市役所方向等。⑦土手町・龜甲門方向等。D100土手町循環100日圓巴士

弘前街道漫步

只要3天前向觀光會議協會申請，就有當地導遊帶領市區內各景點導覽（2小時1000日圓～）。弘前城行程、長勝寺和禪林街行程、洋館巡禮等，共有50種觀光行程。弘前觀光會議協會https://www.hirosaki-kanko.or.jp/

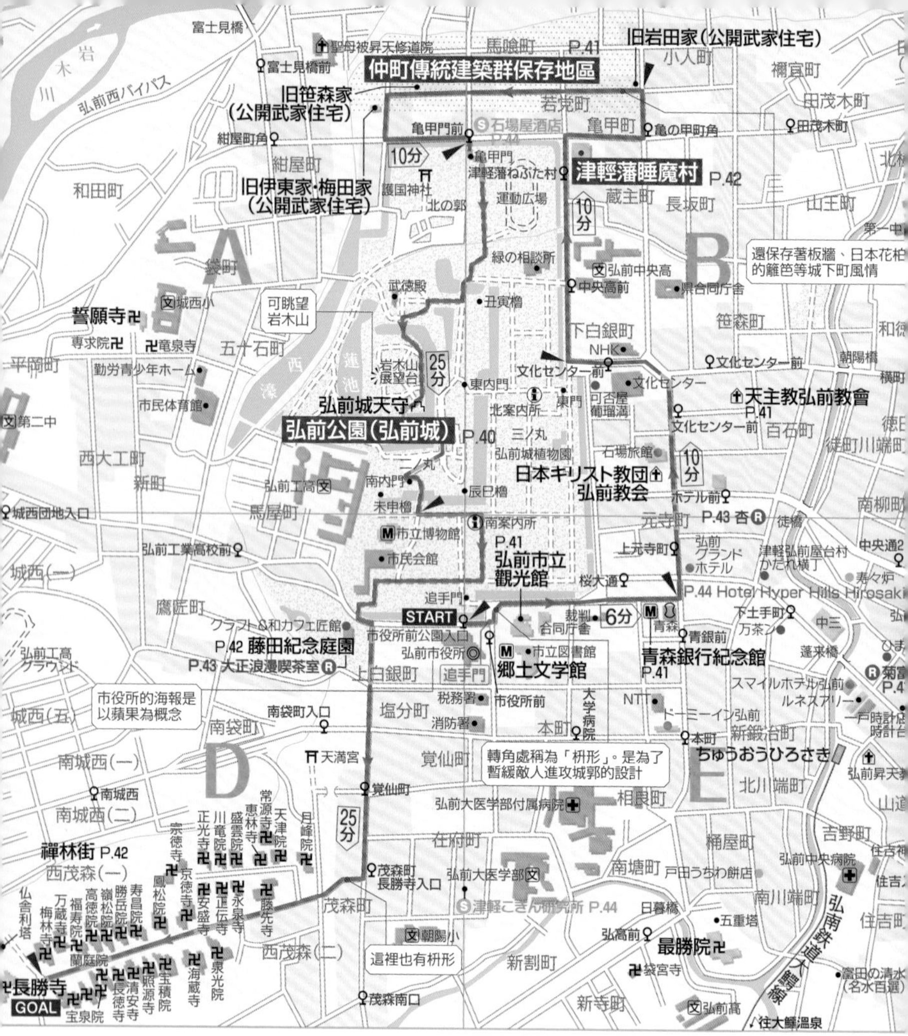

仲町傳統建築群保存地區 P.41
旧岩田家(公開武家住宅)
旧笹森家(公開武家住宅)
旧伊東家·梅田家(公開武家住宅)
津輕藩睡魔村 P.42
還保存著板牆、日本花柏的籬笆等城下町風情
可眺望岩木山
弘前城天守
弘前公園(弘前城) P.40
日本キリスト教団弘前教会
天主教弘前教會 P.41
P.41 弘前市立觀光館
START
P.42 藤田紀念庭園
P.43 大正浪漫喫茶室
郷土文学館
青森銀行紀念館 P.41
市役所的海報是以蘋果為概念
轉角處稱為「枡形」。是為了暫緩敵人進攻城郭的設計
這裡也有枡形
禪林街 P.42
長勝寺
GOAL
10分 25分 10分 6分 25分 10分

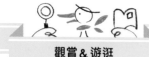

弘前公園(弘前城)※

ひろさきこうえんひろさきじょう

地圖p.40-A
JR弘前站搭乘土手町循環巴士15分、市役所前下車4分

1611（慶長16）年，由第2代藩主津輕信枚建城，到廢藩置縣的260年之間，是為津輕氏居住的城堡以及藩政的中心之地。在1810（文化7）年建造的天守閣、3座城樓和5座城門仍保存著當時建造的模樣。皆為國家指定的重要文化財。也是有名的賞櫻名勝。

弘前市公園緑地課 ☎0172-33-8739
青森県弘前市下白銀町1-1
本丸、北之郭、史料館為9:00～17:00（櫻花季時為7:00～21:00）、4月1日～11月23日開館
¥ 320日圓 P 無（使用市公所、觀光館等地的P）

※弘前城本丸·北之郭、弘前植物園、藤田紀念庭園的入園共通券520日圓

弘前市立觀光館

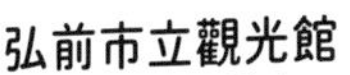

ひろさきしりつかんこうかん

地圖 p.40-E
♀市役所前 👟 1分

除了擁有觀光、住宿的綜合資訊服務處之外，也有特產店、餐廳、睡魔花車展示；2樓有津輕漆器展示區等。別館則是祭典山車展示館。

☎ 0172-37-5501　📍 青森県弘前市下白銀町2-1
🕘 9:00～18:00　休 過年期間
¥ 免費（鄉土文學館入館費100日圓）
P 100輛（收費）

TEKU TEKU COLUMN

佇立於城下町的時髦洋風建築

弘前雖為城下町，但也看得到的西洋建築，大多皆由明治時期的建築師堀江佐吉所建造。當時，受到開化風潮影響而到函館學習建築的佐吉，大受洋館林立的風景震撼，回到弘前後便著手興建一棟棟洋館。最具代表性的是舊第五十五銀行（照片／現青森銀行紀念館，地圖p.40-E）、天主教弘前教會（地圖p.40-B）。

JR弘前站搭乘🚌土手町循環巴士10分、♀下土手町下車👟3分到青森銀行紀念館

仲町傳統建築群保存地區

なかちょうでんとうてきけんぞうぶつぐんほぞんちく

地圖 p.40-A·B
JR弘前站搭乘🚌弘南巴士往浜の町、石渡線等方向16分，♀亀甲門前下車👟5分

藩政時代時，弘前城龜甲門北側一帶有著商店聚集的街道，其北方則林立著武家宅邸。現在，原為武家宅邸的地區被規劃為保存地區。日本花柏的籬笆以及板牆綿延不斷的街道，都還保留著當時的風貌。舊岩田家（圖）是仍然保有江戶時代後期風貌的武家宅邸。同為武家的舊梅田家，與代代擔任藩醫的舊伊東家皆開放參觀。

弘前市教育委員会文化財課 ☎0172-82-1642
📍 青森県弘前市若党町
🕙 10:00～16:00　休 視各住宅的休館日而異（4～6月、睡魔祭等活動時無休）
¥ 免費　P 無

津輕藩睡魔村

つがるはんねぷたむら

地圖p.40-B
JR弘前站搭乘弘南巴士「TAMENOBU號」15分，♀津輕藩ねぷた村下車即到

「弘前睡魔之館」展示著高約10公尺的大型睡魔花車，以及如實物大小、能夠了解內部構造的骨架。在「ねぷたの間・ヤーヤ堂」，能夠看到製作各地的睡魔花車及金魚睡魔花車。在「山絃堂」每隔40分～1小時，就能聽到津輕三味線的現場演奏，還有津輕漆器等手工藝品體驗工房「たくみ」等設施。

0172-39-1511　青森県弘前市亀甲町61
9:00～最終入場17:00（部分至16:00）
休 無休　¥ 入館600日圓（體驗費用另計）
P 200輛

禪林街

ぜんりんがい

地圖p.40-D
JR弘前站搭乘弘南巴士往川原、田代、大秋・相馬線等方向15分，♀茂森町長勝寺入口下車 5分

是第2代弘前藩主・津輕信枚集合自津輕一帶的曹洞宗寺院群。以津輕家菩提寺的長勝寺為中心，林立著33座禪寺。位於弘前城的西南方，附近還保留著壕溝和土堤。在藩政時期一方面有鎮守城堡的防禦作用，另一方面當城池被攻陷時也作為逃難場所。

0172-37-5501（弘前市観光館）
青森県弘前市西茂森　＊自由參觀
P 無

藤田紀念庭園※

ふじたきねんていえん

地圖p.40-D
JR弘前站搭乘土手町循環巴士15分，♀市役所前下車3分

總面積2萬1800平方公尺的庭園。建有洋館和書院建築的和館、考古館，6月中旬～7月中旬有70種1500株菖蒲花盛開。10月中旬～11月上旬則有美麗的楓紅。

0172-37-5525　青森県弘前市上白銀町8
9:00～最後入園16:30
休 4月中旬～11月23日開園、期間無休，冬季僅洋館、匠館、高台部庭園開放
¥ 入園320日圓（冬季免費）　P 60輛

TEKU TEKU COLUMN

歷史悠久的溫泉與「小店」的街景・黑石

地圖p.12-A・E

所謂的小店（下圖）為延伸自住家等屋頂的木造騎樓式通道。因為是規劃為冬季暴風雪的防範對策，黑石市街至今仍保存著小店景觀。黑石市的東南方有黑石溫泉鄉，除了有風光明媚的獨棟旅館溫川、青荷溫泉外，還有溫湯、板留、落合等5處的溫泉地座落。

黑石觀光協會 0172-52-3488
西十和田旅館組合
0172-59-5300（津輕傳承工藝館內）
從黑石／JR弘前站搭弘南鐵道弘南線29分，黑石站下車。從黑石溫泉鄉／黑石站搭往弘南巴士往ぬる川方向25～1小時5分，♀津軽伝統工芸館前、♀下溫湯、上溫湯等站下車

※弘前城本丸・北之郭、弘前植物園、藤田紀念庭園的入園共通券520日圓

美食

鄉土料理‧津輕三味線

杏
あんず

地圖 p.40-E
JR弘前站搭乘🚌弘南巴士往弘前市役所方向10分、♀下土手町下車👟1分

能在品嘗津輕地方產酒與鄉土料理的同時，盡情欣賞道地的津輕三味線現場演出。在每晚兩次的演奏，能盡情吟味眼前的動人音色。

☎ 0172-32-6684
📍 青森県弘前市親方町44-1
🕐 18:00～21:00
（津輕三味線的現場演出為19:00、21:30起30分）
休 不定休
P 無

蕎麥麵‧鄉土料理

菊富士
きくふじ

地圖 p.40-E
JR弘前站👟15分

可以享用數道以津輕鄉土料理為基底的創作料理。最受歡迎的是附有魷魚腳肉排、粥湯的津輕夢御膳3980日圓。粥湯定食為1380日圓。另有帆立貝味噌燒720日圓跟內含生魚片、烤魚、天婦羅的迷你天婦羅蕎麥麵套餐1400日圓。

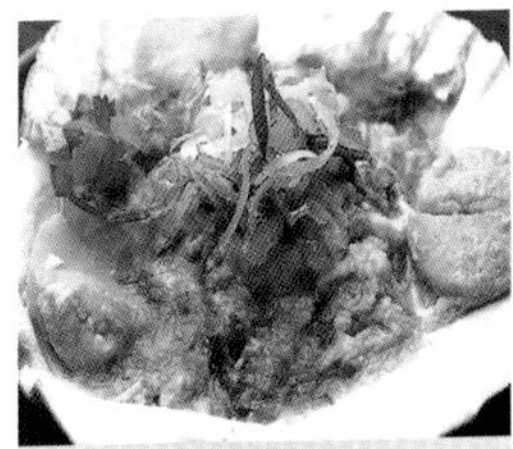

☎ 0120-38-3638
📍 青森県弘前市坂本町1
🕐 11:00～14:30（14:00LO）
17:00～21:30（20:30LO）
休 不定　＊ 200席
P 100輛

法國料理

フランス食堂 CHEZ-MOI

本書地圖外
JR弘前站👟8分

與意思為「我家」的店名一般放鬆的氣氛中，可品嘗到加了滿滿當季魚貝類和當地蔬菜的法國料理。全餐料理（午餐）1980日圓～。除了午餐、晚餐等的正規全餐料理之外，也有全使用蘋果入菜的料理（3850日圓、6380日圓）。使用整顆蘋果，包裹上起司和卡仕達醬2種口味的派皮「起司風味整顆蘋果派」880日圓也很受歡迎。

☎ 0172-33-7990
📍 青森県弘前市外崎1-3-12
🕐 11:00～14:00LO、
17:00～21:00LO
休 週一　＊ 70席
P 10輛

咖啡廳

大正浪漫喫茶室
たいしょうろまんきっさしつ

地圖 p.40-D
♀市役所前👟5分

位於藤田紀念庭園腹地內的大正時代洋館，現在作為咖啡廳。透過窗戶可欣賞庭園的綠意和楓葉等景色。特別重現幕末當時沖泡方式的藩士咖啡550日圓。

☎ 0172-37-5690
📍 青森県弘前市上白銀町8-1 藤田記念庭園內
🕐 9:00～17:00
（逢櫻花季則延長）
休 無休
＊ 36席
P 60輛

購物

傳統工藝品

ねぷた屋

ねぷたや

地圖p.12-E
JR弘前站👟10分

身為睡魔畫師的插畫家山內和人的工作室兼商店。超過130種的原創明信片210日圓。

0172-32-2994
青森県弘前市松森町77
10:00～19:00左右
休 無休
P 5輛

特產酒

石場屋酒店

いしばやさけてん

地圖p.40-B
亀甲門前即到

羅列多種以津輕為主的青森當地酒種。江戶時代中期建的店面兼住宅，已經被指定為國家重要文化財，店門口直到現在還有獨具雪國特色的「小店」通道。有許多只能在這裡購得的好貨，不僅是愛酒人，也會讓人想去造訪看看呢。

0172-32-1488
青森県弘前市亀甲町88
9:00～19:00
休 不定休
P 30輛

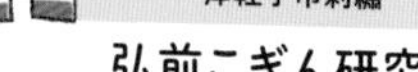

津輕小巾刺繡

弘前こぎん研究所

ひろさきこぎんけんきゅうしょ

地圖p.40-E
JR弘前站搭乘🚌弘南巴士川原、田代、大秋、相馬等線12分，下土手町下車👟1分

製作販賣津輕傳統工藝之小巾刺繡的公司。一針針刺出來的代表作品有購物袋2000日圓～。

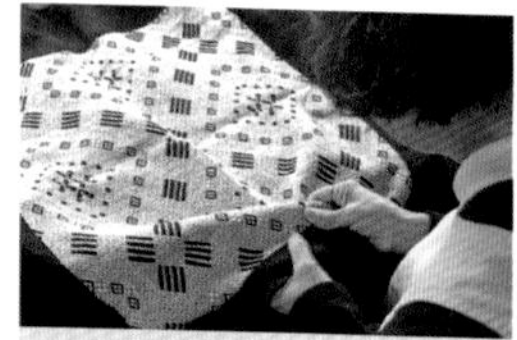

0172-32-0595
青森県弘前市在府町61
9:00～16:30
休 週六日、假日
P 5輛

住宿指南

弘前城市藝術飯店	0172-37-0700／地圖p.41-F／Ⓦ青年單人房16590日圓～、Ⓣ20590日圓～ 建於弘前站前。和式洋式各有餐廳跟茶館。
Hotel Hyper Hills Hirosaki	0172-39-6653／地圖p.40-E／Ⓢ7000日圓～、Ⓣ8000日圓～ 位在弘前站與弘前公園的中間點。提供免費早餐與咖啡。
ホテルあずまし屋	0172-54-8021／地圖p.12-E／Ⓢ9640日圓～、Ⓣ12400日圓～（附早餐） 建於黑石、板留溫泉。能在此享用津輕谷川愛情牛。
ランプの宿 青荷温泉（あおにおんせん）	0172-54-8588／地圖p.12-F／1泊2食11500日圓～ 夜晚亮著燈籠的獨棟旅宿，沿著溪流而建的露天浴池富含意趣，不住宿泡湯1350日圓。

津輕半島

奔馳於津輕平原鄉村地區的津輕鐵道

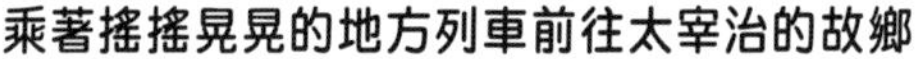

乘著搖搖晃晃的地方列車前往太宰治的故鄉

雖然深受冬季嚴寒及反覆發生的寒害所苦，但自繩文時代起就有許多大自然恩賜的物產，室町時代則以十三湊為中心，有著繁榮的歷史。從津輕鐵道的車窗眺望著田園風光，位於半島中心部分的金木為作家·太宰治的出身地，有著與太宰治相關的觀光景點。

半島內的交通·遊覽順序的小提示

由東側以青森為起點，搭乘JR津輕線三厩站前往龍飛崎。由西側是以五所川原為起點，搭乘津輕鐵道與弘南巴士遊覽金木～小泊。

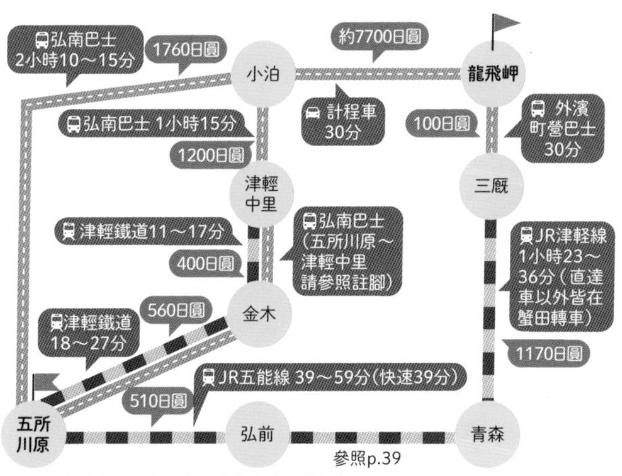

※巴士·鐵道的班次皆不多，請事先確認時刻表
※皆為單程所需時間、費用

區域的魅力度

觀光景點
★★★
散步
★★
溫泉
★★

五所川原立睡魔8月4～8日，津輕鐵路暖爐列車12～3月，雪國地吹雪體驗1月下旬～3月中旬。

詢問處

五所川原市觀光物產課
☎0173-35-2111
津輕鐵道
☎0173-34-2148
弘南巴士五所川原營業所
☎0173-35-3212
龍飛岬觀光服務處 龍飛館
☎0174-31-8025
奧津輕觀光(計程車)
☎0174-35-3581

弘南巴士

連接五所川原～小泊的巴士，有經過十三湖東邊與西邊的2種路線。前往金木方向搭乘東側，由五所川原前往金木的斜陽館前需25分670日圓，到津輕中里需44分810日圓。

津輕半島的旅館

小泊和三厩的民宿為純樸的氛圍，能感受到旅行的情趣。龍飛崎則有溫泉旅館。

たっぴざき　地圖 p.176-B

龍飛崎

眺望津輕海峡的本州邊陲之地

位於津輕半島北端的海岬，海拔100公尺的台地形成的斷崖直落海中。海岬尖端的龍飛埼燈塔被選入日本燈塔50選中。

前往龍飛崎的方法

由JR津輕線的三厩站搭乘外濱町營巴士（外ヶ浜町役場 0174-31-1111）。三厩駅前搭乘往龍飛埼灯台方向30～35分，100日圓，終點站下車即到。

由小泊（參照p.47）搭乘計程車。弘南巴士終點的小泊並不常有計程車停等，因此建議預約。奧津輕觀光（計程車）0174-35-3581

觀賞　遊逛

青函隧道紀念館
せいかんトンネルきねんかん

地圖p.176-B
JR津軽線三厩站搭乘町營巴士往龍飛崎灯塔方向30～33分、青函トンネル記念館下車即到

青函隧道連接龍飛崎與北海道松前半島，全長53.85公里，為全世界最長的海底隧道。館內將隧道的構想到完成的過程透過影像來介紹。在施工遺跡也有展示機械等物品，還有重現挖掘作業的體驗坑道。

0174-38-2301
青森県外ヶ浜町三厩龍浜99　8:40～17:00
休 4月22日～11月7日開館，期間無休。冬季僅展示廳可參觀
¥ 入館費400日圓，坑道體驗乘車券1200日圓，套票1500日圓　P 178輛

龍飛崎燈塔
たっぴざきとうだい

地圖p.176-B
JR津輕線三厩站搭乘町營巴士往龍飛崎灯塔方向35分、終點下車3分

建於岬角的斷崖處，高13公里的燈塔。自1932（昭和7）年建造以來，成為往來津輕海峽船隻的嚮導。自岬角除了能夠瞭望北海道以及小泊之外，還有顯示從前龍飛崎曾是海防要地的龍飛砲台遺跡。

龍飛岬観光案内所 龍飛館 0174-31-8025
青森県外ヶ浜町三厩龍浜59-12
9:00～16:00（最後入館15:30）
休 4～11月無休，冬季週三休　P 5輛

階梯國道339號線
かいだんこくどう339ごうせん

地圖p.176-B
JR津輕線三厩站搭乘町營巴士往龍飛崎方向30分、龍飛漁港下車3分

自龍飛漁港至燈塔下362階，總長為388.2公尺的階梯為日本唯一的階梯國道，連接上下的國道339號。1975（昭和49）年列為國道，也豎立了道路標誌，但車輛無法通行。階梯的最上方有休息站三厩 0174-38-2301，可以購物和用餐。

龍飛岬觀光服務處 龍飛館 0174-31-8025
青森県外ヶ浜町三厩龍浜59-12　P 5輛

かなぎ　地圖 p.176-F

金木

遊覽太宰治的故鄉

位於津輕半島中心區，是太宰治出生的地方，也是遠近馳名的津輕三味線發祥地。以太宰治的老家斜陽館為中心，周圍有許多觀光名勝，半天就能遊逛完。

前往金木的方法

前往最近的金木站請參照p.45。首先在「金木町観光物産館　マディニー」取得觀光資訊。斜陽館、津輕三味線會館都在步行可到的範圍之內。

太宰治紀念館「斜陽館」

だざいおさむきねんかん「しゃようかん」

地圖 p.47
津輕鐵道金木站 7分，或是由五所川原站搭乘弘南巴士25分、斜陽館前下車即到

1907（明治40）年，太宰治身為大地主的父親津島源右衛門所建的豪宅。佔地約680坪，為歇山頂式的建築，房間有19間。身為六男的太宰治於明治42（1909）年出生，到中學以前都在這個家生活。現在該建築，為1997（平成9）年修復成當時的風貌，內部也公開參觀。是國家指定重要文化財。

0173-53-2020
青森県五所川原市金木町朝日山412-1
9:00～17:30（10～3月為9:00～17:00）
休 12月29日　¥ 入館費600日圓　P 50輛

津輕三味線會館

つがるしゃみせんかいかん

地圖 p.47
津輕鐵道金木站 7分

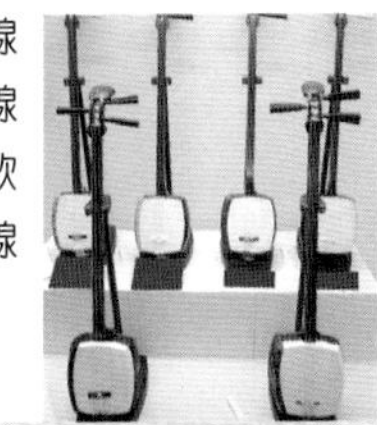

館內展示津輕三味線的根源和歷史、三味線的製造過程等。還能欣賞現場演奏津輕三味線（1天5次，1次20分）。

0173-54-1616
青森県五所川原市金木町朝日山189-3
9:00～17:00　休 12月29日
¥ 入館費600日圓
P 50輛

TEKU TEKU COLUMN

小說《津輕》當中提到的漁村·小泊

突出於日本海的漁村，也是小說《津輕》當中，太宰治和奶媽越野竹重逢之地。阿竹生活過的越野金物屋遺址、為了知道越野家的事而前往的「斜對面的煙草屋」、與阿竹一起賞櫻的龍神様等等，故事發生的舞台就是與當時同樣的地方。在小說《津輕》之像紀念館（https://dazai.or.jp/。入館200日圓）可以聆聽根據太宰治的骨骼構造來合成的聲音，朗讀《津輕》書中的一節。也展示著阿竹曾使用過的和服腰帶。

地圖 p.176-F
從津輕鐵道津輕中里站搭乘弘南巴士往小泊約1小時15分，小学校前下車

＊太宰治紀念館「斜陽館」與津輕三味線會館的共同入場券為1000日圓

五能線沿線

沿著海岸線奔馳的Resort白神號「熊啄木鳥」

區域的魅力度

觀光景點
★★★
散步
★★★
溫泉
★★★

季節情報：
十二湖33湖巡禮為春季和秋季舉行，津輕深浦CHANCHAN祭典為10月第3週六、日，日本叉牙魚季節為12月中旬。
沿線有幾處溫泉都能欣賞到夕陽美景。特別是不老不死溫泉，在海岸處有露天浴池。

乘著搖搖晃晃的地方休閒列車，欣賞海岸的美景

連接秋田的東能代站與青森的川部站之間，全長147.2公里的JR五能線。沿著日本海的海岸線奔馳，沿線有世界自然遺產的白神山地、別稱津輕富士的岩木山、田園及蘋果田等，透過車窗四季繽紛的景緻在眼前開展。

前往五能線沿線的方法・遊覽順序的小提示

前往東能代站由大館能代機場搭共乘計程車（♪0185-52-2211）45分，1200日圓（需預約）；由秋田站搭JR奧羽本線特急46～58分，2920日圓（普通列車則為990日圓）。前往弘前的交通方式請參照p.39。

五能線幾乎所有的列車都能行駛至弘前，但班次較少，若從東能代轉乘普通列車前往弘前的話，由於較費時間，建議搭乘「Resort白神號」。在指定區間內能自由搭乘的「五能線free pass」（參照p.187）也很好用。購買指定券530日圓的話，也能搭乘Resort白神號。

●了解「Resort白神號」

可從寬廣的車窗眺望日本海和白神山地，因而深受歡迎的Resort白神號，由「熊啄木鳥」、「橅」、「青池」3種車輛編成，全席為指定座位（指定券530日圓）1日3班來回。在車頭廂的觀景酒吧（1～3號車），鰺澤站～五所川原站之間有津輕三味線的現場演奏，而在陸奧鶴田站～川部站之間也有舉行津輕方言說書體驗（僅週六、日、假日）的3、4號班次。另外，在停車各站會準備各式各樣的觀光體驗項目。

※Resort白神號的營運日、時刻表需事先確認

詢問處

深浦町觀光課
♪0173-74-4412
JR東日本服務處
♪050-2016-1600
鰺ヶ沢町觀光商工課
♪0173-72-2111
鰺ヶ沢町觀光服務處
♪0173-72-7000
八峰町産業振興課
♪0185-76-4605
八峰町觀光協會
♪0185-76-4100
弘南巴士鰺ヶ沢營業所
♪0173-72-3131

Resort白神號的車廂內部

觀賞&遊逛

千疊敷海岸
せんじょうじきかいがん

地圖p.176-E
JR千疊敷站下車即到

由於1792（寬政4）年的大地震，海底大陸棚隆起12公里形成的岩床。列車行經千疊敷站附近時，透過車窗也能看得見。名稱源自於藩政時期，津輕藩主曾在此鋪設千疊榻榻米，大開酒宴一事。

深浦町観光課 ☎0173-74-4412
📍青森県深浦町北金ヶ沢榊原
＊自由參觀 🅟30輛

白神之森 遊山道
しらかみのもり ゆさんどう

地圖p.176-I
JR鯵澤站搭乘🚌接駁巴士到でくろもり館30分。需預約、注意行駛日

位於白神山地所環繞的黑森地區的健行路線。綜合導覽休憩所「くろもり館」起設有長2.2公里、步行約1小時的觀光步道，途中會經過熊爪痕跡、野鳥觀察舍等，並能悠遊樹齡約300年的山毛櫸林間。之前曾因為曾有多起目擊熊報案而停止開放，前往之前請先上網確認較好。

綜合服務休息處「くろもり館」☎0173-79-2009
📍青森県鰺ヶ沢町深谷町矢倉山1-26
🕒入山辦理9:00～16:00（10月至15:00）
休8月11日～13日 ¥費用1000日圓

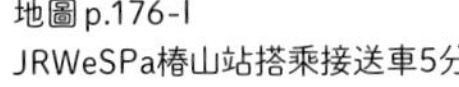

黃金崎不老不死溫泉
こがねざきふろうふしおんせん

地圖p.176-I
JRWeSPa椿山站搭乘接送車5分

位於舮作崎的旅館。擁有東北稀有的海邊露天溫泉，接受純泡湯。是茶褐色的食鹽泉，有混浴以及女性專用的浴池。在晴天時可一覽西沉入海的夕陽。

☎0173-74-3500
📍青森県深浦町舮作下清滝15
🕒8:00～16:00（室內浴池至20:00） 休無休
¥1泊2食為12650日圓～，入浴費600日圓
＊70室 🅟100輛

八森いさりび温泉ハタハタ館
はちもりいさりびおんせんハタハタかん

地圖p.176-I
JR秋田白神站👟3分

由秋田白神站走過天橋即達。從男女有別的大浴場，可以看到寬闊的日本海，充滿開放感。除了有按摩浴池及露天浴池、桑拿之外，也有岩盤浴，只需套裝費用1150日圓即可使用。位於1樓的餐廳可品嘗日本叉牙魚壽司450日圓及花魚定食900日圓等菜餚。

☎0185-77-2770
📍秋田県八峰町八森御所の台51
🕒9:00～21:00 休第4週二
¥入浴費500日圓 🅟180輛

住宿指南

深浦觀光飯店	☎0173-74-3511／地圖p.176-I／1泊2食付13200日圓～ 💬大浴池內備有室內浴池跟露天浴池，設立在海邊的石造露天「弁財天之湯」能眺望雄偉的日本海。
アオーネ白神十二湖（しらかみじゅうにこ）	☎0173-77-3311／地圖p.176-I／小木屋1泊2食15400日圓～ 💬最適合前往十二湖散步的地點。有17棟小木屋，10間和式。

接觸白神山地的神祕大自然

在十二湖散步享受森林浴

在1993（平成5）年登錄世界自然遺產的白神山地。交通方便，難走的地方也不多的十二湖，輕鬆就能前往的散步行程很受歡迎。

山毛櫸林中泛著藍綠色光輝的池塘

橫跨青森縣和秋田縣，有廣闊山毛櫸原生林的白神山地。位於其中的十二湖是由被山毛櫸所圍繞的33個湖沼群所構成，據說是江戶時代時因大地震引起的山崩所造成。從那座崩塌的山可看到12個湖沼，因而得名。會因為天氣變化而改變顏色的青池等湖沼之間觀光步道綿延，吸引了許多想要享受山間自然景色的旅客前來。

十二湖之中，推薦雖然也有上下坡，但整體來說較好走、較適合初學者的9池巡禮行程。需時1小時20分。最值得欣賞的就是青池。池水透明，陽光照耀下的水面閃耀著綠光。可在面向落口之池的茶屋十二湖庵休息。在這裡可以品嘗用沸壺的名水泡的抹茶以及和菓子、也可以裝這裡的湧泉。能悠閒地盡情享受山毛櫸林的綠意和散佈其中的湖沼之美。

交通方式

地圖p.176-I　JR十二湖站搭乘弘南巴士往奧十二湖駐車場方向10～15分，終點等處下車（12～4月停駛）

詢問處

弘南巴士鰺澤營業所　0173-72-3131

深浦町觀光課　0173-74-4412

1 神祕的青池，清澈見底的綠色水面

2 紅葉時期的雞頭場之池（照片）

行走路線

日本キャニオン入口・八景之池

↓30分

日暮之池

↓15分

沸壺之池

↓15分

青池

↓5分

雞頭場之池

↓5分

落口之池・十二湖庵

↓5分

越口之池・十二湖旅客中心

↓5分

王池

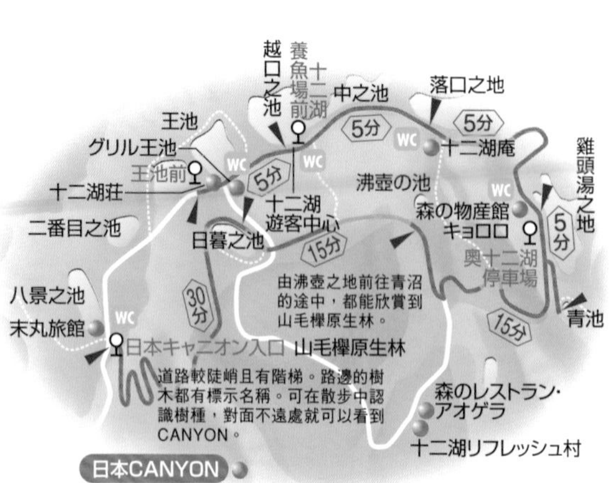

盛岡
平泉
三陸

盛岡

在旭橋上欣賞北上川和岩手山

區域的魅力度

觀光景點
★★★
散步
★★
溫泉
★★

季節情報：
地方裁判所前，樹齡400年的「石割櫻」（4月中旬是最佳觀賞季節）、盛岡三颯舞8月1～4日。

紺屋町的古老商家、啄木小說中描寫的材木町的住宅等等，處處都有文化財。

北上川環繞的歷史與文學城鎮

被綠意盎然的丘陵所包圍，有北上川與中津川、雫石川流經的水都盛岡，作為盛岡藩的城下町而發展。過去的城下町，至今仍保有歷史建築和文化財，亦是與石川啄木、宮澤賢治、新渡戶稻造等文化人才輩出之地。

HINT 前往盛岡的方法・遊覽順序的小提示

東京出發可搭乘JR東北新幹線。各地出發也可參照p.184。

從車站前往鬧區會經過北上川，由岩手公園前往紺屋町（參照p.53）方向會經過中津川。每條河川皆設有觀光步道，可以沿著河流漫步。

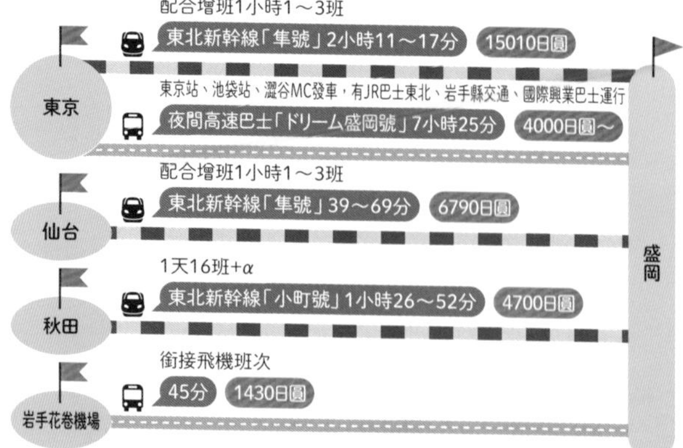

詢問處

盛岡市觀光課
☎019-604-1717
觀光文化情報PLAZA
☎019-604-3305
JR巴士東北(盛岡站)
☎019-624-4474
岩手縣交通(蝸牛號)
☎019-654-2141
岩手縣北巴士
☎019-641-1212
盛岡站計程車服務處
☎019-622-5240

蝸牛號（盛岡都心循環巴士）

由盛岡站經由盛岡巴士中心，10～15分鐘循環一次。車資1次120日圓，1日券350日圓。

有右行和左行之分

觀賞&遊逛

光原社
こうげんしゃ

地圖p.54-A
JR盛岡站 7分

出版宮澤賢治的童話集《要求很多的餐廳》的光原社。現在販有民藝品、雜貨。在中庭有咖啡廳「可否館」。

019-622-2894 岩手県盛岡市材木町2-18
10:00～18:00
休 每月15日（逢週六日、假日則翌日休）
P 無

啄木新婚之家
たくぼくしんこんのいえ

地圖p.54-A
JR盛岡站搭乘循環巴士蝸牛號右行5分、啄木新婚の家口下車即到

1905（明治38）年，出版處女作詩集《憧憬》的歌人石川啄木，與中學時代的友人節子結婚。和妻子、父母、妹妹在這間平房生活了3個禮拜。並且將當時的生活情景寫在隨筆《我家四疊半》當中。四疊半的房間還保存著當時的模樣，可以感受啄木曾經在此生活的氣息。也展示著節子愛用的琴。

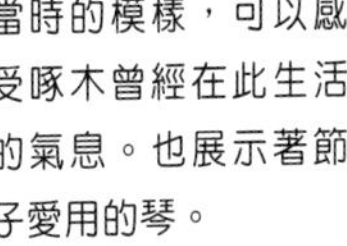

019-624-2193
岩手県盛岡市中央通3-17-18
9:00～17:00(12～3月為10:00～16:00)
休 12/28～1/4。4～11月為週二，12～3月為週二三四 ¥ 免費 P 無

盛岡城跡公園（岩手公園）
もりおかじょうあとこうえん(いわてこうえん)

地圖p.55-B·C
JR盛岡站搭乘循環巴士蝸牛號左行6分、盛岡城跡公園下車即到

盛岡藩20萬石的城堡。於1633（寛永10）年完成，利用北上川與中津川做為城壕的平城，也被稱為不來方城。

019-639-9057(盛岡市公園みどり課)
岩手県盛岡市内丸1-37
＊ 自由入園 P 93輛(收費)

盛岡啄木・賢治青春館
もりおかたくぼく·けんじせいしゅんかん

地圖p.55-C
JR盛岡站搭乘循環巴士蝸牛號左行12分、盛岡巴士センター（ななっく向）下車 3分

宮澤賢治和石川啄木曾在盛岡渡過他們的學生時代。館內以解說板介紹兩人的青春時期。附設的咖啡廳供應現磨咖啡，青春館的原創調和咖啡400日圓頗受好評。

019-604-8900
岩手県盛岡市中ノ橋通1-1-25
10:00～18:00（17:30LO） 休 第2週二、12/29～1/3 ¥ 免費 P 無

紺屋町周邊
こんやちょうしゅうへん

地圖p.55-C
JR盛岡站搭乘循環巴士蝸牛號左行10分、県庁·市役所前下車 5分

中津川東岸的上之橋～中之橋間，區域內傳承自江戶時代的商家和明治時期西式建築林立。圖為大正初期的木造洋房 — 紺屋町番屋。

盛岡

小岩井農場 牧場園

こいわいのうじょう まきばえん

地圖p.85-K

JR盛岡站搭乘🚌岩手縣交通巴士往小岩井農場まきば園、或往網張溫泉方向35分、♀小岩井農場まきば園下車

1891（明治24）年創立，位於岩手山南麓幅員廣闊、面積達3000公頃的綜合農場。在觀光區域「牧場園」綠色草地綿延的廣場，能夠享受騎馬及乘坐軌道馬車等體驗。也有能夠品嘗農場出產的牛肉、雞蛋以及乳製品的美食區。在牛奶館製造的霜淇淋400日圓和優酪乳150mℓ 160日圓～等，都是農場限量販賣的商品。

☎ 019-692-4321 📍岩手県雫石町丸谷地36-1

🕘 9:00～17:00（週六日、假日）、10:00～16:00（平日）（視季節、設施而異）

休 11/5～3/20

¥ 入園800日圓（3/20～4/15為400日圓）、慢走馬車800日圓

＊11月上旬～3月入園免費，10:00～15:30

P 1500輛

岩手縣立美術館

いわてけんりつびじゅつかん

地圖p.85-L

JR盛岡站搭乘🚌岩手縣交通巴士盛岡ループ線200系統13分、♀県立美術館前下車即到

主要展示畫家萬鐵五郎及松本峻介、雕刻家舟越保武的作品，有各別的個人展示室。1年6次的企劃展是選定國內外的各種主題來舉辦。

☎ 019-658-1711

📍岩手県盛岡市本宮松幅12-3

🕘 9:30～18:00（入館至17:30）

休 週一（逢假日則翌平日休）、過年期間

¥ 常設展410日圓 P 143輛

報恩寺

ほうおんじ

地圖p.85-L

JR盛岡站搭乘🚌循環巴士蝸牛號右行11分、♀本町通1丁目下車👟15分

以寬廣的座禪堂以及五百羅漢而聞名的寺院。石川啄木曾在詩集《憧憬》當中的「落瓦之賦」歌詠該寺。五百羅漢為1731（享保16）年，由17代和尚委託京都的佛師，於4年後完成木雕的佛像。

☎ 019-651-4415

📍岩手県盛岡市名須川町31-5

🕘 9:00～16:00 休 無休

¥ 參觀300日圓 P 50輛

購物＆美食

📞 019-606-1067
📍 岩手県盛岡市盛岡駅前通9-3
🕓 11:00～23:00（22:00LO）
休 無休　＊250席　P 無

烤肉・盛岡冷麵

ぴょんぴょん舎 盛岡駅前店

ぴょんぴょんしゃ もりおかえきまえてん

地圖p.54-A
JR盛岡站 👟 2分

當地麵食當中，不可或缺的盛岡冷麵。這家店有桑葉冷麵990日圓、拌著辣味噌醬料的韓式冷麵990日圓、溫湯溫麵990日圓等各式各樣的冷麵。美味十足的湯頭和彈牙的麵條十分對味，在當地也有許多死忠顧客。推薦依個人喜好，用泡菜的量來調整辣度。另外也有各種部位的燒肉可選擇，或特選品牌牛、涼麵與燒肉的套餐等，組合多元。

椀子蕎麥麵

東家 本店

あずまや ほんてん

地圖p.55-C
JR盛岡站搭乘🚌循環巴士蝸牛號左行12分、♀盛岡巴士センター（ななっく向）下車 👟 3分

順口的蕎麥麵接連不斷放入碗中，盛岡名產的椀子蕎麥麵3350日圓～。可搭配豆腐和炸物等多樣料理品嘗蕎麥麵的宴席5500日圓和南部蕎麥麵振舞3300日圓也廣受好評。

📞 019-622-2252
📍 岩手県盛岡市中ノ橋通1-8-3
🕓 11:00～15:00、17:00～19:00
休 無休　＊150席　P 無

醬醬麵

白龍

ぱいろん

地圖p.55-C
JR盛岡站搭乘🚌循環巴士蝸牛號左行9分、♀県庁・市役所前下車 👟 1分

和冷麵、椀子蕎麥麵並稱為盛岡三大麵食之一，炸醬麵的始祖。使用和烏龍麵相似的扁麵與肉醬、黃瓜、蔥相混合，依照個人喜好添加大蒜、辣油、醋來食用。最後建議以一碗50日圓的蛋花湯「雞蛋湯」來結束一餐。炸醬麵（中）650日圓。另外在川德也設有分店。

📞 019-624-2247
📍 岩手県盛岡市内丸5-15
🕓 9:00～21:00（週日為11:30～18:45）
休 1/1～3，盂蘭盆節
＊21席　P 無

白金豬

源喜屋 盛岡店

げんきや もりおかてん

地圖p.55-B
JR盛岡站 10分

享用日本高級的白金豬製成各式各樣的料理。在水加上日本酒調和的湯底涮一下，稍微沾一點酸橘醋享用的白金豬涮涮鍋990日圓～。有醬燒和鹽燒口味的豬五花串燒210日圓、豬頸肉陶板燒650日圓、味噌漬烤肉670日圓。

019-681-2711
岩手県盛岡市大通3-4-1
クロステラス盛岡2F
11:00～14:15(13:45LO)、
17:00～24:00(23:00LO)
休 無休　＊80席
P 使用CROSSTERRACE的P

傳統工藝品

草紫堂

そうしどう

地圖p.55-C
県庁・市役所前 5分

繼承絞染傳統技法，從茜草、紫草等植物取得顏色染布。販售真絲和服、腰帶，還製作口金錢包3300日圓等小物。

019-622-6668
岩手県盛岡市紺屋町2-15
9:00～17:30
休 週日、每月1日　P 2輛

南部煎餅

白沢せんべい店

しらさわせんべいてん

地圖p.55-C
県庁・市役所前から 5分

昭和11年創立，為製作南部煎餅的老店。使用嚴選的麵粉等材料，經職人燒烤而成。包含季節限定品，平常販賣20種以上的煎餅，有袋裝、桶裝、禮盒裝。芝麻煎餅8片入691日圓。

019-622-7224
岩手県盛岡市紺屋町2-16
9:00～17:00
休 1/1　P 2輛

南部鐵器

鈴木盛久工房

すずきもりひさこうぼう

地圖p.55-C
JR盛岡站搭乘循環巴士蝸牛號左行12分、盛岡巴士センター(ななっく向)下車 3分

1625（寛永2）年創立的老店。從第27代南部藩主利直那一代開始代代都以藩的釜師為職業，至今仍遵循傳統技法製作鐵壺和茶壺等等。南部富士形風鈴1650日圓～、開瓶器2750日圓～。

019-622-3809
岩手県盛岡市南大通1-6-7
9:00～17:00
休 週日　P 無

住宿指南

JR東日本大都會大飯店 盛岡新館	019-625-1211／地圖p.54-A／Ⓢ8600日圓～、Ⓣ13600日圓～ 備有舒適寬敞的茶館，及能享用和食與法式料理的餐廳。
R&B飯店 盛岡站前	019-653-3838／地圖p.54-A／Ⓢ4000日圓～ 全為單人房。早餐免費(麵包、飲品)。
盛岡愛斯飯店	019-654-3811／地圖p.55-B／Ⓢ5500日圓～、Ⓣ14600日圓～ 繁華地帶的商務飯店。自助式早餐免費。連住有優惠。
別荘 佳景	019-691-7200／地圖p.85-K／1泊附早餐38500日圓～ 供應繫溫泉。僅有面積100㎡、別墅形式的套房。
愛真館	019-689-2111／地圖p.85-K／1泊2食9900日圓～ 供應繫溫泉的大型旅館。含6種露天浴池、18種溫泉，可盡情泡個夠。

詩人的根基就在這裡

與啄木有淵源的地區・澀民

明治時期的歌人石川啄木的故鄉——舊澀民村。現在仍保存著與啄木相關的建築，以及數處刻著啄木創作詩歌的石碑。 地圖p.85-H

追溯啄木之歌的原點

舊澀民村，也就是現在的盛岡市玉山區澀民，是因歌集《一握之砂》走紅的歌人石川啄木的故鄉。西側有北上川流經，是能眺望岩手山的純樸農村。

啄木是曹洞宗住持的長男。啄木的父親在他1歲時便成為舊澀民村寶德寺的住持，因此從幼兒時期一直到16歲，以及20歲時擔任代課教師的短暫期間都是在這個村莊裡度過的。

為了紀念100歲誕辰，於1986（昭和61）年建造了現在的**石川啄木紀念館**。白色洋房模樣的建築物是以啄木創作的詩《家》中描繪的理想家庭為靈感創建。館內展示著他親筆寫下的書信以及筆記、日記等的遺物。另外也有照片展示板和影像、豐富的相關書籍等，可以好好了解啄木的生涯。

紀念館的腹地內還有移建當時啄木擔任代課教師的「**澀民尋常小學校舍**」。只要超過10人預約，就能在風雅的木造校舍內聆聽由館長或是研究員解說石川啄木的入門講座，並在留有老舊書桌和風琴等的校區內自由參觀後，就能得到研修證書。旁邊則是啄木在教師時代曾租過的**舊齋藤家**，也保存著當時的樣貌。

在紀念館附近的**澀民公園**內，豎立著刻著「看見了北上川岸　染上青綠新芽的柳條　彷彿是要我哭泣一般」，吟詠故鄉之詩的石碑。不妨在此悠閒漫步，沉浸在啄木的詩歌世界裡。

交通方式
盛岡站搭IGR岩手銀河鐵道19～20分，澀民站下車，步行30分／JR盛岡站搭巴士JR巴士往久慈站的白樺號28分，或巴士岩手縣北巴士往沼宮內・アピア沼宮內方向36～40分，啄木記念館前下車，步行1分

1 保存著澀民尋常小學和舊齋藤家
2 也展示著當初發行的《一握之砂》
3 石川啄木紀念館

石川啄木紀念館
☎ 019-683-2315
📍 岩手県盛岡市渋民字渋民9
🕘 9:00～17:00(最後入館至16:30)
休 2023/5/11～2024/12
¥ 300日圓(入門講座100日圓)
P 50輛

花巻

波蘭廣場（地圖p.58-B）的日時鐘花壇

區域的魅力度

觀光景點
★★★
散步
★★
溫泉
★★★★

季節情報：
4月中旬～5月上旬為花巻溫泉櫻花祭，9月21日賢治祭，2月11日椀子蕎麥麵全國大會。

前往花巻的方法・遊覽順序的小提示

前往JR新花巻站可由東京搭乘東北新幹線「山彥號」、「疾風號」2小時34分～3小時6分。觀光景點幾乎都集中在宮澤賢治紀念館周邊，由新花巻站搭乘巴士3分。

前往JR花巻站則由新花巻站搭乘JR釜石線快速約7～11分，或是搭乘岩手縣交通巴士約20分。前往花巻溫泉鄉則由JR花巻站搭乘巴士。

在花巻站前的觀光服務處和自行車租借處，可租自行車（1小時400日圓～、之後每1小時追加100日圓）。

詢問處

花巻市觀光課
0198-24-2111
花巻觀光協會
0198-29-4522
岩手縣交通花巻營業所
0198-23-1020

市區循環巴士

從花巻站發車有右行和左行之分的「ふくろう號」100日圓，1天20班，便於市內觀光。

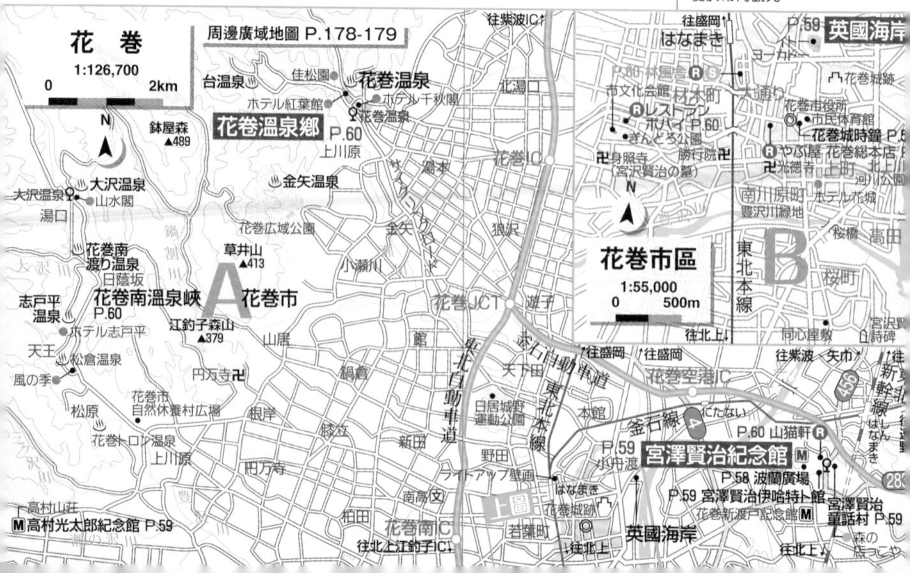

花　巻
1:126,700
0　2km
周邊廣域地圖 P.178-179
花巻溫泉鄉
花巻溫泉
台溫泉
佳松園
ホテル紅葉館
ホテル千秋閣
花巻溫泉
P.60
上川原
鉢屋森 ▲489
大沢溫泉
山水閣
湯口
金矢溫泉
花巻廣域公園
草井山 ▲413
花巻南渡り溫泉
日蔭坂
花巻南溫泉峽
花巻市
志戸平溫泉
P.60
ホテル志戸平
江釣子森山 ▲379
天王
松倉溫泉
風の季
円万寺
花巻市自然休養村広場
松原
花巻トロン溫泉
上川原
高村山荘
高村光太郎紀念館 P.59
往紫波IC
北湯口
花巻IC
湯本
金矢
狼沢
小瀬川
花巻JCT
遊子
東北自動車道
釜石自動車道
東北本線
日居城野運動公園
本館
野田
ライトアップ壁画
はなまき
花巻城跡
南高文
花巻南IC
若葉町
往北上江釣子IC
往北上
P.59
小舟渡
宮澤賢治紀念館
英國海岸
P.58 波蘭廣場
P.59 宮澤賢治伊哈特卜館
花巻新渡戸記念館
宮澤賢治童話村 P.59
森の傍っこや
P.60 山猫軒
花巻空港IC
往盛岡
釜石線
新幹線
往紫波
往北上
花巻市區
1:55,000
0　500m
はなまき
P.60 林風舎
市文化会館
レストラン ポパイ P.60
ぎんどろ公園
身照寺（宮沢賢治の墓）
勝行院
やぶ屋 花巻総本店
光徳寺
上町
花巻市役所
市民体育館
花巻城時鐘 P.58
花巻城跡
南川原町
豊沢川緑地
ホテル花城
桜町
東北本線
B
P.59 英國海岸
同心屋敷
宮沢賢治詩碑

宮澤賢治童話村
みやざわけんじどうわむら

地圖p.58-B
JR新花巻站搭乘🚌岩手縣交通土澤線17分、♀賢治記念館口下車即到

一個重現宮澤賢治童話世界的設施。入口處是《銀河鐵路之夜》中比擬為銀河車站的門。賢治的學校內使用影像和音響，讓人彷彿來到童話世界。

📞0198-31-2211
📍岩手県花巻市高松第26地割19
🕓8:30～16:30 休12/28～1/1
¥350日圓、有共通入館券（請見※）P 86輛

宮澤賢治紀念館
みやざわけんじきねんかん

地圖p.58-B
♀賢治記念館口 👟10分（陡坡）

從環境、信仰、科學、藝術、農村等8個觀點來認識宮澤賢治。展示著親筆繪製的教材繪圖、愛用的大提琴等、約400件的展示品。館內還有咖啡廳和伴手禮店。

📞0198-31-2319
📍岩手県花巻市矢沢第1地割1-36
🕓8:30～受理至16:30 休12/28～1/1
¥350日圓、有共通入館券（請見※）P 40輛

宮澤賢治伊哈特卜館
みやざわけんじイーハトーブかん

地圖p.58-B
♀賢治記念館口 👟10分

是研究賢治的學者和賢治迷相互交流處。收集了關於賢治的研究論文，可以隨意閱覽。被製成動畫放映的童話也相當受到歡迎。

📞0198-31-2116 📍岩手県花巻市高松第1地割1-1 🕓8:30～17:00（受理至16:30）
休12/28～1/1 ¥免費 P 21輛

英國海岸
イギリスかいがん

地圖p.58-B
JR新花巻站搭乘🚗計程車5分。或🚌岩手縣交通巴士土沢線・高木団地線8分、♀里川口下車👟10分

在《銀河鐵路之夜》當中化身為「普里奧新海岸」的北上川河岸。賢治認為河底的白色岩表與多佛爾海峽相似因而命名。在水量減少時可見其模樣。

📍岩手県花巻市下小舟渡 P 10輛 ＊自由參觀

花巻城時鐘
はなまきじょうじしょう

地圖p.58-B
JR花巻站 👟10分

高95公分的小型青銅製梵鐘。在1746（正保3）年作為盛岡城時鐘而鑄造，之後移建到花巻城的二之丸。至今也還保有城池遺跡。

📍岩手県花巻市城内 P 5輛 ＊自由參觀

高村光太郎紀念館
たかむらこうたろうきねんかん

地圖p.58-A
JR花巻站搭乘🚗計程車25分

身為雕刻家，以及詩集《智惠子抄》的作者而廣為人知的高村光太郎。展示著裸婦的青銅像原型等，與他相關的作品約150個。從1945（昭和20）年開始的7年間過著自耕自食生活時所居住的小木屋也在附近。

📞0198-28-3012 📍岩手県花巻市太田第3地割85-1 🕓8:30～16:30
休過年期間 ¥350日圓 P 30輛

※宮澤賢治童話村、宮澤賢治紀念館、花巻市博物館、花巻新渡戶紀念館（📞0198-31-2120）的4館共通入場券1000日圓，3館共通入場券800日圓，2館共通入場券550日圓

購物&美食

餐廳

山猫軒
やまねこけん

地圖p.58-B
♀賢治記念館口 👟10分

源自於《要求很多的餐館》的餐廳。使用岩手生產的食材製成伊哈特卜定食1650日圓相當受到歡迎。附有當季野菜、麵疙瘩，以及高級豬肉・燉煮白金豬等菜餚。

📞 0198-31-2231
📍 岩手県花巻市矢沢3-161-33
🕓 10:00～16:00
(商店為9:00～17:00)
休 週一二　＊60席　P 50輛

蕎麥麵

やぶ屋 花巻総本店
やぶや はなまきそうほんてん

地圖p.58-B
JR花巻站 👟10分

1923（大正12）年創立。賢治任職教師時期常去光顧的蕎麥麵店。據說他喜歡天婦羅蕎麥麵和西打飲料，會對同事及學生提倡其營養價值。天婦羅蕎麥麵和西打飲料套餐1150日圓。

📞 0198-24-1011
📍 岩手県花巻市吹張町7-17
🕓 10:30～18:00（17:30LO）
休 週一（逢假日則翌日休）
＊200席
P 80輛

餐廳

レストラン ポパイ

地圖p.58-B
JR花巻站 👟10分

可品嘗到當地企業高源精麥出產的高級品牌・白金豬的直營餐廳。也有義大利麵、漢堡等許多西餐菜餚。白金豬的培根豬排948日圓。

📞 0198-23-4977
📍 岩手県花巻市若葉町3-11-17
🕓 11:00～21:30（21:00LO）
休 週二　＊44席　P 12輛

賢治商品・咖啡廳

林風舎
りんぷうしゃ

地圖p.58-B
JR花巻站 👟 5分

販售以賢治的童話作品、他所喜愛的貓頭鷹為創作主題的商品，及外國古董等物品。木製明信片550日圓。不輸給雨行事曆（複製品）2750日圓。

📞 0198-22-7010
📍 岩手県花巻市大通り1-3-4
🕓 10:00～17:00
(咖啡廳為16:30LO)
休 週四　＊23席　P 100輛

TEKU TEKU COLUMN

聚集各式旅館綠意盎然的溫泉鄉・花巻溫泉鄉

花巻市郊外有許多的溫泉湧出。沿著豐澤川的松倉、志戶平、渡、大澤（右圖）、高倉山、鉛、新鉛溫泉等7處溫泉，統稱為花巻南溫泉峽。而位於北部的花巻、台、金矢、新湯本溫泉則共稱為花巻溫泉 。

旅館方面則擁有從歷史悠久的溫泉療養場，到現代化的渡假飯店一應俱全，種類繁多。可感受溫泉療養場氣氛的是台、大澤、鉛溫泉等。若是喜愛有優雅溫泉旅館的女客人，則為花巻、渡溫泉較受歡迎，還能享受包租露天浴池等的泡湯之樂趣。花巻觀光協會📞0198-29-4522

地圖p.58-A
從JR花巻站搭乘🚌岩手縣交通巴士。可在17分♀花巻溫泉、20分♀台溫泉、23分♀志戶平溫泉、25分♀大沢溫泉、33分♀鉛溫泉等站下車。

遠野

重現遠野原始風貌的「遠野故鄉村」

傳承著古早傳說和民間故事的日本鄉里

早池峰山、六角牛山、石上山等遠野三山所環抱的盆地。遠野的民間故事是由父母在地爐邊轉述給子女，成為傳承文化，在1910（明治43）年，因民俗學者柳田國男發表《遠野物語》而一躍成名。民間故事時至今日仍由說書人傳唱。

前往遠野的方法・遊覽順序的小提示

東京搭乘東2北新幹線新約2小時34分～3小時6分，新花卷站搭乘JR釜石線快速車41～43分（1天3班），於遠野站下車。釜石線有「銀河夢幻釜石線」的暱稱，沿線的車站也都有以賢治醉心的世界語取名的暱稱。新花卷站是「stelaro（星座）」，遠野站則是「Folkloro（民間故事）」，車內廣播時也會使用此暱稱。自仙台前往釜石站前的高速巴士會經過遠野站前。高速夜行巴士的「遠野．釜石號」由池袋站西口出發9小時，8900日圓～。

●與民間故事有關景點的遊逛方法

以車站為起點，步行前往市區內觀光景點會有一段距離，因此可利用巴士或租借自行車。而且遠野有完善的自行車道，有3條自行車範例路線（參照附註）。想以自己的步調觀光，騎自行車遊覽非常方便。在站前的自行車租借處準備了100台。4小時720日圓、電動自行車1100日圓。

●利用共通券

也有可參觀遠野市立博物館、遠野故事館、遠野城下町資料館等8個市內設施其中5處的共通券1220日圓。

區域的魅力度

觀光景點
★★★★
散步
★★★★
溫泉
★

季節情報：
遠野櫻花祭5月上旬，遠野祭9月中旬，遠野故事祭1月下旬～2月。

詢問處

遠野市觀光交流課
☎0198-62-2111
遠野市觀光協會
☎0198-62-1333
岩手縣交通遠野營業所
☎0198-62-6305
遠野交通(計程車)
☎0198-62-3355

遠野故鄉觀光導覽

1週前向觀光協會申請，3500日圓～。

遠野自行車路線

以物語、歷史、奇岩與石碑為主題的三條自行車範例路線。在站前觀光服務處，可取得導覽地圖，一面解開謎題一面享受在山間騎車之樂。旅の蔵遠野https://tonojikan.jp/

五百羅漢

觀賞＆遊逛

遠野市立博物館

とおのしりつはくぶつかん

地圖p.62-C
JR遠野站 👟 9分

距離車站不遠，便於前往。以豐富的資料和影像來介紹遠野的歷史、文化和《遠野物語》的世界。也播放原創動畫「水木茂的遠野物語」。

☎ 0198-62-2340
📍 岩手県遠野市東舘町3-9
🕘 9:00～17:00（最後入館16:30）
休 月底（11～3月週一也休，4月無休。逢假日則翌日休）
¥ 310日圓　P 10輛

遠野故事館

とおのものがたりのやかた

地圖p.62-C
JR遠野站 👟 8分

在「昔話蔵」可以用影像和聲音體驗遠野的古老故事世界。也有由說書人講解的傳說故事、現場表演鄉土技藝等的「遠野座」。

☎ 0198-62-7887
📍 岩手県遠野市中央通り2-11
🕘 9:00～17:00
休 無休（2月有檢查維修日）

¥ 510日圓（含遠野城下町資料館、說故事費用）　P 40輛

傳承園

でんしょうえん

地圖p.62-A
JR遠野站搭乘🚌岩手縣交通巴士土淵線25分、伝承園下車即到

移建自250年歷史的南部曲家式建築。民間故事體驗30分5000日圓（總數、1名～80名需預約）。

☎ 0198-62-8655　📍 岩手県遠野市土淵町土淵6-5-1　🕘 9:00～17:00（最後入館16:30）
休 無休　¥ 330日圓　P 100輛

常堅寺
じょうけんじ

地圖p.62-A
♀伝承園👟5分

曹洞宗之寺，於1490（延德2）年創立。在全日本也相當罕見的河童狛犬是一大焦點。大門前豎立著仁王像。

📍岩手県遠野市土淵町土淵7-50
Ⓟ無　＊自由參觀

河童淵
カッパぶち

地圖p.62-A
♀伝承園👟5分

位於常堅寺後方，猿石川支流的深潭。根據流傳下來的民間故事中，據說這裡有河童居住。

📍岩手県遠野市土淵町土淵
Ⓟ無　＊自由參觀

五百羅漢
ごひゃくらかん

地圖p.62-B
JR遠野站搭乘🚌岩手縣交通巴士6～15分、♀本社營業所下車👟10分

傳說是由大慈寺的義山和尚雕刻天然的花崗岩而成，有大小不一的500個石像群。是為了供奉200年前，因東北地方飢荒而犧牲的人。

遠野市観光協会 ☎0198-62-1333
📍岩手県遠野市綾織町新里
Ⓟ5輛　＊自由參觀

高室水光園
たかむろすいこうえん

地圖p.179-L
JR遠野站搭乘🚌岩手縣交通巴士土淵線28分、♀須崎下車👟20分

有做成遠野形狀的水池以及南部曲家式建築、餐廳、入浴・住宿設施等。

☎0198-62-2834
📍岩手県遠野市土淵町柏崎7-175-2
🕓10:00～21:00（最後入館は20:00）
㊡第4週一（逢假日則翌日休）
¥330日圓、入浴費550日圓　Ⓟ250輛

遠野故鄉村
とおのふるさとむら

地圖p.179-K
JR遠野站搭乘🚌岩手縣交通巴士附馬牛線26分、♀ふるさと村下車👟即到

移建南部地方在江戶中期～明治中期建造之曲家式建築。重現潺潺流水，水車運轉，令人懷念之遠野風貌。

☎0198-64-2300
📍岩手県遠野市附馬牛町上附馬牛5-89-1
🕓9:00～17:00（11～2月為～16:00）
㊡週三（冬季）　¥550日圓　Ⓟ100輛

南部曲家千葉家
なんぶまがりやちばけ

地圖p.179-K
JR遠野站搭乘🚌岩手縣交通巴士綾織・達曾部線30分、♀千葉屋敷下車👟1分

具代表性的南部曲家式住宅。與馬小屋接連成的L字型住宅，一直到最近仍在使用（部分開放參觀）。千葉家為有200年歷史的建築，被指定為國家重要文化財。到2026年為止，正在進行解體整修而休館。

☎0198-62-9529
📍岩手県遠野市綾織町上綾織1-14
🕓8:30～17:00（11月～3月為9:00～16:00）
㊡無休　¥350日圓　Ⓟ30輛

遠野

購物＆美食

鄉土料理

伝承園食事処

でんしょうえんしょくじどころ

地圖p.62-A
JR遠野站搭乘岩手縣交通巴士土淵線25分、伝承園下車即到

能夠品嘗到使用野菜及土雞製作的鄉土料理。人氣料理是麵疙瘩的一種，稱作「HITTSUMI」。傳承園定食有白飯、HITTSUMI、一口蘑菇蕎麥麵、3道蔬菜、附醬菜，900日圓。

☎ 0198-62-8655
岩手県遠野市土淵町土淵6-5-1
9:00～17:00 休 無休
＊ 60席 P 100輛

日本料理

旬菜和田

しゅんさいわだ

地圖p.62-C
JR遠野站 3分

以三陸的海鮮為主，可以用親民的價格品嘗使用當季食材的精緻日本料理。有生魚片和燒烤等，根據當日進貨食材來決定，4種4400日圓～，午餐2860日圓起。

☎ 0198-62-0266
岩手県遠野市新殻町2-12
11:30～14:00、17:00～22:00。LO為30分前
休 週日 ＊ 24席 P 有

成吉思汗烤肉

あんべ

地圖p.62-B
JR遠野站 10分

說到日本童話的故鄉──遠野的靈魂美食，意外地有許多人不知道可以舉出成吉思汗烤肉。歷史悠久，從戰前就吃得到，在當地說到肉的話，幾乎就是指成吉思汗烤肉。店內的成吉思汗烤肉店有很多家，其中又以早瀬町的あんべ特別受歡迎，常常高朋滿座。由於也經營肉類買賣，能品嘗到高品質的羊肉。推薦附蔬菜、飯、湯、醬菜的定食。山羊腿定食1100日圓、山羊肩里肌1430日圓、羊肩里肌1540日圓等。除烤肉外，也有牛肉、豬肉燒肉、內臟類可選。

☎ 0198-62-4077
岩手県遠野市早瀬町2-4-12
10:00～19:00最終入店（精肉販售為9:00～）
休 週四 ＊ 38席 P 25輛

伴手禮

赤羽根蔵

あかばねぐら

地圖p.62-C
JR遠野站 5分

名點、陶器、工藝品等遠野的名產，都齊聚於此處。有河童線香座1650日圓，河童筷架660日圓等等，有許多河童造型商品。說書人的菊池玉女士所做的河童吊飾250日圓、濁酒4合瓶1604日圓～也很受歡迎。

☎ 0198-62-5808
岩手県遠野市中央通り2-11
9:00～17:00
休 1/1～3 P 30輛

住宿指南

あえりあ遠野	☎0198-60-1703／地圖p.62-C／Ⓢ10400日圓～、Ⓣ11600日圓～ 設備完善的飯店。房客可免費參加每晚舉行的說故事活動。
たかむろ水光園（すいこうえん）	☎0198-62-2834／地圖p.179-L／1泊2食9980日圓～ 可住宿在南部曲家。晚餐為杉菜、鱒魚等鄉土料理。

平泉

毛越寺的菖蒲6月中旬～7月上旬為花季

區域的魅力度

觀光景點
★★★★
散步
★★★
溫泉
★★

季節情報：
藤原祭／源義經公東下遊行（5月1～5日）、毛越寺曲水之宴（5月第4週日）。史跡漫步路線約6.5公里。町內的溫泉則有ホテル武蔵坊以及町營的悠久の湯 平泉溫泉等。

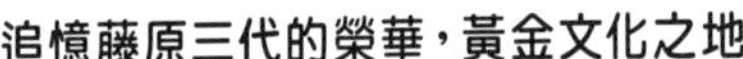

追憶藤原三代的榮華，黃金文化之地

2011年6月，平泉註冊為日本第12個世界文化遺產。平安時代後期，由奧州藤原氏親子三代建設而成，為平泉黃金文化開出絢爛花朵。中尊寺的金色堂仍保有當時的模樣。在毛越寺則有展現凡間之極樂淨土的廣闊庭園。

HINT

前往平泉的方法・遊覽順序的小提示

由東京站搭乘東北新幹線約2小時6～40分，在一之關站轉搭JR東北本線8分，平泉站下車。或是利用岩手縣交通路線巴士國道南線21路由一之關站經平泉站到中尊寺22分。由東北新幹線盛岡站（參照p.52）搭乘JR東北本線約1小時18～34分，平泉站下車。

●遊逛奧州藤原氏史跡的漫步行程

以平泉站為起點周遊政廳遺址的柳之御所遺跡、高館義經堂以及中尊寺，並經由東北自動車道的隧道上方前往毛越寺，返回車站的路途約3公里，需花時4小時左右（包含參觀時間）。毛越寺菖蒲6月中旬～7月上旬，胡枝子為9月中旬～下旬，中尊寺紅葉10月下旬～11月上旬為適合觀賞的時期。

●利用循環巴士觀光

在平泉觀光，可搭乘由平泉駅前→毛越寺→悠久の湯→平泉文化遺産センター→中尊寺→高館義経堂→無量光院跡→道の駅平泉→平泉駅前的平泉循環巴士「るんるん」也十分方便。繞行1圈20分，1次200日圓（1日券550日圓）。

詢問處

平泉町觀光商工課
☎0191-46-5572
平泉觀光協會
☎0191-46-2110
一關市觀光物產課
☎0191-21-8143
岩手縣交通一關營業所
☎0191-23-4250

自行車遊平泉

出了平泉站剪票口右側，觀光服務處的對面就有自行車租借的櫃檯。スワローツアー（☎0191-46-5086）租借電動腳踏車4小時500日圓，之後每小時200日圓，1天900日圓。9:00～16:00（有變動）。雨天及冬季休息。

猊鼻溪泛舟

觀賞&遊逛

中尊寺
ちゅうそんじ

地圖p.66
JR平泉站搭乘🚌岩手縣交通巴士國道南線往イオン前沢店4分、るんるん巴士10分、♀中尊寺下車👟15分

850（嘉祥3）年，由比叡山延曆寺的慈覺大師所開創。12世紀初奧州藤原氏第一代藤原清衡，進行大規模的建設。依據《吾妻鏡》的記載，堂塔有40座以上，僧房有300間以上。現在是由本寺及17間支院所組成，只有1124（天治元）年建造的金色堂，為唯一一座保留創建當時的模樣的建築，內部用金箔和象牙打造，奢華至極，可惜不能拍照。

☎0191-46-2211
📍岩手県平泉町平泉衣関202
🕗8:30～17:00
（11月4日～2月底至16:30）
休 無休　¥ 800日圓　P 470輛（收費）

毛越寺
もうつうじ

地圖p.66
JR平泉站👟10分

由奧州藤原氏第二代的基衡興建，第三代的秀衡完成。規模凌駕中尊寺之上，但是因數次的火災而燒毀。透過現今殘存的土垣和礎石等遺跡，可一窺平安時代的寺院樣式。位於庭園中心處的大泉池，為將自然景觀納入其中的造園型式，以塔山為背景池邊設置沙洲造景、假山、出島、立石等假山石群，重現佛教經典中廣袤寧靜的極樂淨土世界，是毛越寺最重要的名勝。

☎0191-46-2331　📍岩手県平泉町平泉大沢58
🕗8:30～17:00
（11月5日～3月4日至16:30）
休 無休　¥ 700日圓　P 330輛（收費）

高館義經堂
たかだちぎけいどう

地圖p.66
♀中尊寺👟8分

高館位於可眺望北上川的台地上。據說這裡曾有源義經的住所。義經當時因為被兄長源賴朝追殺，受藤原秀衡幫助而逃到年少時期待過的奧州，又遭秀衡之子泰衡襲擊，在此自盡。1683（天和3）年，仙台藩主伊達綱村因感念義經而建造義經堂。堂內安放著義經的木像。

0191-46-3300
岩手県平泉町平泉字柳御所14
8:30～16:30（11/5～11/20為8:30～16:00）
休 11/21～3/14冬季停駛對外開放
¥ 300日圓　P 20輛

平泉文化遺產中心
ひらいずみぶんかいさんセンター

地圖p.66
中尊寺 15分

以藤原氏為主，有以時間軸介紹平泉從古至今的歷史的展示室，以及平泉文化遺產的影像。

0191-46-4012　岩手県平泉町平泉花立44
9:00～17:00（最後入館16:30）
休 12/29～1/3　¥ 免費　P 35輛

觀自在王院遺址
かんじざいおういんあと

地圖p.66
平泉站搭乘るんるん巴士3分、毛越寺下車 2分

據說是由藤原基衡之妻所建立的史跡庭園。在北岸有大、小阿彌陀堂遺跡，推測是為了表現極樂淨土。

0191-46-4012（平泉文化遺產中心）
岩手県平泉町平泉志羅山地内　P 無

無量光院遺址
むりょうこういんあと

地圖p.66
中尊寺搭乘るんるん巴士6分、無量光院跡下車即到

藤原第三代的秀衡模仿京都宇治的平等院鳳凰堂所建立的寺院遺址。

0191-46-4012（平泉文化遺產中心）
岩手県平泉町平泉花立地内　P 無

柳之御所遺跡
やなぎのごしょいせき

地圖p.66
中尊寺搭乘るんるん巴士8分、道の駅平泉下車即到

被認為是奧州藤原氏的政廳「平泉館」遺址，也是國家指定史跡。除了有壕溝、城垣、池子塘、井等遺跡之外，也挖掘到當時的烏帽子。

柳之御所資料館
岩手県平泉町平泉柳御所
9:00～17:00（11月～3月為9:00～16:30）
休 過年期間　¥ 免費　P 40輛

嚴美溪
げんびけい

地圖p.181-C
JR一關站搭乘 岩手縣交通往嚴美溪21分、嚴美溪下車、即到

由發源自栗駒山的磐井川長年侵蝕切削形成約2公里長的溪谷。被選定為國家天然紀念物。觀光步道完善，可一面在樹林間散步一面眺望溪谷。

一關觀光協會 0191-23-2350　岩手県一関市嚴美町滝の上　＊ 自由散步　P 50輛

猊鼻溪
げいびけい

地圖p.181-C
JR猊鼻溪站 5分

北上川的支流砂鐵川的溪谷。高約100公尺的斷崖連綿約2公里。沒有沿著溪谷的觀光步路，不過可以乘著船從河面欣賞。到三好丘來回1小時30分。

猊鼻觀光中心 0191-47-2341
岩手県一関市東山町長坂字町467
8:30～16:30有10班（視季節而異）
休 無休（天候不佳時停駛）　¥ 1800日圓
P 200輛

隨興遊逛

中尊寺

ちゅうそんじ

過去曾有超過40座寺塔的中尊寺。在1337（建武4）年因火災，大部份的建築物都在當時燒毀。除了唯一逃過一劫的金色堂之外，寺內藏有3000件以上的國寶和重要文化財。在寬廣的境內散步，感受一下淨土思想的世界。

詳細參照p.66

01 參觀 15分

弁慶堂

べんけいどう

供奉著背著七種武器的弁慶像，以及位於其後的義經像。氣勢十足的弁慶像，呈現著挺身保護主君的姿勢。還可以欣賞據說是弁慶自己雕刻的弁慶木像。

05 參觀 30分

讃衡藏

さんこうぞう

中尊寺保存的3000件國寶、重要文化財泰半收藏於此。有平安後期製作的木像「三體之丈六佛」、奧州藤原氏初代藤原清衡發願使用金字和銀字抄經的「紺紙金銀字交書一切經」等。

06 參觀 30分

金色堂

こんじきどう

1124（天治元）年建造。現在保存在新覆堂中，可隔著玻璃參拜。除了屋頂之外，佛堂內外都貼有金箔。包括位於主壇的主佛阿彌陀如來，共供奉11座金色佛像。

02 抹茶 500日圓

奧之細道展
おくのほそみちてん

位於本堂前方，茅草屋頂的茶寮。招牌的抹茶500日圓，附當地的名點岩谷堂羊羹。甜酒400日圓、綠茶360日圓。

☎0191-46-3573／⌚9:00～16:30(繁忙期～17:00)／㊡不定休／*60席

03 參觀 20分

中尊寺本堂
ちゅうそんじほんどう

正門可見武家住宅的藥醫門樣式，是移建陸奧仙台藩的初代藩主伊達宗勝的屋門而來。主佛的釋迦如來像兩旁的燈籠火，是延引自總本山的比叡山延曆寺，延續1200年不滅的佛燈。堂內也可體驗坐禪或抄經（¥各1000日圓。60～90分、需預約☎0191-46-2211）。

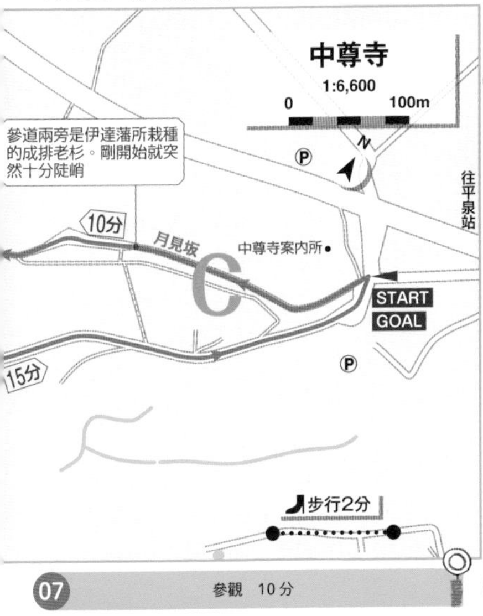

04 參觀 10分

藥師堂·峯藥師堂
やくしどう·みねやくしどう

主佛為藥師如來。從以前就相當靈驗，當地信仰虔誠。位於藥師堂（上圖）前方的峯藥師堂據說對治療眼疾非常靈驗，至今仍有許多自日本各地前來參拜的信徒。

07 參觀 10分

經藏
きょうぞう

在讚衡藏完成之前，曾保存管理傳承自中尊寺的經典等文物。主佛為騎師文殊菩薩。是寺內最美的賞楓景點。從10月末開始變紅，11月上旬日本槭樹將周圍都染成一片紅。

08 參觀 10分

中尊寺蓮
ちゅうそんじはす

1950（昭和25）年，從奧州藤原氏的第四代泰衡的首桶中發現800年前的蓮花種子，在1998（平成10）年成功培育開花。經過漫長時光，古代蓮終於復蘇。7月中旬～8月底會在寺內的水池開花。

購物＆美食

麻糬料理

レストラン源

レストランげん

地圖p.66
中尊寺 即到

獲岩手地產地銷餐廳認證，可以品嘗到富有鄉土特色的麻糬料理和岩手縣產的蕎麥麵以及前澤牛料理。平泉麻糬御膳1600日圓。

0191-46-2011
岩手県平泉町平泉坂下10-7 平泉レストハウス2F
9:30～17:00（12～3月至～16:00）、午餐11:00～14:00
休 無休　＊80席
P 200輛

餐廳·伴手禮

平泉レストハウス

ひらいずみレストハウス

地圖p.66
中尊寺 即到

位於中尊寺門前，在餐廳可享用白金豬肉等當地美味。在伴手禮專區則陳列著秀衡塗和南部鐵器等傳統工藝品。使用貝殼內側螺鈿做點綴的店鋪限定螺鈿吊飾4400日圓～。

0191-46-2011
岩手県平泉町平泉坂下10-7
8:40～17:00（12～3月為9:00～16:00）
休 無休
P 300輛

漆器

翁知屋

おおちや

地圖p.66
中尊寺 5分

據說起源是聘請京都的師傅，使用平泉特產漆與金創作漆器，也就是平泉傳統工藝漆器——秀衡塗。為製造販賣的傳統老店，靈活運用自然素材，遵守傳統與技法，運用自如創作出各式各樣的製品。秀衡塗／本漆筷子1210日圓～，湯碗（一雲）7700日圓～。10天前預約可體驗上漆。筷子等的上漆體驗3種1210日圓～，需時1小時30分。

0191-46-2306
岩手県平泉町平泉衣関1-7
9:00～17:00
休 週二午後與週三
P 15輛

住宿指南

しづか亭	0191-34-2211／地圖p.181-C／1泊2食11640日圓～ 山間的寧靜獨棟旅宿。可盡情享受手打蕎麥麵與前澤牛等當地料理。
蔵ホテル一関	0191-31-1111／地圖p.181-C／Ⓢ6600日圓～、Ⓣ15200日圓～ 距一之關站步行3分。配備大浴池、居酒屋、酒吧等設施。
いつくし園	0191-29-2101／地圖p.181-C／1泊2食8050日圓～ 嚴美溪畔的溫泉旅宿，就在平泉附近，立地良好，便於觀光。入浴費700日圓。

朝著復興之路邁進

三陸沿岸＋磐城

久慈・田野畑・宮古・釜石・氣仙沼・女川・石巻

接續右圖的右下角↓

南三陸
1:736,000
0 10km
N
岩手縣
釜石市
釜石線
住田町
大船渡市
陸前高田市
三陸鐵道谷灣線
三陸復興國立公園
氣仙沼市
大船渡線
唐桑半島
巨釜・半造 P.78
壽し処 大政 P.79
休暇村 気仙沼大島 P.79
一景閣飯店 P.79
大谷海岸
大島
御崎岬
南三陸町
南三陸觀洋飯店 P.79
氣仙沼線BRT
P.78 釣石神社
上品の郷
硯上山 520
石巻觀光協會物產中心 P.79
石巻市
女川町
石之森萬畫館 P.78
石巻大飯店 P.79
牡鹿半島
牡鹿コバルトライン
金華山 444
田代島 P.78
網地島
五葉山 1351
室根山 895
高田松原
碁石海岸
穴通磯
種山ヶ原
太平洋

↓接續左圖的右上角

隨興遊逛

三陸鐵道北谷灣線

さんりくてつどうきたりあすせん

從久慈站到宮古站的距離，幾乎是岩手縣臨太平洋沿岸的一半。簡稱為「三鐵」在NHK的日劇節目《小海女》中以「北鐵」之名登場，便一躍全日本知名的區段。宮古～釜石間的JR山田線在2018年移至三陸鐵道，連接成南北的谷灣線。

三陸鐵道 ☎0193-62-8900

HINT 搭乘活動列車開啟北三陸之旅吧！

三陸鐵道相當積極籌辦企畫活動，在2020年10月與11月曾舉行「復興後的現今震災學習列車」活動，包下臨時列車「震災學習列車」、巴士，沿著谷灣線跟宮古魚市場等景點參觀。2020年12月26日行駛的「聖誕列車」、2020年1月1日行駛的「三鐵初日出號」等，企劃元素豐富的列車很受歡迎。冬季的週末，宮古站－久慈站會有「暖爐列車」、宮古站－盛站會有「洋風暖爐列車」行駛。滿溢豪華懷舊氛圍的「洋風暖爐列車」從釜石站行駛至盛站，由西洋風打扮的列車人員，帶來戲劇表演，並導覽介紹沿途風光。

懷舊列車「さんりくしおさい」僅須運費就能搭乘，車內豪華的裝潢吸引很多人前來。在南谷灣線，還有懷舊車輛36-R3在行駛。

冬季時「暖爐列車」很受歡迎

01 參觀 30 分

小袖海岸

こそでかいがん

以「北界的海女」之地而聞名。岩礁地區在7月～9月之間，可觀賞海女以浮潛方式捕撈海膽，一日數次（500日圓）。在袖濱漁協和燈塔等處也有《小海女》的拍攝景點。

久慈站搭乘🚌岩手縣北巴士38分、♀小袖海岸下車

※巴士班次需洽詢

02 海膽便當 1570 日圓

三陸リアス亭

さんりくりあすてい

在久慈站內的立食蕎麥麵．烏龍麵店，在4月～10月底期間會販售海膽便當。在三鐵創業隔年的1984（昭和59）年開賣的名產便當，盛在飯上的海膽份量十足。每天限量20個，請儘早預訂（☎0194-52-7310）。

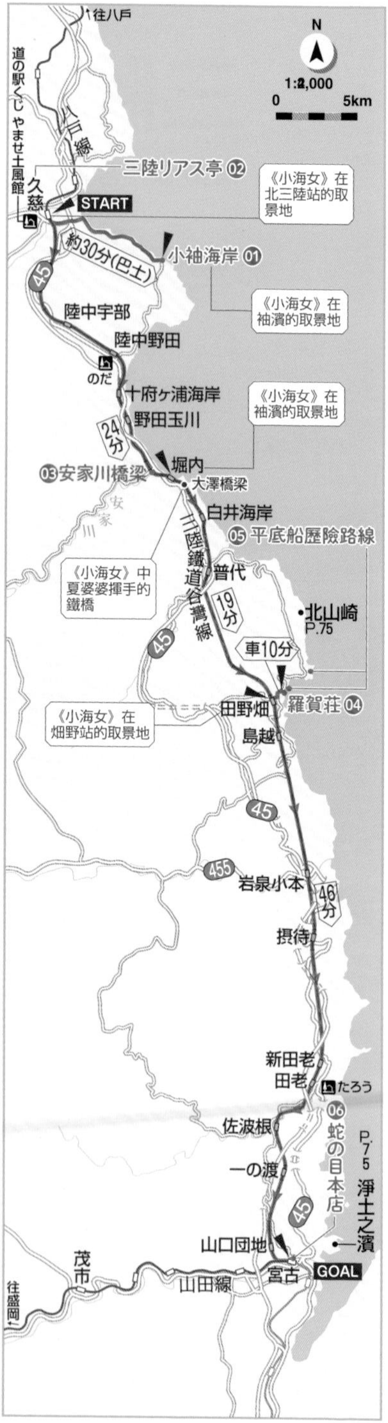

往八戶
N
1:2,000
0 5km
道の駅くじやませ土風館
八戶線
三陸リアス亭 02
《小海女》在北三陸的取景地
久慈
START
約30分(巴士)
小袖海岸 01
45
《小海女》在袖濱的取景地
陸中宇部
陸中野田
のだ
十府ヶ浦海岸
《小海女》在袖濱的取景地
24分
野田玉川
堀內
03 安家川橋梁
大澤橋梁
白井海岸
05 平底船歷險路線
三陸鐵道谷灣線
普代
《小海女》中夏婆婆揮手的鐵橋
19分
北山崎 P.75
車10分
田野畑
羅賀莊 04
《小海女》在畑野站的取景地
島越
455
岩泉小本
46分
攝待
新田老
田老
たろう
06 蛇の目本店
P.75 淨土之濱
佐波根
一の渡
山口団地
茂市
往盛岡
山田線
宮古
GOAL

03 由久慈站約25分

照片提供：三陸鐵道

安家川橋梁
あっかがわきょうりょう

位於陸中野田站～堀內站之間，長303公尺、高33公尺的橋樑。下方就是鮭魚遡溪而上的清澈河川，著名的安家川。雖然北谷灣線為隧道較多的路線，不過這一段可以眺望太平洋。觀光客多時，也會放慢速度讓大家好好欣賞。

04 1泊2食15500日圓～／泡湯400日圓

羅賀荘
らがそう

地處羅賀漁港寧靜的海灣內，從房間窗戶望出的絕美景色，廣受歡迎。從海景和式房間與經過翻修的賞景大浴池眺望的景致千萬不可錯過。

0194-33-2611
岩手県田野畑村羅賀60-1 不住宿泡湯15:00～21:00 P 50輛

05 乘船約1小時1人3800日圓 ※為2名以上時的價錢。包船則為7600日圓

平底船歷險路線
さっぱせん あどべんちゃーず

搭乘由現役漁夫掌舵的小型汽艇・平底船，靠近壯麗的斷崖、進入被海浪侵蝕而成的天然隧道等，充滿震撼力的斷崖周遊觀光船。在羅賀漁港或机漁港發抵。原則上需於出發前日17時前預約。有免費接送。

体験村たのはたネットワーク 0194-37-1211
岩手県田野畑村机142-3 机浜ふれあい番屋内
預約時討論
休 天候不佳時

06 北三陸主廚握壽司4200日圓

蛇の目 本店
じゃのめ ほんてん

位於宮古站前的壽司店。春～夏為海膽，秋則是秋刀魚、鮭魚，冬有鮑魚等，可品嘗到宮古、三陸地方捕獲的當季海鮮。除了招牌的握壽司之外，食材多到快滿出來的蓋飯或散壽司也很受歡迎。生海膽飯3800圓、上級散壽司2400日圓。蓋飯和壽司類皆附魚雜湯。

0193-62-1383
岩手県宮古市栄町2-8
10:00～21:00 休 週三不定休 ＊83席 P 無

TEKU TEKU COLUMN

《小海女》拍攝地＆伴手禮

除了在劇中以「袖濱」登場的小袖海岸之外，也有許多在三鐵沿線拍攝的場景。堀內站就以「袖濱站」的名稱，拍攝前往東京和返鄉等的場景（實際上並非最靠近小袖海岸的車站）。位於那南邊的大澤橋樑，則是夏婆婆目送小秋前往東京的著名場景的拍攝舞台。而劇中為「北三陸站」的久慈站周邊則有站前百貨公司（北三陸觀光協會）等，作為原型的景點。

如果想購買相關的伴手禮，可前往小袖海岸的專賣店或從久慈站步行7分的「公路休息站くじ風の館」。有日本酒、T恤、雜貨等多樣的海女商品。也販賣劇中出現過的鄉土料理・核桃丸子湯。

上／在堀內站有讓人寫上旅途感想的便條紙
左／公路休息站販售的小海女寶特瓶袋880日圓

照片提供：三陸鐵道

きたさんりく　　地圖 p.179-D·H·L

北三陸

～久慈市·野田村·田野畑村·岩泉町·宮古市·釜石市～

東北數一數二的美景和豐富的海鮮

在因NHK的連續劇《小海女》一炮而紅的區域，有秋刀魚、海膽、鮭魚卵、海鞘、扇貝等十分豐富的海產。由複雜的斷崖絕壁所構成的谷灣式海岸線，有淨土濱等東北首屈一指的海岸美景。在景觀極美的旅館中，起個大早泡著溫泉欣賞從水平線冉冉上昇的日出美景吧。

前往北三陸的方法·遊覽順序的小提示

因為觀光景點分布相當廣闊，整體上移動相當花時間。若想深度遊逛，建議安排三天兩夜。起點的久慈、宮古有較多飯店可選擇。主要的觀光地搭乘巴士或列車都可到達，不過班次較少，也可以考慮在盛岡或八戶租車。

另外，p.74介紹的三陸鐵道和式座位列車「北三陸號」和復古列車「さんりくしおさい」，也有北山崎觀光和平底船體驗等搭配周邊觀光的行程。請上官方網站等處確認。

北三陸的交通

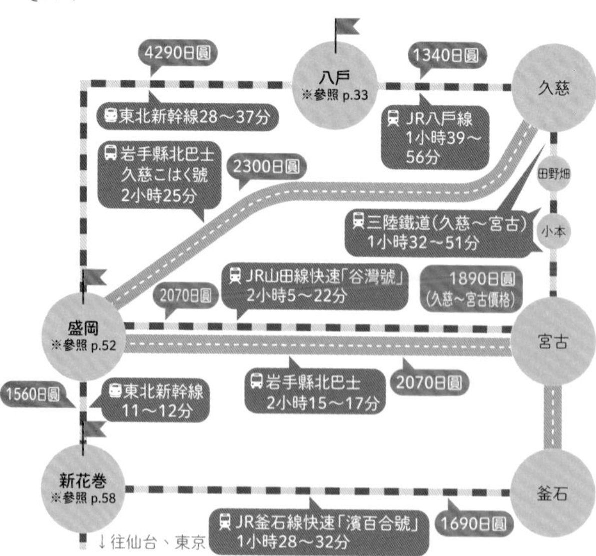

詢問處

久慈市觀光物產協會
☎0194-66-9200
野田村觀光協會
☎0194-78-2012
田野畑村綜合觀光服務處
☎0194-33-3248
岩泉町觀光協會
☎0194-22-4755
宮古觀光文化交流協會
☎0193-62-3534
釜石觀光物產協會
☎0193-22-5835
JR東日本服務處
☎050-2016-1600
三陸鐵道(參照 p.72)
www.sanrikutetsudou.com
岩手縣北巴士
☎019-641-1212

觀光相關的復原情報

三陸首屈一指的漁業之街宮古，隨著復興，街景也產生了變化。因海嘯毀損的鍬崎～蛸濱街道附近，新蓋了漁協等設施，整體變得較為現代。在漁港沿岸也設置了防坡堤，形成新的漁港風貌。

三陸鐵道第4站的田老站移至較高處，防波堤邊過去的街道位址，蓋了棒球場及「公路休息站 たろう」。而たろう觀光飯店作為震災遺跡被保存了下來，若參加「學習防災導覽」(p.81)，可以參觀內部。

觀賞&遊逛

淨土之濱
じょうどがはま

地圖p.71-右　JR宮古站搭乘🚌岩手縣北巴士往奥浄土ケ浜方向20分、♀奥浄土ケ浜下車👟即到

白色流紋岩、綠色的松樹、群青色的海交織出絕美景色的沙灘。已修復木棧觀光步道和休憩館。除了可搭乘遊覽船沿途參觀蠟燭岩、日出島等奇岩怪石，繞行1圈40分1500日圓，跟提供解說服務的遊客中心之外，進入青之洞窟的平底船行程1500日圓也很受歡迎。

☎0193-62-2111（宮古市観光課）
📍岩手県宮古市日立浜32
＊自由散步
🅿220輛

鐵之歷史館
てつのれきしかん

地圖p.71-右　JR宮古站搭乘🚌岩手縣交通巴士往上平田方向11～16分、♀観音入口下車👟5分

展示著日本最早的煉鐵廠．釜石煉鐵廠曾有的，高14公尺的西式高爐的原尺寸模型。金屬鑄造體驗（500日圓、要預約）可製作自己的鑰匙圈。

☎0193-24-2211　📍岩手県釜石市大平町3-12-7
🕘9:00～17:00（最後入館16:00）　休 週二、12月29日～1月3日　¥500日圓　🅿50輛

龍泉洞
りゅうせんどう

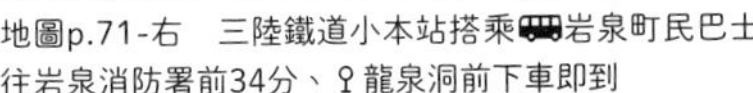

地圖p.71-右　三陸鐵道小本站搭乘🚌岩泉町民巴士往岩泉消防署前34分、♀龍泉洞前下車即到

日本三大鐘乳石洞之一，是國家指定天然紀念物。水深98公尺的第三地底湖等，有世界數一數二的透明度，並在LED燈的照耀下變換顏色的洞內非常夢幻。

☎0194-22-2566　📍岩手県岩泉町岩泉神成1-1
🕘8:00～18:00
休 無休　¥1100日圓　🅿442輛

北山崎
きたやまざき

地圖p.71-右　三陸鐵道田野畑站搭乘觀光共乘計程車往北山崎15分、北山崎停車場下車👟3分

三陸特有的谷灣式海岸，斷崖絕壁錯綜複雜，連綿約8公里。

☎0194-33-3248（田野畑村総合観光案内所）
📍岩手県田野畑村北山129-10 北山崎遊客中心
＊自由散步　🅿139輛

久慈琥珀博物館
くじこはくはくぶつかん

地圖p.71-右　JR宮古站搭乘🚌JR巴士往盛岡・二戸方向10分、♀森前下車後有免費接駁車（需事先聯絡）

久慈的名產——琥珀的博物館。發掘體驗1500日圓，飾品製作體驗1300日圓～。

☎0194-59-3831
📍岩手県久慈市小久慈町19-156-133
🕘9:00～17:00（最後入館16:30）
休 12月31日～1月1日、2月底
¥500日圓　🅿100輛

購物&美食

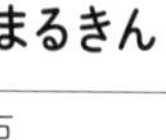

和菓子

まるきん

地圖p.71-右
三陸鐵道陸中野田站👟9分

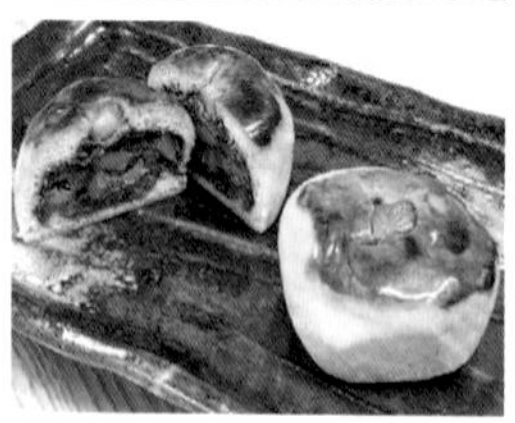

約有20種使用當地產食材的創意和菓子、西點。點心師傅大澤心每日在店鋪附設的工坊親手製作。栗子饅頭130日圓在核桃餡中加進煉乳，並包入整個大顆又柔軟的例子。使用天然鹽、野田鹽加進紅豆泥中的烤饅頭鹽濱124日圓。洋溢季節感的和菓子也會隨四季推出。

☎ 0194-78-2538
📍 岩手県野田村野田20-25-5
🕘 9:00～19:00(週六日18:00)
休 第1、2週二
P 10輛

市場

宮古市魚菜市場

みやこしぎょさいいちば

地圖p.71-右
JR宮古站👟12分

以三陸外海的海鮮為主，有26間店林立的市場。春天有海帶芽、夏天有海膽、海鞘、鰹魚，秋天有秋刀魚、鮭魚，冬天則是鮑魚、鱈魚、毛蟹等，當季的海鮮都相當便宜。也販賣附近農家自產的蔬菜、水果、鮮花等。也附設滿腹食堂等，料理當地海鮮的餐廳。

☎ 0193-62-1521
📍 岩手県宮古市五月町1-1
🕘 6:30～17:30
休 週三　P 104輛

壽司

鮨処 きよ田

すしどころ　きよた

地圖p.71-右
JR‧三陸鐵道久慈站👟3分

可品嘗以久慈為主，三陸產的當季海鮮。春天的六線魚、初夏的海鞘、夏天的海膽、烏賊，秋冬的鮭魚卵、鮑魚、比目魚等等。有9貫握壽司和海苔卷組合成的特上握壽司2970日圓。海鮮散壽司（特上）3190日圓～。福來（大吟 ）一杯72日圓、南部美人一杯770日圓等，可以喝到岩手跟青森當地釀造的酒。

☎ 0194-52-0800
📍 岩手県久慈市川崎町5-1
🕘 11:30～14:00、
17:00～23:00
休 週日
＊80席
P 10輛

住宿指南

GREENPIA 三陸宮古	☎0193-87-5111／📍地圖p.71-右／1泊2食14818日圓～／P 400輛 💬位陸中海岸的中間，是本州最東側的飯店。全為海景房，從房間可一眺雄偉的太平洋與旭日東昇。在光明石溫泉大浴池，大海就在眼前慢慢延伸出去，泉水對肩頸僵硬、腰痛、畏寒、恢復疲勞有效。
淨土濱公園飯店	☎0193-62-2321／📍地圖p.71-右／1泊2食17280日圓～／P 100輛 💬建於能俯瞰三陸海岸首屈一指的名勝淨土之濱和宮古灣的高地上。從3樓大廳望去的寬廣視野精采絕倫。
休暇村 陸中宮古(きゅうかむら りくちゅうみやこ)	☎0193-62-9911／📍地圖p.71-右／1泊2食13636日圓～／P 70輛 💬幾乎位在三陸海岸的中央位置，是能將遼闊的太平洋盡收眼底的國營旅宿。帆立貝、生海膽等當季的海鮮都能以自助方式取用。不住宿溫泉460日圓。
陸中海岸大飯店	☎0193-22-1211／📍地圖p.71-右／1泊2食12354日圓～／P 30輛 💬 從7樓的展望大浴池能欣賞夜晚港口的燈火與清晨日出，釜石灣的景觀絕佳。

みなみさんりく　　地圖 p.181-D・H・K・L

南三陸

～石巻市・女川町・南三陸町・氣仙沼市～

©石森プロ・東映

找回童心遊逛漫畫小鎮

石巻市有石之森章太郎的漫畫街。從車站慢慢散步到石之森萬畫館所在的舊北上川中洲，沿途可看到佇立在街角的小露寶、假面騎士、人造人009等石之森創作出來的角色。望向谷灣處的海岸景色，則可以看到巨釜．半造等的奇石景觀。不妨好好感受大自然孕育出的神祕以及優雅景色。

前往南三陸的方法・遊覽順序的小提示

大致上分為石巻．女川以及南三陸．氣仙沼這2大區域，利用大眾運輸工具觀光的情況下可將仙台作為起點。從仙台前往石巻的方法，除了搭乘東北本線轉入仙石線的「仙石東北LINE」外，也有宮城交通的高速巴士行駛，1小時1～2班，所需時間1小時13分，820日圓。而從仙台進入氣仙沼直接搭乘巴士就好，不用換車非常方便。

南三陸的交通

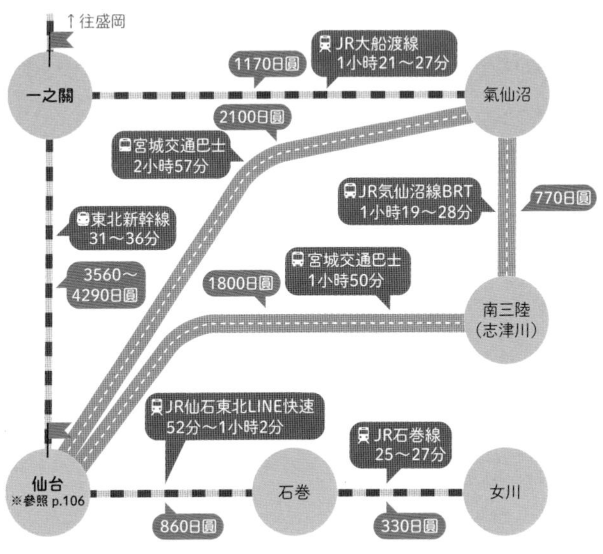

詢問處

石巻觀光協會
☎0225-93-6448
女川町觀光協會
☎0225-54-4328
南三陸町觀光協會
☎0226-47-2550
氣仙沼觀光服務中心
☎0226-22-4560
JR東日本服務處
☎050-2016-1600
宮城交通仙台高速巴士中心
☎022-261-5333

氣仙沼港町漫步

氣仙沼以鮪魚、鰹魚、魚翅等的現撈漁港而揚名。魚市場設有甲板，可以在處理貨物的地方參觀魚類陳列的樣子。鮪魚的捕魚期為6月～11月，從早上6時～8時這段時間最為熱鬧。從屋頂將延伸至海灣的氣仙沼港盡收眼底，在大小漁船停靠的岸邊散步也是一件樂事。

觀賞＆遊逛

石之森萬畫館
いしのもりまんがかん

地圖p.117-G　JR石巻站👟12分

漫畫家石之森章太郎的博物館。館內展示重要的原稿作品，還透過立體展示與影像，盡情沉浸在石之森的世界中。歷代的假面騎士齊聚一堂，還可參加變身活動，也有展示人造人009的世界。

☎ 0225-96-5055
📍 宮城県石巻市中瀬2-7　🕘9:00～17:00
㊡ 週二（逢假日則翌日休，黃金週、暑假、過年則無休）
¥ 900日圓　🅿 使用市營🅿

釣石神社
つりいしじんじゃ

地圖p.117-D　JR石巻站🚗40分

從距離地面約5公尺的斷崖突出，圓周約14公尺的球狀巨石御神體。可祈求良緣和長壽。巨石在1978（昭和53）年時的宮城縣近海地震、以及東日本大地震時都挺了過來。仿效那種似乎要掉下來卻堅忍屹立的模樣，也有許多考生來祈求金榜題名。

☎ 0225-25-6345
📍 宮城県石巻市北上町十三浜字菖蒲田305番地
＊自由參觀
🅿 150輛

巨釜・半造
おおがま・はんぞう

地圖p.71-左　♀田谷本郷（南氣仙沼站）搭乘🚌宮城交通巴士御崎線38分、♀巨釜・半造入口下車 👟20分

在1896（明治39）年時被明治三陸大海嘯打斷，高16公尺的「折石」是這裡的象徵。東日本大震災時則挺過海嘯，保持著其英姿。

☎ 0226-22-4560（氣仙沼觀光會議協會）
📍 宮城県気仙沼市唐桑
＊自由散步　🅿 30輛

TEKU TEKU COLUMN

貓島・田代島

浮在石巻市附近海邊的田代島，是愛貓人士嚮往的「貓之島」。貓被視為保佑魚獲豐收的吉祥動物，從以前就受到漁夫們的善待，也有祭祀貓咪的神社。不知貓咪們是否察覺到有海嘯因而紛紛走避到山上，因此都沒受波及。

石巻觀光協會　☎ 0225-93-6448
網地島航路　☎ 0225-93-6125
※到乘船處，由JR石巻站搭乘🚌宮交巴士約17分、♀門脇2丁目下車👟3分。搭乘網地島航路到大泊港、仁斗田港46分～1小時4分　地圖p.117-L

購物&美食

釜飯

割烹 滝川

かっぽう たきかわ

地圖p.117-G
JR石巻站👟12分

1914（大正3）年創業，石卷最好的和食老店。店面雖因海嘯而損毀，之後在臨時店鋪營業歷經2年3個月，在原本的地方重新裝修開幕。附生魚片和湯品的扇貝釜飯御膳3520日圓、還有鮑魚釜飯御膳6160日圓（需預約）等，使用南部鐵釜蒸出的釜飯是招牌菜。

☎050-5486-3572
📍宮城県石巻市中央1-13-13
🕒11:30～13:30LO、17:00～21:00(19:00LO)
休 週一　＊80席　P 8輛

魚翅料理

寿し処 大政

すしどころ おおまさ

地圖p.71-左　JR氣仙沼站搭乘🚌大船渡線BRT巴士12分、♀水道事業所前下車👟10分

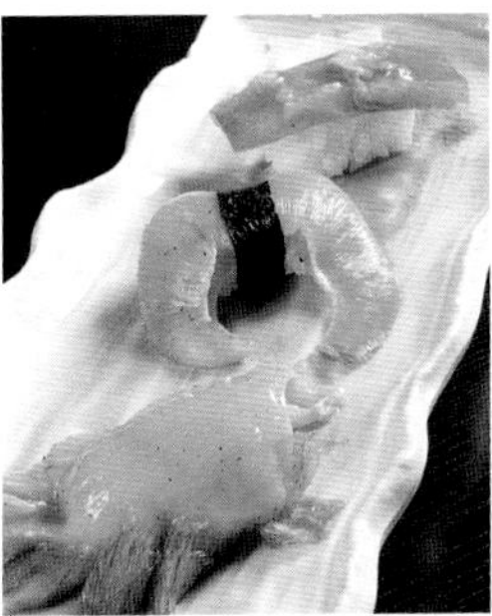

數十年前開發，現已成為氣仙沼名產魚翅壽司的始祖。雖然舊店面被海嘯沖走，店面遷移到國道45號沿線在2013年4月重新開業。尾鰭壽司540日圓有入口即化的奇妙口感（照片前方）。很有嚼勁令人欲罷不能的魚翅壽司660日圓（照片中間）。凝固燉煮到化開的魚翅膠原蛋白220日圓（照片後方）是重新開業的新菜色。
※價格皆為一個的價格

☎0226-23-1331
📍宮城県気仙沼市東八幡前142-3
🕒11:30～14:00、16:00～20:00
休 不定休　＊30席　P 6輛

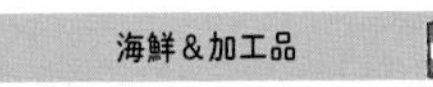

海鮮&加工品

石卷觀光協會物產中心

いしのまきかんこうきょうかいぶっさんこーなー

地圖p.117-G
JR石巻站👟即到

可買到石卷海產&水產加工品的觀光服務處兼伴手禮店。以即使被瓦礫掩埋仍無損內容物知名的木之屋石卷水產罐頭350日圓～，還有石卷炒麵1080日圓、委託受災者製作的潛水衣材質小物，也很受大家喜愛。

☎0225-93-6448
📍宮城県石巻市穀町14-1 石巻市本庁舎1F
🕒9:00～17:30（7～8月至18:00)
休 12/31、1/1　P 無

住宿指南

石卷大飯店	☎0225-93-8111／📍地圖p.117-G／Ⓢ8140日圓～、Ⓣ12320日圓～／P 130輛 💬位在市區，從JR石卷站或石之森萬畫館步行可到，立地方便。因海嘯受損，全面經過翻修改裝。
南三陸觀洋飯店	☎0226-46-2442／📍地圖p.117-D／1泊2食11000日圓～／P 200輛 💬全為海景房，鮑魚等海鮮料理堪稱絕品。因海嘯受損，全面經過翻修改裝。
一景閣飯店	☎0226-22-0602／📍地圖p.71-左／1泊附早餐20000日圓～／P 60輛 💬面氣仙沼灣而建的商務飯店。屋頂有預約制的包租露天浴池，1次45分1500日圓。租借腳踏車500日圓～。
休暇村（きゅうかむら）気仙沼大島（けせんぬまおおしま）	☎0226-28-2626／📍地圖p.71-左／1泊2食11500日圓～／P 100輛 💬可自助享用魚翅、鰹魚、旗魚等氣仙沼海鮮的早餐是這裡的招牌。從本館前的公園望去的旭日景致也很美麗。設有露營場。不住宿溫泉400日圓。

謹記在心中，為了成為幫助當地的力量

來到災區旅行

三陸地方原本擁有吸引人的美麗海岸以及海鮮，是日本數一數二的觀光地區。在努力振興之際，來到這裡學習、感受、支持等，這些都是旅行才能夠做到的事。

手製的豐收旗在南三陸SUN SUN商店街隨風飄

當地人士的沉重話語
<災區導覽行程．導覽導遊>

「我們不只是為了傳達《震災的悲慘》而營運這個說書導覽的」，這句話是**大槌町町內說書導遊**的基本方針。導覽這個市中心幾乎全毀的小鎮的行程，都是從在舊公所前默哀開始。公所的建築勉勉強強還保留著，但是向周圍望去，其他的建築物大部分都毀壞消失了。

雖然經過巨變後成為這副模樣，不過導遊也會對與震災前無異的市街進行解說。大槌町有非常豐富的湧泉，現在公所旁邊的街角處也有滾滾泉水湧出。導遊描述著過去大槌町居民的生活和原本的市容，淡然地述說對未來的希望。

距離公所前幾步路、殘留著小池塘的地方就是以前位於街角的公園，曾是年長者曬太陽、小孩們玩樂的地方。這就是大槌町的日常景色。面向海港就可看到漂浮在港灣內的蓬萊島，這個島就是「突然出現的葫蘆島」其原型，深受大槌居民喜愛的名勝之一。

在導覽過程中當然也會描述那一天的情形。聽到海嘯警報後，人們就開始跑向公所後面的小山避難。但是近在咫尺的前後兩個地方，命運完全不同了。「回去之後請更加珍惜對您來說重要的人。因為不知道何時會發生什麼事。」導遊的話語深切地說進心坎裡。

●也有與觀光成套的導覽行程

也有將遊逛景點和品嘗美食等地觀光行程和理解災區現狀的行程兩者搭配而成的導覽行程。由JR東日本仙台分社主辦的「びゅうばす」的復興行程，會去逛當地的復興商店街，並透過當地人說書導覽受災地，因此兩個路線分成「はまライン！リアス号」、「いっぺあがいん！おらほさござぃん！号」。另外，南三陸町的「透過說書學習課程」，是由觀光協會與NPO法人準備的獨自復興說書部，盡情參加也很不錯。

復興支援團體會造訪市場或商店街，買些東西、品嘗在地美食，跟受災戶聊聊天。透過消費振興受災區域的經濟，支持當地產業復活。可說是很了不起的支援活動。

1 陸前高田市的支援復興導覽行程。眼前是過去市中心的所在地

2 舊大槌町公所留著海嘯的傷痕

透過消費、品嘗來支持重建
<復興商店街、攤販村>

很多飲食店與商店店鋪都因為地震而倒塌了，也很難在原本的地方重新開業，因此有許多商家透過臨時的商店街或店舖，在新地點重新開始。

因海嘯而遭受毀滅性破壞的陸前高田市，市區內有許多店家和營業所，藉著這個契機遷移到高地上，重新起步，其中之一就是**高田大隅集會之丘商店街**。雖然店家只有數十間，面積也不大，但對復興充滿希望。

而同樣也遭受毀滅性破壞的港町女川，站前則是蓋了大規模的商業複合設施**STARTI女川**以及販賣當地海產跟加工品的**HAMA TERRACE**，逐漸受到大眾矚目。在這可以盡情購物、享用美食，作為新的觀光景點受到喜愛，人氣節節上升，成為復興的強力基礎。

●各地的商店街都在持續復興中……

地震後過了七年，各地的商店街終於逐漸在回到過去生活的同時，也正在朝未來邁進。2017年4月新開幕的**南三陸ハマーレ歌津**就是其中之一。而暫時設立的舊伊里濱福幸商店街，嶄新的建築是由國際建築師隈研吾所打造而成。

1 雖然是組合屋但風情不減的呑兵衛橫丁
2 山田町的重建支援導覽行程中，附牡蠣吃到飽

另一方面，釜石市的知名酒館街**呑兵衛橫丁**，雖然遷移到鈴子町以暫時的方式營業，歷經種種，卻仍在2018年的3月畫下句點，結束了漫長的歷史。在營業的最後一天，有許多人前來流著淚訴說感謝之情，喧鬧直至深夜……。

＊　＊　＊

不是單單參加行程、聆聽說書講述，就可以完全理解災區的現狀和災民的心情。不過，透過實際造訪當地，親身觀察、切身思考這也是非常重要的。藉由置身當地、接觸、感受，拉近與災區的距離，才是來到災區旅行的意義。

主要災區導覽行程、導覽介紹	主要的復興商店街、攤販村
●はまライン！リアス号 〈宮城縣南三陸町・氣仙沼市〉 ☎0570-04-8950（手機則撥 ☎03-3843-2001） ※在當地商店街或市場購物、說書導遊的導覽等。從仙台站出發，週六日的當天來回行程	**●高田大隅集會之丘商店街** 岩手縣陸前高田市高田町大隅93-1 ☎0192-47-4290（カフェフードバーわいわい） ※有5間餐飲店，也能跟復興推廣的NPO法人談談
●いっぺあがいん！おらほさございん！号 （宮城縣東松島市・石巻市・女川町） ☎0570-04-8950（手機則撥 ☎03-3843-2001） ※石巻元氣市場、女川町說書導覽等	**●南三陸SUN SUN商店街** 宮城縣南三陸町志津川五日町51 ☎0226-25-8903 ※各店家費心將鮭魚卵、海膽等食材打造的嶄新知名美食 — 亮晶晶蓋飯很受歡迎
●大槌町說書部導覽〈岩手縣大槌町〉 ☎019-903-0396（おらが大槌夢広場） ※所需1小時～1小時30分。當地集合、當地解散	**●大船渡組合屋橫丁** 岩手縣大船渡市大船渡町野々田21-2 ☎0192-47-4238 ※以JR大船渡站周邊的店家為中心，約有20家店舖。有許多結合當地食材的多國料理
●防災學習〈岩手縣宮古市田老〉 ☎0193-77-3305（たろう潮里ステーション） ※所需30分～1小時（依需求）。防波堤參觀、在たろう觀光飯店觀看海嘯影像。當地集合、當地解散	**●南三陸ハマーレ歌津**（舊伊里前福幸商店街） 宮城縣南三陸町歌津伊里前96-1 ☎0226-36-3117

※皆可能變動，前往之前請務必向當地確認

いわき　　地圖 p.5 地圖外

磐城

人氣屹立不搖的兩大觀光景點

磐城位在福島縣的太平洋側沿岸，是濱通區域最大的城市。在大地震前就非常受到全日本歡迎的Spa Resort Hawaiians和環境水族館水藍色福島這二大設施，受到全日本粉絲的期待和支持，成功地恢復營運。

前往磐城的方法

從東京的上野站到磐城站，需搭乘JR常磐線特急「スーパーひたち」2小時7分～24分。Spa Resort Hawaiians提供僅限住宿者使用的免費接送巴士。由東京、新宿、澀谷、立川、橫濱、埼玉新都心、千葉各站出發的直達班次1日1班（詳情需洽詢）。

觀賞　遊逛

因電影《扶桑花女孩》而一躍成名磐城最大觀光景點的Spa Resort Hawaiians（10:00～22:15〔週六日、假日需洽詢〕。入館3570日圓，無休，Ⓟ4000輛，☎0570-550-550）。是以玻里尼西亞秀、滑水道受歡迎的水上樂園，以及SPA種類繁多的溫泉主題樂園。另設有美食區和美容護膚，一整天都玩不完。推薦入住附設的飯店，用2天1夜的時光好好享樂。

大地震後的停業期間，以「扶桑花女孩全國羈絆隊」為名的舞團巡迴全日本，舉辦行銷活動以振興當地。

磐城觀光的另一個重點，是**環境水族館Aquamarine Fukushima**（9:00～17:30〔12月～3月20日為～17:00〕，入館1850日圓，無休，Ⓟ500輛。☎0246-73-2525）。以重現福島縣外海黑潮和親潮交會處的海洋等，貼近自然環境的展示為特徵。2018開設了世界規模最大的觸摸池「蛇之目水池」。

大地震後在2011年7月15日重新開幕。在2013年4月，水族館迎來新生命的誕生。小斑海豹名為「未來」，跟媽媽「Kurara」一起活力充沛地悠游在水槽內。2013年9月，館內的**寿司処潮目の海**（11:00～15:00，食材賣完即打烊）。欣賞著水中悠游的魚兒來品嘗壽司，是個非常獨特的體驗。

八幡平
田澤湖
角館

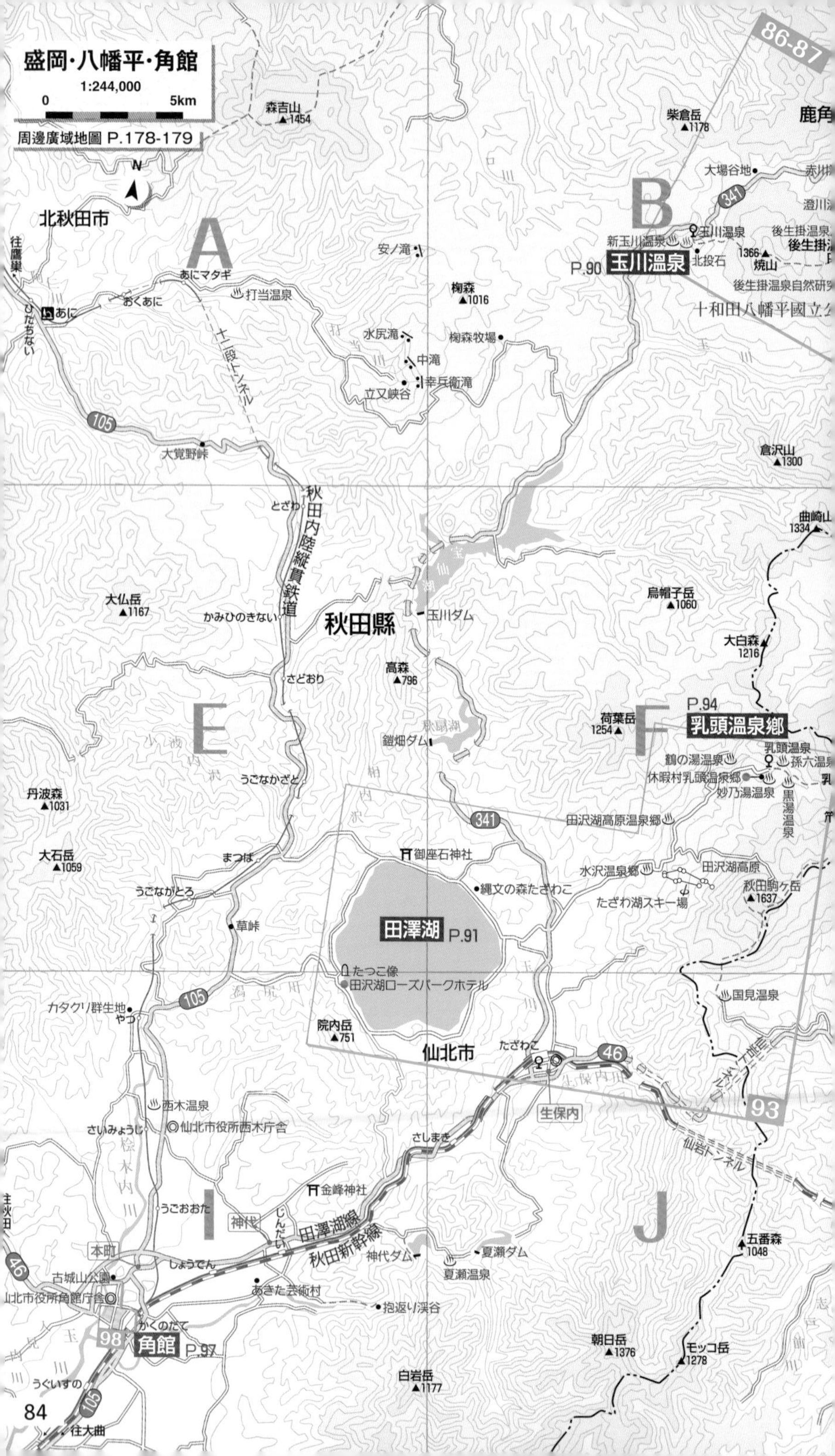

盛岡·八幡平·角館
1:244,000
0 5km
周邊廣域地圖 P.178-179
N
86-87
北秋田市
森吉山 1454
柴倉岳 1178
鹿角
大場谷地
赤川
341
澄川
B
A
安ノ滝
新玉川温泉
玉川温泉
後生掛温泉
後生掛
北投石
1366
焼山
P.90 玉川温泉
後生掛温泉自然研究
十和田八幡平國立公
あにマタギ
打当温泉
おくあに
あに
ひたちない
往鷹巣
十二段トンネル
椈森 1016
椈森牧場
水尻滝
中滝
幸兵衛滝
立又峡谷
105
大覚野峠
倉沢山 1300
とざわ
秋田内陸縦貫鉄道
宝仙湖
曲崎山 1334
大仏岳 1167
かみひのきない
秋田縣
玉川ダム
烏帽子岳 1060
大白森 1216
高森 796
さどおり
E
F
P.94
荷葉岳 1254
乳頭温泉郷
秋扇湖
鎧畑ダム
乳頭温泉
孫六温泉
鶴の湯温泉
休暇村乳頭温泉郷
妙乃湯温泉
黒湯温泉
うごなかさと
丹波森 1031
341
田沢湖高原温泉郷
大石岳 1059
まつば
御座石神社
水沢温泉郷
田沢湖高原
秋田駒ヶ岳 1637
縄文の森たざわこ
たざわ湖スキー場
うごながとろ
草峠
田澤湖 P.91
たつこ像
田沢湖ローズパークホテル
国見温泉
105
カタクリ群生地
やづ
院内岳 751
仙北市
たざわこ
46
生保内
93
西木温泉
さいみょうじ
仙北市役所西木庁舎
さしまき
仙岩トンネル
金峰神社
うごおおた
I
J
神代
じんだい
田澤湖線
秋田新幹線
本町
しょうでん
神代ダム
夏瀬ダム
夏瀬温泉
五番森 1048
46
古城山公園
あきた芸術村
仙北市役所角館庁舎
抱返り渓谷
かくのだて
98
角館 P.97
朝日岳 1376
モッコ岳 1278
うぐいすの
105
白岩岳 1177
往大曲

往鹿角市區
志張溫泉
志張溫泉元湯
往鹿角花輪
往安代IC
不動の滝
七時雨山
▲1063
畑PA
あかさかた
安比川
御月山
▲954
あっぴこうげん
安比高原GC
七時雨鉱泉
ホテル安比グランド&タワー
安比高原
安比高原スキー場
C
D
一方井ダム
安比岳
1493
安比溫泉
前森山
1304
八幡平山頂
▲1613
P.88
黒谷地湿原
八幡平頂上
黒谷地
茶臼岳
1578
282
前森山PA
まつおはちまんたい
畚岳
1578
蓬萊境
藤七溫泉
藤七溫泉
彩雲荘 P.88
御在所
松尾鉱山跡
八幡平アスピーテライン
きたもり
諸桧岳
1516
松尾八幡平IC
たいらだて
岩手町
新綠・紅葉はこの下まで
東八幡平
釜石環状列石
花輪線
峅峭森
1448
八幡平市
赤川
八幡平トラウトガーデン
樹海ライン
東八幡平溫泉鄉
岩手山SA
大深岳
1541
八幡平リゾート・下倉スキー場
森乃湯
おおぶけ
往岩手沼宮內
八幡平マウンテンホテル
南部富士CC
ひがしおおぶけ
松川溫泉
八幡平ハイツ
松川地熱発電所
松川溫泉
八幡平リゾート・パノラマスキー場
松楓荘
西根IC
にしね
三ツ石山
1466
焼走り溶岩流
大松倉山
1408
岩手山
▲2038
こうま
G
H
滝ノ上溫泉
岩手縣
網張スキー場
網張溫泉
葛根田渓谷
岩手高原スノーパーク
休暇村岩手網張溫泉
玄武洞
鞍掛山
▲897
石川啄木紀念館
P.57
しぶたみ
澀民
P.57
高倉山
1408
玄武溫泉
4
森林公園
盛岡雫石スキー場
雫石プリンスホテル
雫石G
滝沢IC
たきざわ
沼森
▲582
狼森
▲380
滝沢PA
すご
IGRいわて銀河鉄道
往岩洞湖
雫石溫泉
小岩井農場牧場園 P.54
小岩井農場
P.54
メイプルCC
東北自動車道
東北新幹線
455
狐洞溫泉
四十四田ダム
雫石あねっこ
滝沢市
くりやがわ
往宮古
雫石町
おおかま
P.54 報恩寺
かみもりおか
かみよない
田沢湖線
こいわい
あおやま
あかぶち
はるきば
秋田新幹線
山田線
しずくいし
46
盛岡IC
やまぎし
御所ダム
P.52
P.54
K
I
岩手縣立美術館
もりおか
54
盛岡
御所湖
盛岡城跡
岩山公園
46
志波城古代公園
つなぎ溫泉
愛真館 P.56
別荘 佳景
P.56
せんぼくちょう
盛岡ハイランドCC
106
396
箱ヶ森
▲866
いわていいおか
東北新幹線
往宮古
鶯宿溫泉
盛岡南IC
男助山
▲758
女助山
▲609
4
往湯田町
南昌山
▲848
往花巻IC
往花巻
往仙台
往遠野

八幡平

位於濕地中央的八幡沼

區域的魅力度

觀光景點
★★★★
散步
★★★
溫泉
★★★★★

季節情報：
新綠、水芭蕉為5月中旬～下旬，高山植物花季5月下旬～9月中旬，紅葉9月下旬～11月上旬。

前往八幡平的方法＆遊覽順序的小提示

從盛岡站、田澤湖站前搭乘巴士。回程若往盛岡方向建議順道造訪東八幡平溫泉鄉；若往田澤湖方向則可到玉川溫泉、後生掛溫泉。

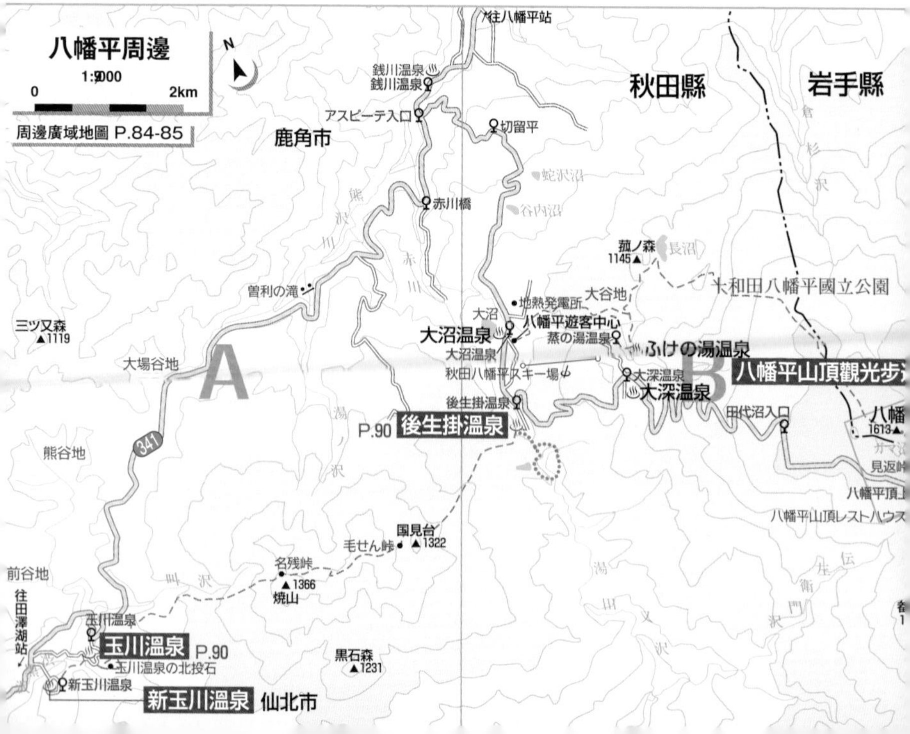

詢問處

八幡平市觀光協會
0195-78-3500
十和田八幡平
觀光物產協會
0186-23-2019

八幡平周邊

1:90000
0　2km
周邊廣域地圖 P.84-85

往八幡平站
銭川温泉
アスピーテ入口
切留平
秋田縣
岩手縣
鹿角市
蛇沢沼
赤川橋
谷内沼
茄ノ森 1145
長沼
十和田八幡平國立公園
曽利の滝
大谷地
地熱発電所
大沼
八幡平遊客中心
三ツ又森 1119
大沼溫泉
大沼温泉
蒸の湯温泉
ふけの湯溫泉
大場谷地
秋田八幡平スキー場
大深温泉
大深溫泉
八幡平山頂觀光步
後生掛温泉
P.90 後生掛溫泉
田代沼入口
八幡 1613
熊谷地
見返
八幡平頂上
八幡平山頂レストハウス
国見台 1322
毛せん峠
名残峠
焼山 1366
前谷地
往田澤湖站
玉川温泉
玉川溫泉 P.90
玉川温泉の北投石
黒石森 1231
新玉川温泉
新玉川溫泉
仙北市

觀賞&遊逛

松尾八幡平遊客中心
まつおはちまんたいビジターセンター

地圖 p.87-D
JR盛岡站搭乘🚌岩手縣北巴士往岩手八幡平頂上方向約1小時10分、♀さくら公園👟即到

可透過八幡平和岩手山的立體模型、高畫質的影像、昆蟲標本、高山植物區等，學習關於八幡平自然的設施。

☎0195-78-3500　📍岩手県八幡平市柏輌1-28
🕘9:00～17:00　休 冬季週三、過年期間
¥ 免費　P 50輛

御在所濕原
ございしょしつげん

地圖 p.87-D
JR盛岡站搭乘🚌岩手縣北巴士往八幡平頂上方向1小時42分、♀御在所下車即到

位於八幡平東邊，岩手縣邊緣的廣闊溼地。5月下旬有水芭蕉、7月有白毛羊鬍子草盛開。御在所沼和五色沼附近有木棧道，繞行一周需1小時30分。秋天時也可欣賞紅葉的繽紛色彩，不過時期較高山晚一些。

📍岩手県八幡平市緑が丘　P 有

岩手縣 縣民之森
いわてけん けんみんのもり

地圖 p.87-D
JR盛岡站搭乘🚌岩手縣北巴士往松川溫泉方向1小時44～45分、♀アクティブリゾーツ岩手八幡平下車👟5分

位於岩手山北麓，佔地約360公頃的森林公園。落差95m的七瀧瀑布有一條步道（60分），秋天這裡是觀賞紅葉的熱門景點。

森林ふれあい学習館フォレスト
☎0195-78-2092
📍岩手県八幡平市松尾寄木第1地割515-5
🕘9:00～16:00
休 週二（逢假日則翌日休）、過年期間
¥ 免費
P 300輛

照片提供：shutterstock

隨興漫遊

八幡平山頂觀光步道

はちまんたいさんちょうゆうほどう

八幡平山頂有繞行八幡沼一周的自然路線遊覽，需時約1小時40分鐘。即使只是從八幡沼的展望台眺望，遊覽八幡平山頂、鏡沼等約1小時的簡短行程，也能充分享受八幡平的自然風光。

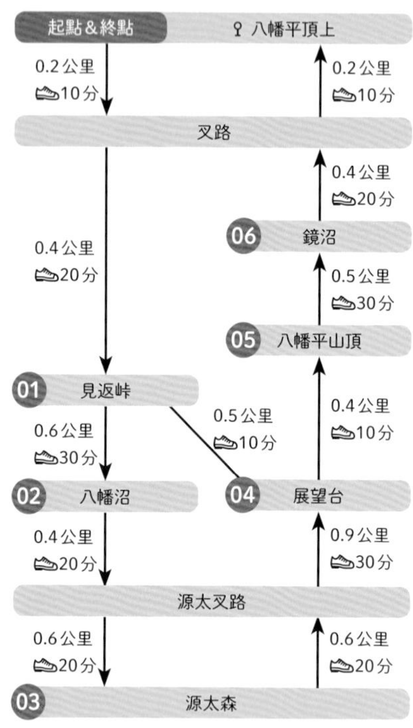

全長5.2公里

總步行時間

3小時40分

八幡沼周圍的觀光步道完備，易於行走。散步後推薦可順路到位於八幡平山頂附近的溫泉，藤七溫泉彩雲莊（♪090-1495-0950，岩手県八幡平市松尾寄木北の又。入浴8:00～19:00，費用650日圓，冬季休館。地圖p.85-C）

登山口由♀八幡平頂上👟即到。八幡平市觀光協會♪0195-78-3500

01 參觀 10分

見返峠

みかえりとうげ

位於海拔1541公尺，可一覽畚岳、茶臼岳、以及遠方的岩手山、鳥海山。也有伴手禮店、以輕食為主的餐廳、休憩所等。若想走不繞八幡沼一周的簡短行程的話，就在這裡往左邊前進。

02 參觀 20分

八幡沼

はちまんぬま

因過去火山爆發而形成的火口湖。周長1.5公里的沼澤周圍觀光步道完備，也較平坦，因此可以輕鬆前往健行。從融雪後到夏天，有稚兒車草、北萱草、蝦夷御山龍膽等，有許多隨著季節移轉而盛開的高山植物。沼澤周圍有許多池塘，宛如溼地一般的景色擴展開來。

03 參觀 15分

源太森

げんたもり

可從海拔1595公尺的山頂俯瞰八幡沼。有360°的廣闊視野，可眺望秋田駒岳和岩手山。天氣好時，還可看見鳥海山和八甲山田。從這裡開始接續前往黑谷地、茶臼岳、安比岳的登山步道。

04 參觀 10分

展望台

可一望大白時冷杉的原生林和八幡平最大的火口湖八幡沼的全貌。沼澤的兩側是寬廣的八幡平高層濕原，夏季時高山植物開遍附近一帶。

05 參觀 15分

八幡平山頂一帶

はちまんたいさんちょうふきん

八幡平為海拔1613公尺的休火山，是日本百大名山之一。經多次噴發後熔岩堆積，因此山頂同台地般起伏平緩。從展望台可眺望岩手山。

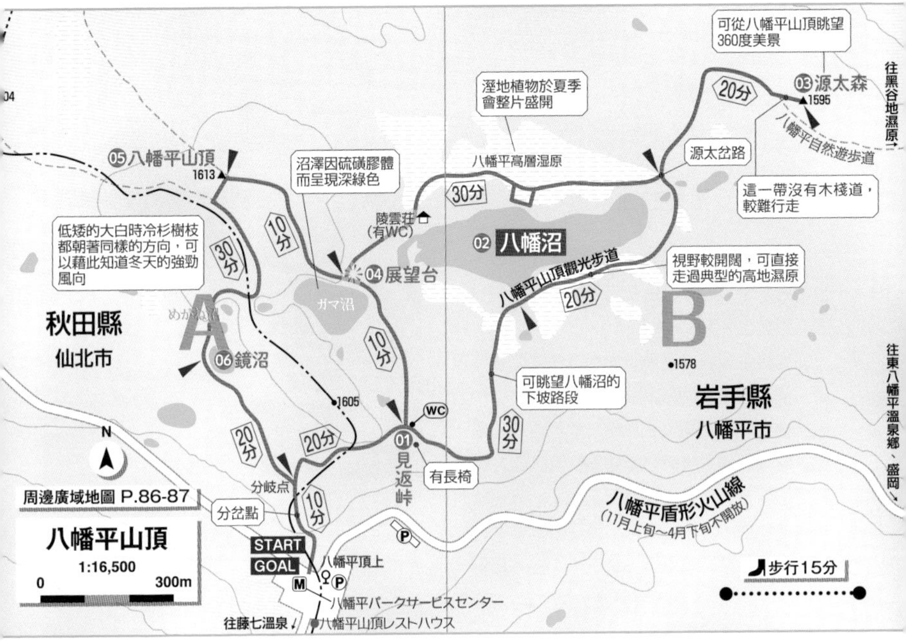

可從八幡平山頂眺望360度美景
03 源太森
1595
往黑谷地濕原→
八幡平自然遊歩道
20分
溼地植物於夏季會整片盛開
八幡平高層湿原
源太岔路
這一帶沒有木棧道，較難行走
05 八幡平山頂
1613
沼澤因硫磺膠體而呈現深綠色
30分
陵雲荘（有WC）
02 八幡沼
10分
低矮的大白時冷杉樹枝都朝著同樣的方向，可以藉此知道冬天的強勁風向
30分
04 展望台
八幡平山頂觀光步道
視野較開闊，可直接走過典型的高地濕原
20分
ガマ沼
めがね沼
秋田縣
仙北市
A
B
06 鏡沼
10分
•1578
可眺望八幡沼的下坡路段
岩手縣
八幡平市
往東八幡平溫泉鄉、盛岡→
•1605
WC
N
20分
20分
01 見返峠
30分
有長椅
分岐点
周邊廣域地圖 P.86-87
分岔點
10分
八幡平盾形火山線
（11月上旬～4月下旬不開放）
八幡平山頂
1:16,500
0 300m
START
GOAL
八幡平頂上
步行15分
八幡平パークサービスセンター
往藤七溫泉↓
八幡平山頂レストハウス

06 參觀 10分

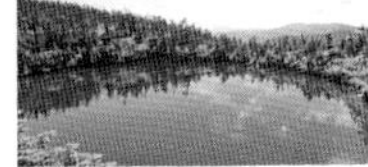

鏡沼

かがみぬま

位於由八幡平山頂往下一小段的地方。水蒸氣爆發而形成的許多火山口遺跡之一。經過很長一段時間火山口積水後就變成今日的模樣。如同其名，湖面鮮明的倒映著針葉樹林和天空的顏色。

TEKU TEKU COLUMN

造訪在八幡平盛開的花卉

八幡平約有500種野生高山植物。在八幡沼澤附近可看到像是水芭蕉等，許多生長在濕原的溼地植物。7月中旬～8月中旬是花季。也有十分了解花草的導遊提供導覽服務。6月中旬～10月受理，導遊一人8000日圓～。詳細請向八幡平市觀光協會 ☎0195-78-3500確認。

深山毛茛

6月下旬～7月上旬。群生於蒲沼周圍。毛茛科。

稚兒車草

6月下旬～7月上旬。生長於八幡沼、蒲沼周圍的雪田。薔薇科。

蝦夷御山龍膽

8月中旬～9月中旬。在秋天植物枯萎的八幡沼之中十分顯眼。龍膽科。

出發探訪八幡平的祕湯吧

八幡平溫泉鄉

はちまんたいおんせんきょう

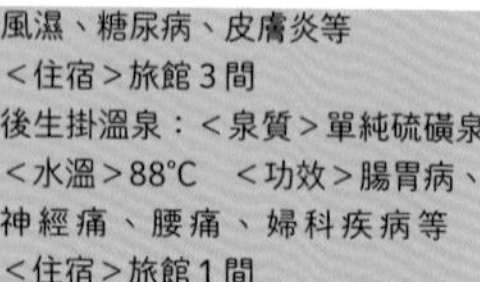

溫泉天堂八幡平有為數眾多的湧泉。保留過去溫泉療養地風情的溫泉和洋溢祕湯氛圍的獨棟旅館林立。 地圖p.86-A

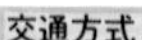

交通方式

從JR秋田新幹線田澤湖站搭乘🚌秋田巴士往秋田八幡平頂上方向。1小時15～20分♀玉川溫泉、1小時50分♀後生掛溫泉下車。週六日、假日、黃金週、盂蘭盆節、9/15～10/21行駛。往玉川溫泉由JR鹿角花輪站往新玉川温泉方向1小時12分。4月中旬～10月下旬行駛。

溫泉資訊

玉川溫泉：＜泉質＞氯化物泉 ＜水溫＞98°C ＜功效＞神經痛、風濕、糖尿病、皮膚炎等 ＜住宿＞旅館3間

後生掛溫泉：＜泉質＞單純硫磺泉 ＜水溫＞88°C ＜功效＞腸胃病、神經痛、腰痛、婦科疾病等 ＜住宿＞旅館1間

自古便廣受喜愛的溫泉療養地

八幡平位於秋田和岩手縣境，溫泉地散布在十和田八幡平國立公園及其周邊，有不同泉質的溫泉湧出。

從地表各處冒出溫泉蒸氣和溫泉水的**玉川溫泉**，湧出量每分可達9000公升。是含鐳的強酸性溫泉，酸鹼值1.2，浸泡時會有刺痛感。在旅館內部的源泉地區還可看到客人躺在鋪著草蓆的岩石上。玉川溫泉著名的「岩盤浴」是使用地熱溫熱的岩石來達到暖身的效果。

後生掛溫泉則流傳著「騎馬來，穿木屐回」的一句話，是功效明顯廣為人知的溫泉療養地。這裡有名的是進到一人用的木製箱子中增進代謝的蒸箱溫泉。另外還有水柱浴池、泥漿浴等7種浴池。

另外，也有以生子之湯著名的**蒸之湯溫泉**，以及位於東北海拔最高1400公尺處的獨棟旅館**藤七溫泉彩雲莊**等被稱為名湯、祕湯的溫泉。

1 後生掛溫泉的木造大浴場注滿源泉　2 玉川溫泉浴室入口的淋浴空間　3 玉川溫泉有名的岩盤浴　4 後生掛溫泉還有溫泉水到處湧出的自然步道

住宿指南

玉川溫泉	♪0187-58-3000／地圖p.86-A／1泊2食8360日圓～。不住宿溫泉800日圓 💬除了旅館部，也有提供泡湯療養客的自炊部4128日圓～。共有162間。
後生掛溫泉	♪0186-31-2221／地圖p.86-B／1泊2食11880日圓、泡湯療養2000日圓～ 💬不住宿溫泉9:00～15:00、600日圓。黑蛋2個150日圓為此處名產。共27間。

田澤湖

湖水湛藍的田澤湖與遊覽船

區域的魅力度

觀光景點
★★★
散步
★★
溫泉
★★★★★

季節情報：
田澤湖高原雪祭（2月下旬），生保內公園杜鵑花祭（5月下旬～6月上旬）、田澤湖祭（7月下旬）
除了田澤湖畔的觀光步道，在東岸的縣民之森以及西岸的潟前山森林公園，也能享受在大自然散步之樂。

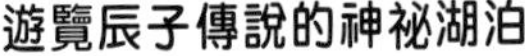

遊覽辰子傳說的神祕湖泊

水深423.4公尺號稱日本第一深湖，有著辰子公主化身為龍，成為田澤湖主人的傳說。故事中辰子祈求能永保美麗，受觀音菩薩的指引飲下森之泉水便化身為龍。秋田駒岳的山麓也有許多溫泉。

前往田澤湖的方法&遊覽順序的小提示

從東京搭乘秋田新幹線「小町號」2小時47～56分，16810日圓。從秋田為56分～1小時5分，而從盛岡則為30～43分，2260日圓。搭乘從橫濱站西口巴士轉運站出發，經由濱松町的夜間巴士「レイク＆ポート号」所需10小時25分，9200～11200日圓（從東京站為9小時35分，8600～10600日圓）。從秋田機場搭乘機場巴士乳頭號1小時35分，4700日圓。

抵達田澤站後，從剪票口出站，右手邊就是田澤湖觀光情報中心「FOLAKE」，可在此處索取最新資訊。前往田澤湖畔或田澤湖高原溫泉、乳頭溫泉鄉、玉川溫泉（冬季停駛）、八幡平山頂（冬季停駛）方向的巴士，請搭乘從站前發車的羽後交通車輛。每條路線皆有經過田澤湖畔。

●利用路線巴士繞行湖泊

從田澤湖站前搭路線巴士到田澤湖畔12分，370日圓。繞行湖畔一周返回的路線1天有5～6班。便於觀光可自由上下車的湖畔1周券（站前發抵1210日圓），非常方便。繞行湖畔雖約1小時，為了讓乘客參觀，會在潟尻停留15分鐘，在御座之石停留5分左右。

詢問處詢問處

仙北市田澤湖觀光資訊中心「FOLAKE」
☎0187-43-2111
田澤湖·角館觀光協會
☎0187-54-2700
羽後交通田澤湖營業所(巴士)
☎0187-43-1511
田澤觀光計程車
☎0187-43-1331

自行車租借

湖畔的田沢湖共栄パレス內田沢湖レンタサイクル（☎0187-42-8319）租用，1小時1000日圓～。

7月的田澤湖祭

觀賞&遊逛

田澤湖
たざわこ

地圖p.93-A
JR田澤湖站前搭乘🚌羽後交通巴士往田沢湖畔方向12分、♀田沢湖畔下車

閃耀著金色光芒，傳說中的「辰子像」佇立湖邊。東側的白濱是觀光據點，匯集了遊覽船乘船處和伴手禮店、旅館等設施。遊覽船為4月下旬～11月上旬航行，1天有4～8班，繞行一圈40分，費用1200日圓。沿著湖岸設有繞行一周約2～3小時的自行車車道，地面起伏不大騎車相當方便。

田澤湖Rest House ☎0187-43-0274
📍秋田県仙北市田沢湖田沢春山148

田澤湖Herb Garden Heart Herb
たざわこハーブガーデン ハートハーブ

地圖p.93-A
JR田澤湖站前搭乘🚌羽後交通巴士往田沢湖畔方向10分、♀田沢湖畔下車👟20分

種植約180種香草的庭園和溫室，以及利用各種方式品味香草的設施齊備。也有能品嘗到香草料理的餐廳，以及秤重販售約40種乾燥香草的店家等等。花園的花季為6月下旬～7月中旬，不過4月有鬱金香，5月則有八重櫻、風信子等可看。

☎0187-43-2424
📍秋田県仙北市田沢湖田沢潟前78
🕙10:00～16:00（4月中旬～10月底的週六日、假日為10:00～17:00）
休11月中旬～4月中旬的平日
¥免費 P200輛

秋田駒岳
あきたこまがたけ

地圖p.93-B
JR田澤湖站前搭乘🚌羽後交通巴士往駒ヶ岳八合目方向56～59分、終點下車（運行日需確認）

海拔1637公尺，著名的花之名山，是秋田縣內的第一高山。7月時可欣賞美麗的高山植物女王 — 駒草群落。因為巴士能開到八合目，可以輕鬆的享受健行之趣。在稚兒車草等高山植物盛開的阿彌陀池附近，還設置了木道方便行走。

水澤溫泉鄉
みずさわおんせんきょう

地圖p.93-B
JR田澤湖站前搭乘🚌羽後交通巴士往駒ヶ岳八合目方向等20～23分、♀水沢温泉郷下車

設有田澤湖滑雪場以及運動中心等設施的溫泉度假勝地。住宿則有飯店、旅館、民宿等18間。

露天浴池水澤溫泉 ☎0187-46-2111
📍秋田県仙北市田沢湖生保内下高野73-15
🕙10:00～20:00 休不定休 ¥600日圓 P60輛

田澤湖高原溫泉鄉
たざわここうげんおんせんきょう

地圖p.93-B
JR田澤湖站前搭乘🚌羽後交通巴士往駒ヶ岳八合目方向等29～32分、♀田沢湖高原温泉下車

可看到下方的田澤湖，是自然景觀豐富的高原，這裡有飯店等住宿設施12間，以及餐廳、伴手禮店等林立。

仙北市田澤湖觀光情報中心「FOLAKE」
☎0187-43-2111
📍秋田県仙北市田沢湖生保内駒ケ岳

住宿指南

湖畔浪漫の宿 かたくりの花	0187-43-1200／地圖p.93-A／1泊2食13750日圓～ 可眺望湖泊景觀的天然溫泉旅館。整年都能品嘗到名產烤米棒火鍋。
湖心亭酒店	0187-43-0721／地圖p.93-A／1泊2食14300日圓～ 全部房間以及附桑拿的大浴池，都可欣賞田澤湖風光。
花心亭しらはま	0187-43-0436／地圖p.93-A／1泊2食23000日圓～ 建於田澤湖畔。全房皆附有獨立用餐空間。

購物＆美食

咖啡廳＆餐廳

SALATO

サラート

地圖p.93-A
JR田澤湖站前搭乘羽後巴士往田沢湖方向10分、田沢湖畔下車 20分

「HEART HARB」附設的餐廳。有附湯、沙拉的起司漢堡排義大利麵1540日圓、八幡平豬排咖哩1540日圓等餐點。另有香草飲料吧550日圓，與餐點、蛋糕搭配套餐為374日圓，可自行回沖玫瑰、薰衣草、薄荷等19種香草。

0187-43-2424
秋田県仙北市田沢湖田沢潟前78
11:00～15:30
（點心15:00～15:30）
休 11月中旬～4月中旬的平日
＊40席　P 200輛

特產啤酒

湖畔の杜レストランORAE

こはんのもりレストランおらえ

地圖p.93-A
JR田澤湖站前搭乘羽後交通巴士往田沢湖畔方向10分、田沢湖畔下車 15分

可品嘗清爽的小町窖藏啤酒605日圓日圓等4種特產啤酒，搭配以當地產的蔬菜為主的歐風料理。盛上南瓜和馬鈴薯的庭院披薩1243日圓。

0187-58-0608
秋田県仙北市田沢湖田沢春山37-5
11:30～16:30LO
（週六日、假日為11:00～18:50LO）
休 不定休
＊94席（屋內）　P 43輛

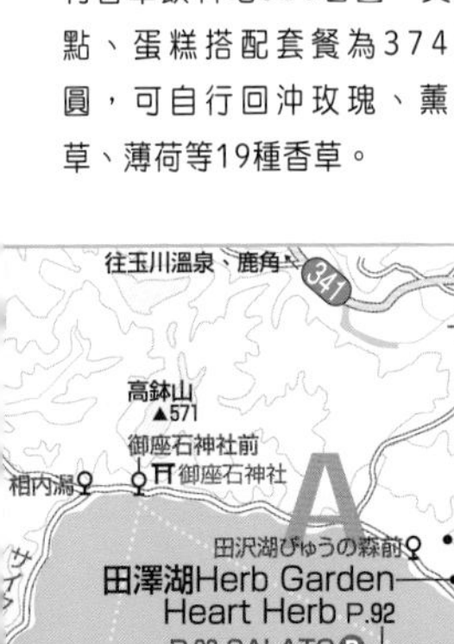

在秘湯獨棟旅館盡情泡湯

乳頭溫泉鄉

にゅうとうおんせんきょう

乳頭山麓有7處溫泉和7間旅館分布。乳頭溫泉鄉自江戶時代起就是著名的溫泉療養地而廣受歡迎。可以好好享受被四季美景包圍的祕湯。

交通資訊

JR田澤湖站前搭乘🚌羽後交通巴士往乳頭溫泉方向38分、♀鶴の湯旧道下車、👟25分（鶴の湯）。同路線45分、♀休暇村前下車即到（休暇村乳頭溫泉）、👟20分（黑湯溫泉）。同路線46分、♀妙乃湯溫泉下車即到（妙乃湯）。同路線48分、♀終點下車即到（大釜溫泉）、👟3分（蟹場溫泉）、👟20分（孫六溫泉）

溫泉資訊

＜泉質＞含硫磺・鈉・氯化鈣・碳酸氫泉等（鶴之湯）、鈣・硫酸鎂・單純泉（妙乃湯）、碳酸氫鈉泉（蟹場）、鐳礦泉（孫六）、酸性含砒素氯化鈉硫酸鹽泉（大釜）、單純硫化氫泉・酸性硫磺泉（黑湯）、單純硫磺泉・碳酸氫鈉泉（休暇村乳頭溫泉鄉）

＜功效＞高血壓、動脈硬化、皮膚病、消化器官問題、糖尿病、腸胃病、風濕等（依泉質不同）

位於山間的溫泉鄉

作為秋田的名湯揚名日本全國的乳頭溫泉鄉。位於田澤湖東北的乳頭山麓，茂密山毛櫸原生林的先達川沿岸，有7間獨棟旅館分布。

乳頭第一的古溫泉為鶴之湯，深受女性喜愛的妙乃湯，以溫泉鄉泉水量第一而自豪的黑湯等等，旅館洋溢祕湯氛圍。所有的旅館都有露天浴池，能欣賞到新綠以及紅葉、白雪等秋田隨四季更迭的自然景色，極具魅力。

乳頭溫泉鄉的7間旅館，皆有各別的源泉，整個溫泉鄉有10處以上的湧泉。泉質及浴池都不同而各有風情，務必試試各種溫泉之樂。

此外划算的是，在各間旅館販賣只有住宿客可購買的溫泉悠遊帖1800日圓。溫泉鄉的7家的旅館皆可以純泡湯的方式享受。從購買後起算1年內有效，再度來訪時也可使用這點令人開心。並且在預約各家旅館時只要出示溫泉悠遊帖，就可免費搭乘1天有10班，連結7間旅館的循環巴士「湯めぐり號」。不妨在四處泡溫泉的同時好好享受有歷史風情的溫泉。

1 可投宿在江戶時期建造，有茅草屋頂建築的鶴之湯
2 坐擁楓紅的黑川溫泉的茅草屋頂建築物
3 蟹場溫泉使用秋田杉的室內浴池

在寬闊的露天浴池
盡情享受乳白色的溫泉

鶴之湯

つるのゆ

乳頭溫泉鄉當中歷史最悠久的旅館。從前有「田澤之湯」的美稱，據說為秋田佐竹藩主的溫泉療養所。現在，約320年前建造、有茅草屋頂的本陣皆作為住宿處使用，客房都附設地爐。

本陣前有3間溫泉小屋，有從複數源泉引入的豐富溫泉，以溫泉呈現乳白色的大混浴露天浴池最為著名。餐點則是滿滿的鄉土料理。絕品是有燉煮山芋糰子和香菇、山菜等的田澤湖名產山之芋鍋。

1 混浴露天浴池的源泉從浴池底部湧出　2 鶴之湯的溫泉小屋之間有小河潺潺流過　3 當地美味的山之芋鍋

腹地內的4個源泉
分別被稱為白湯、黑湯、中之湯、瀧之湯，腹地內有泉質各有不同的4個源泉湧出

地圖p.93-B
0187-46-2139
秋田県仙北市田沢湖先達沢国有林50
旅館1泊2食8790日圓～、冬季暖氣費1080日圓／不住宿溫泉600日圓（10:00～15:00）／30間／P 50輛

佇立在溪流沿岸的
現代和風旅館

妙乃湯

たえのゆ

時髦的建築、備品相當豐富，深受女性歡迎的旅館。薰香或當季花卉點綴等的療癒裝飾也非常有魅力。

使用褐色的「金之湯」和無色透明的「銀之湯」兩種源泉引入室內浴池、露天浴池等7個浴池。還可享受住宿客人免費的半露天包租溫泉。在混浴露天浴池可以一面眺望附近的清泉流水一面泡湯。

使用當地山菜和香菇的料理，口味和擺盤細緻又華麗。香菇湯全年供應。

1 可以眺望瀑布的2個混浴露天浴池分別為金之湯和銀之湯　2 香菇湯使用採自附近的食材
3 室內浴池喫茶去的浴池底部鋪滿了那智石　4 進入玄關後是現代和風氛圍的放鬆空間

地圖p.93-B
0187-46-2740
秋田県仙北市田沢湖生保内駒ケ岳2-1
1泊2食櫻館22990日圓～、紅葉館15730日圓～／不住宿溫泉800日圓（10:30～14:00，週二休）／17間／P 20輛

也可飲用的銀之湯
銀之湯是可飲用的溫泉，據說對於肥胖和糖尿病等的成人疾病的症狀都有療效

可欣賞山毛櫸林和溪流的露天浴池

蟹場溫泉

がにばおんせん

因為附近的沼澤裡有很多螃蟹而得名。位於山毛櫸林中的無色透明溫泉非常著名。地板和牆壁皆使用秋田杉製成、男女分開的室內浴池魅力十足。

地圖p.93-B
0187-46-2021
秋田県仙北市田沢湖田沢
先達沢国有林
1泊2食9870日圓～／不住宿溫泉600日圓（9:00～16:30）／17間／P 20輛

一面眺望潺潺流水一面泡湯

孫六溫泉

まごろくおんせん

沿著溪流搭建的獨棟旅館和溫泉小屋、男女有別的室內溫泉、女性專用和混浴的露天浴池。有4種不同泉質的源泉湧出。

地圖p.93-B
0187-46-2224
秋田県仙北市田沢湖田沢
先達沢国有林
1泊2食11880日圓～、自炊部純住宿4000日圓／不住宿溫泉520日圓（9:00～16:00）／15間／P 10輛

懷舊的校舍旅館

大釜溫泉

おおがまおんせん

移建古老木造校舍，重新用作旅館。建築物內部相當有韻味。室內浴池和露天浴池的乳白色溫泉，特徵是泡起來有微微的刺痛感。夏天也會設置木桶足湯。

地圖p.93-B
0187-46-2438
秋田県仙北市田沢湖田沢
先達沢国有林
1泊2食10950日圓～(冬季暖氣費另計432日圓)／不住宿溫泉600日圓(9:00～16:30)／15間／P 30輛

有古老茅草屋頂的溫泉療養旅館

黑湯溫泉

くろゆおんせん

擁有自江戶時代起的歷史旅館。林立著茅草屋頂的溫泉療養處、住宿處、以及溫泉小屋。也有室內浴池和女性專用露天浴池、混浴露天浴池、水柱溫泉等。

地圖p.93-B
0187-46-2214
秋田県仙北市田沢湖
生保内黒湯沢2-1
1泊2食13900日圓～、自炊部純住宿3930日圓～／不住宿溫泉600日圓（9:00～16:00）／22間／11月中旬～4月中旬休業／P 50輛

在舒適的現代設施中度過

休暇村乳頭溫泉鄉

きゅうかむらにゅうとうおんせんきょう

溫泉鄉之中設備最現代化的旅館設施。大廳及西式客房為無障礙空間。有2種源泉，可享受室內和露天溫泉。晚餐為自助式。

地圖p.93-B
0187-46-2244
秋田県仙北市田沢湖
駒ヶ岳2-1
1泊2食12300日圓～／不住宿溫泉600日圓（11:00～17:00）／38間／P 100輛

TEKU TEKU COLUMN

泡湯之前在乳頭健行散步

乳頭溫泉鄉周邊的觀光步道完備，是非常熱門的散步路線。有從鶴之湯穿過杉林和山毛櫸林到蟹場溫泉，約2公里、1小時30分左右等的路線。也可以在健行後再來泡溫泉，讓疲憊的身軀得到放鬆保養。也別錯過溫泉設施提供的餐點喔。

角館

石黑家設有彰顯身份尊貴的正玄關和側玄關

黑木板圍牆的武家宅邸綿延成饒富風情的街景

江戶時代初期，城主蘆名氏建設的城下町。以表町・東勝樂丁為中心，經過380餘年的現在，仍保留著當時武家宅邸，風情獨具。以枝垂櫻繽紛的春天，以及黑木板圍牆與紅葉相輝映的秋季最為熱鬧。四季都有眾多的觀光客來訪。

前往角館的方法・遊覽順序的小提示

東京搭乘秋田新幹線「小町號」約2小時59～3小時14分，17120日圓。自秋田約42～50分，3270日圓；自盛岡約43～59分，3100日圓。搭乘從橫濱站西口巴士總站發抵，會經過東京車站的夜間巴士「レイク＆ポート号」所需9小時50分，9200～11200日圓（從東京站出發所需9小時，8600～10600日圓）。由秋田機場搭乘機場巴士需要1小時，4000日圓。

散步景點主要以表町、東勝樂丁的武家屋敷通為主。有以仙北市役所角館廳舍為起點往北綿延約750公尺的武家宅邸，也有從廳舍以南的商人町與田町武家宅邸。街道整齊井然有序，便於行走。

●最適合武家宅邸的人力車

若要搭人力車，可利用「櫻風亭」（☎090-2994-2722）從傳承館前到武家宅邸半圈行程（15分）3000日圓、武家宅邸行程（30分）5000日圓、漫步行程（1小時）9000日圓附解說導覽。12～3月休息。

●租借自行車四處遊覽

在站前的花場計程車租借1小時300日圓。在武家宅邸通也有幾間可以租借。特別是要到外町觀光，若騎自行車會非常方便。

區域的魅力度

觀光景點
★★★
散步
★★★★★
溫泉
★★

季節情報：
檜木內川堤的櫻花（4月下旬～，櫻花祭4月中旬～5月上旬也同時舉行），山車悠遊城鎮內的角館祭山活動（9月7～9日）。

詢問處

仙北市觀光資訊中心「角館站前蔵」
☎0187-54-2700
仙北市觀光課
☎0187-43-3352
羽後交通角館營業所(巴士)
☎0187-54-2202
花場計程車服務處
☎0187-53-2131

角館歷史導遊

當地導遊能將宅邸構造等做詳細介紹。武家宅邸的內町行程、以及商人町的外町行程需90分，1～5人2000日圓不等。於一天前向角館町觀光協會☎0187-55-1670等處申請。

櫻風亭的人力車

觀賞＆遊逛

角館歷史村 青柳家
かくのだてれきしむら あおやぎけ

地圖 p.99-C
JR角館站 25分

擁有任職於蘆名家、佐北竹家尊貴的家世，也是將武家宅邸的建築風格流傳至今的代表性建築。以塗黑的篰子圍牆包圍廣闊腹地，是秋田縣指定的史跡。有廡頂式茅草屋頂的主屋（國家重要文化財）、展示日本最古老的地圖及美術品的青柳庵、武器庫房、書庫、武家用具館等許多值得參觀之處。

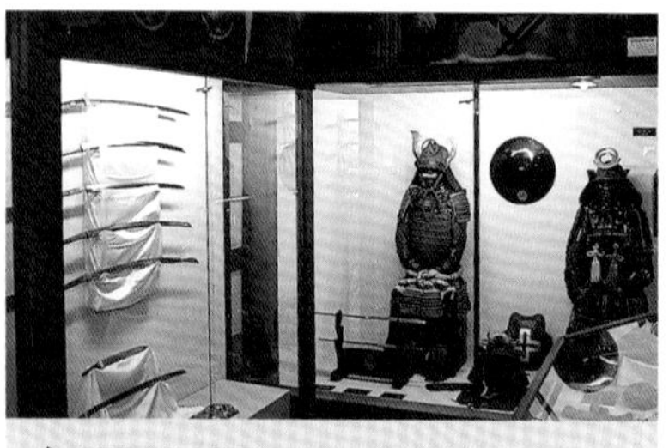

0187-54-3257
秋田県仙北市角館町表町下丁3
9:00～17:00（12～3月至～16:30）
休 無休 ¥ 500日圓 P 無

武家宅邸・石黑家
ぶけやしき・いしぐろけ

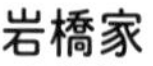

地圖 p.99-C
JR角館站 25分

角館現存最古老的武家宅邸。一進門就是有著凸起式破風板上掛著懸魚的玄關，可知其身分尊貴。

0187-55-1496
秋田県仙北市角館町表町下丁1
9:00～17:00 休 無休 ¥ 500日圓 P 無

角館
1:7,600
0 100m
周邊廣域地圖 P.84-85
往國道46號線
角館高
風雅
本明寺
角館町
西覚寺
学法寺
常光院
城南堂旧館（洋館。非公開）
角館町西勝楽町
城南堂歯科
角館桜皮細工センターたて
源八
かくのだて温泉
角館局
10分
P.99
安藤釀造本店
往生院
進藤昆布店
角館町下中町
菓子舗 八田
高橋旅
商工会
木村家（洋館。非公開）
P.100 藤木伝四郎商店
高校角
太田家（非公開）
角館町下新町
下新町
かねに
さなづら本舗
立町
NTT
食堂いなほ P.100
秋田
田町武家屋敷飯店 P.100
レストラン桜の木亭
角館町岩瀬町
10分
田町武家屋敷通り
稲穂
角館町田町下丁
鬼川医院
角館の革館
角館町田町上丁
新潮紀念文學館
角館総合情報センター（図書館）
田町山
松庵寺
介紹與角館、新潮社有關的文人或是小說中登場的角館。隨時舉辦企劃展
秋田角館西宮家
P.9
10分
西宮家レストラン北蔵 P.1
熊谷なると餅店
木綿館
角館町竹
ゆかり堂製菓
健康管理センター
広域交流センター
ガトーやまだ
被稱為小京都的角館，茶道文化成熟，點心店也很多。車站前的大馬路便有5家在競爭
HOTEL FOLKLORO KAKUNODATE P.100
往大曲、秋田
地酒のふじた
中菅沢
花場タクシー
旅館やまや
唐土庵角館駅前店
角館駅前
START
GOAL
仙北市観光情報センター「角館駅前蔵」
かくのだて物産館
かくのだて
秋田新幹線・田沢湖線
秋田内陸縦貫鉄道
往盛岡
往鷹巣

岩橋家
いわはしけ

地圖 p.99-B
JR角館站 20分

岩橋家代代相傳為芦名家的家臣，後來總俸祿被減為75石，任職於佐竹北家。宅邸為樸實的建築。懸山頂式建築、木片屋頂為典型中階武士宅邸的房間設計，列入該縣的文化財。擁有樹齡300年以上的巨大槲樹及赤松、日本槭樹等樹木茂密的庭園。

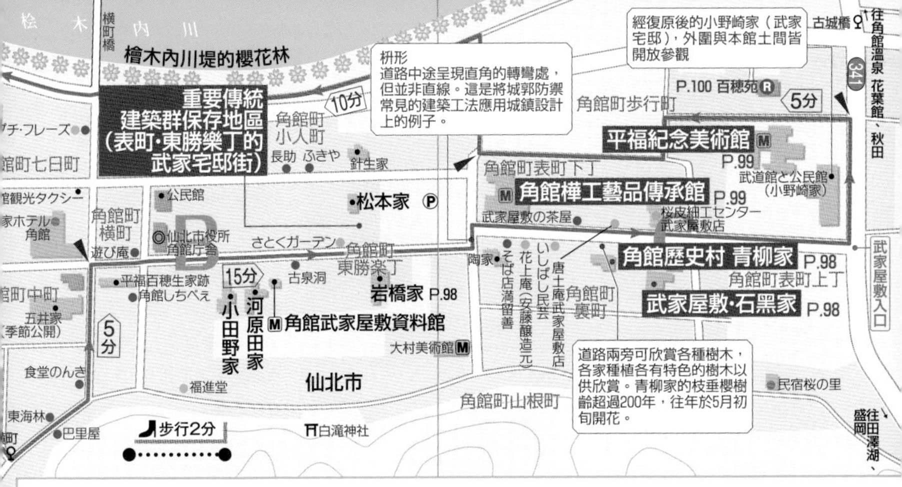

仙北市役所文化財課 ☎0187-43-3384
秋田県仙北市角館町東勝楽丁3-1
9:00～16:30（12～3月的週五～日、假日會舉行冬季講故事活動，11:30～、13:30～）
休 11～3月 ¥ 免費 P 無

角館樺工藝品傳承館

かくのだてかばざいくでんしょうかん

地圖 p.99-C
JR 角館站 20分

介紹原為下階武士副業，後來發展成傳統工藝品的樺工藝歷史。也有名匠現場製作和作品展示、販售等。

☎ 0187-54-1700
秋田県仙北市角館町表町下丁10-1
9:00～17:00（12～3月至16:30，入館至30分前） 休 12/28～1/4
¥ 500日圓 ※有共通券 P 無

平福紀念美術館

ひらふくきねんびじゅつかん

地圖 p.99-C
JR 角館站 30分

常設展示出生於角館，被稱為近代日本畫巨匠的平福穗庵、百穗親子的作品。每年也會舉辦6次企劃展。

☎ 0187-54-3888
秋田県仙北市角館町表町上丁4-4
9:00～17:00（12～3月至16:30）
休 12～3月的週一、12/28～31、1/2～4
¥ 500日圓 P 20輛

秋田角館 西宮家

あきたかくのだて にしのみやけ

地圖 p.98-A
JR 角館站 10分

由秋田佐竹本家的直屬家臣們組成的武士團居住的田町中，最為興盛的一家。在江戶時代擔任精英武士，明治時代則任職第一代的角館町長，到了大正時代起因身為地主而開始得勢。

☎ 0187-52-2438
秋田県仙北市角館町田町上丁11-1
10:00～17:00 休 無休 ¥ 免費 P 12輛

安藤釀造本店

あんどうじょうぞうほんてん

地圖 p.98-A
JR 角館站 15分

1853（嘉永6）年創業的味噌、醬油的製造商。自1716 ～1735（享保年間）年開始一直是地主，還保存著明治中期所建的磚塊建造的倉庫。

☎ 0187-53-2008
秋田県仙北市角館町下新町27
8:30～18:00（12～3月為～17:00）
休 無休 ¥ 免費 P 8輛

購物＆美食

鄉土料理

食堂いなほ

しょくどういなほ

地圖 p.98-A
JR角館站 7分

有醃煙燻蘿蔔的天麩羅等9道菜，加上醬菜丼、附米棒湯的「煙燻醬懷石」1650日圓是招牌餐點。

0187-54-3311
秋田県仙北市角館町田町上丁4-1
11:30～13:30、17:00～21:00（皆須預約）
休 週四、五（櫻花季除外）
＊40席　P 3輛

鄉土料理

百穂苑

ひゃくすいえん

地圖 p.99-C
JR角館站 25分

有醃煙燻蘿蔔等許多鄉土風味料理。栗子糯米飯定食2200日圓～，便當1620日圓～。

0187-55-5715
秋田県仙北市角館町川原町23
11:00～15:00、晚餐需預約
休 不定休　＊45席　P 10輛

餐廳

西宮家レストラン北蔵

にしのみやけレストランきたぐら

地圖 p.98-A
JR角館站 8分

使用大正時代倉庫的餐廳。料理以活用當地季節食材製成的西洋風鄉土料理為主。每日午餐900日圓。

0187-52-2438
秋田県仙北市角館町田町上丁11-1
10:00～17:00
休 無休　＊45席　P 12輛

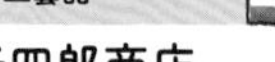

樺工藝品

藤木伝四郎商店

ふじきでんしろうしょうてん

地圖 p.98-A
JR角館站 12分

江戶時代至今的老店。改造自倉庫的店內，有茶具8800日圓～以及盤子5500日圓～等品項豐富。茶匙550日圓～

0187-54-1151
秋田県仙北市角館町下新町45
10:00～17:00
休 週三　P 3輛

住宿指南

田町武家屋敷飯店	0187-52-1700／地圖 p.98-A／臨時休館 外觀像倉庫，客房裝潢卻為傳統工藝風格。餐點為日式會席料理。
HOTEL FOLKLORO KAKUNODATE	0187-53-2070／地圖 p.98-D／1泊2食8695日圓～ 鄰近角館站的飯店。有住宿&早餐的方案，早餐為自助形式。
角館溫泉 花葉館（かようかん）	0187-55-5888／地圖 p.178-F／1泊2食11150日圓～ 距離武家屋敷很近，便於觀光。庭園風的露天浴池讓人身心舒暢，不住宿溫泉500日圓。

地圖 p.178-E

秋田

紅磚鄉土館的館內

夏季的竿燈祭熱鬧非凡的歷史和文化之町

秋田市不只是縣的行政中心，也擁有歷史建築以及以賞花名勝享負盛名的公園，川反附近也聚集了許多能品嘗到鄉土料理和特產酒的店家。上午就去千秋公園或眠流館學習這裡的文化和傳統，晚上則好好享受當地的味道吧。

前往秋田的方法·遊覽順序的小提示

東京搭乘秋田新幹線「小町號」約3小時42分～4小時23分，18640日圓。從新宿站西口搭乘夜間巴士「フローラ号」需要9小時10分，9900日圓。從仙台搭高速巴士「仙秋號」（1天10班）3小時35分，4300日圓。從秋田機場搭秋田中央交通巴士35分，950日圓。

秋田站出發的徒步區內有許多觀光景點。各地點之間約步行5～10分可到。可先在秋田站內的秋田市觀光服務處索取路線導覽等，會較為便利。

在車站附近的千秋公園最適合散步。遊逛秋田公園內的各項設施需約2～3小時，若再加上遊逛秋田市民俗藝能傳承館和秋田市立紅磚鄉土館，需保留4～5小時。

想購買當地食材的話，推薦距秋田站步行5分的**秋田市民市場**（地圖p.102），此處匯集了秋田附近海域捕到的鮮魚、紅鮭魚和鹽漬鮭魚卵等的海鮮加工物以及烤米棒等食品。也有可享用壽司或定食的市場直營餐廳。☎018-833-1855

溫泉則有郊外的秋田溫泉鄉、橫森溫泉。

區域的魅力度

觀光景點
★★★
散步
★★
溫泉
★

季節情報：
東北三大祭之一的秋田竿燈祭（8月3～6日）。能夠品嘗使用米製成的米棒火鍋等豐富的冬季美味。

詢問處

秋田觀光會議協會
☎018-824-1211
秋田市觀光振興課
☎018-888-5602
秋田市觀光服務處
☎018-832-7941
秋田中央交通高速巴士預約中心
☎018-823-4890
秋田縣旅館工會
☎018-823-7775

TEKU TEKU COLUMN

秋田竿燈祭

8月3～6日

作為驅逐盛夏的病魔和不祥之氣的儀式，從江戶時代中期開始至今。將掛著24個或46個燈籠的燈竿，用腰部或額頭頂著的巧妙技藝炒熱現場氣氛。

✆ 018-853-8686　📍秋田県秋田市中通1-4-2
🕙 10:00～18:00
休 不定休（視維護日有臨時休館）
¥ 視企劃展而異　P 無

千秋公園
せんしゅうこうえん

地圖 p.102
JR秋田站 👟 7分

於1604（慶長9）年完成，為秋田藩主佐竹氏居住的久保田城遺址。也是著名的賞櫻和杜鵑花名勝。在經修復後的御隅櫓展望台，能眺望市內景觀。

✆ 018-832-7941（秋田市觀光服務處）
📍秋田県秋田市千秋公園
＊ 入園自由　P 14輛（冬季不開放，收費）

秋田市民俗藝能傳承館（眠流館）
あきたしみんぞくげいのうでんしょうかん（ねぶりながしかん）

地圖 p.102
JR秋田站搭乘循環巴士約4分、♀ねぶり流し館下車即到

以竿燈為中心，介紹秋田市的民俗慶典及藝能活動。在1樓的大廳還展示著真正的竿燈，以及土崎神明祭典的花車。

✆ 018-866-7091　📍秋田県秋田市大町1-3-30
🕙 9:30～16:30　休 無休
¥ 100日圓、有共通入館券（※欄外）　P 7輛

秋田縣立美術館
あきたけんりつびじゅつかん

地圖 p.102
JR秋田站 👟 10分

展示許多世界級畫家・藤田嗣治的作品。在1937（昭和12）年製作的〈秋田的儀式〉是寬3.65公尺、高度20.5公尺的大壁畫。畫著夏季的竿燈和秋季日吉八幡神社的山王祭等，一幅畫中盡現秋田的風俗和日常生活。

秋田市立紅磚鄉土館
あきたしりつあかれんがきょうどかん

地圖 p.102
JR秋田站搭乘循環巴士約6分、♀交通公社前下車 👟 2分

使用1912（明治45）年建造的舊秋田銀行總行。以文藝復興風為基調，外觀的1樓張貼著白瓷磚，2樓以紅磚建造。大理石樓梯和以木片拼花工藝的貴賓室等內部裝潢也十分豪華。隔壁的新館則以秋田的歷史和民俗、美術工藝等為題材，時常舉行企劃展。

✆ 018-864-6851
📍秋田県秋田市大町3-3-21
🕙 9:30～16:30
休 展覽更換期間（4、7、10、1月休4～5天）
¥ 210日圓、有共通入館券（※欄外）
P 8輛

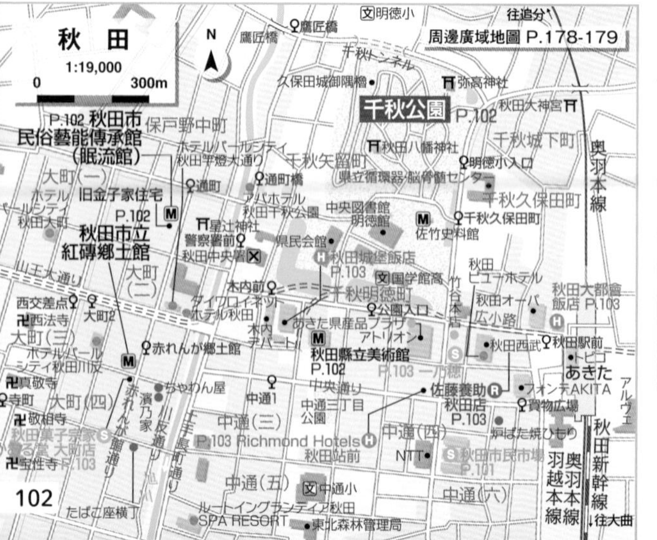

購物＆美食

稻庭烏龍麵

佐藤養助 秋田店

さとうようすけ あきたてん

地圖 p.102
JR 秋田站 3分

在1860（萬延元）年開業的稻庭烏龍麵老店，也是佐藤養助商店的直營店。稻庭烏龍麵有著恰到好處的嚼勁，口感滑順。有芝麻和醬油兩種醬汁口味可品嘗的二味涼麵900日圓～。

018-834-1720
秋田県秋田市中通2-6-1 西武秋田店 B1F
11:00～20:00LO
休 準同西武百貨　＊89席
P 無

點心

一乃穗

いちのほ

地圖 p.102
JR 秋田站 4分

用秋田縣產的糯米粉製成橢圓形點心「粢」的專賣店。粢是指將生米浸泡後磨成粉，並加水揉成橢圓形的食物。放了黑豆的碎豆粢20片裝648日圓～。

018-837-3800
秋田県秋田市中通2-4-15
9:30～18:30
休 無休
P 無

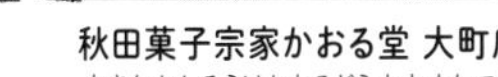

點心

秋田菓子宗家かおる堂 大町店

あきたかしそうけかおるどう おおまちてん

地圖 p.102
JR 秋田站 15分

製造、販售使用秋田產食材的和菓子。大量使用和三盆糖，製成一口大小的諸越．爐端1盒432日圓，帶著酥脆口感及奶油香氣的カオル酥餅24片3420日圓，方便買回來分送給朋友或同事。

018-823-8377
秋田県秋田市大町4-3-11
9:00～18:00
休 無休
P 3輛

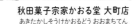

住宿指南

秋田城堡飯店	0120-834-117／地圖p.102／Ⓢ6793日圓～、Ⓣ19405日圓～ 位千秋公園前方，館內設有購物街。
秋田大都會飯店	018-831-2222／地圖p.102／Ⓢ8300日圓～、Ⓣ11400日圓～ 鄰接JR秋田站，是最適合觀光與商務用途的都會飯店。
Richmond Hotels 秋田站前	018-884-0055／地圖p.102／Ⓢ10700日圓～、Ⓣ12900日圓～ 距離秋田站與千秋公園僅5分鐘步行距離，內設和食餐廳神楽。從2021年6月起臨時休館中。

※秋田市民俗藝能傳承館與秋田市立紅磚鄉土館的入館共通券為260日圓，與循環巴士的套票為500日圓

おがはんとう　地圖 p.178-I

男鹿半島

生剝鬼和斷崖絕壁的景觀

半島最北端的入道崎，斷崖絕壁綿延的壯觀景色非常值得一看。兇暴鬼怪・生剝鬼會在除夕夜造訪每一戶人家，搜尋小孩或是新嫁娘、懶惰鬼，是這裡的傳統儀式。有辟邪、以及帶來作物、魚獲豐收的功效，2月會於真山神社舉行祭典。觀光洽詢處請向男鹿市觀光協會 ✆0185-24-4700。

前往男鹿半島的方法

從秋田站可以搭JR男鹿線普通約1小時，在男鹿站搭共乘計程車なまはげシャトル（男鹿市觀光協會 ✆0185-24-4700，當日前預約，費用約1100～2500日圓）。

觀賞　遊逛

生剝館裡透過影像專區，以及展示從市內各處蒐集而來的面具、服飾，讓人更加了解生剝鬼。同時也介紹男鹿半島的風土民情（地圖p.104。秋田県男鹿市北浦真山水喰沢。8:30～17:00，無休，550日圓〈真山神社內的真山傳承館共通券880日圓、冬季1100日圓〉，Ⓟ250輛，✆0185-22-5050）。

真山神社的生剝柴燈祭典（每年2月第2週五～日）非常知名。在傳承館內能夠體驗生剝鬼習俗，需20分鐘（地圖p.104、神社境內自由參觀。傳承館營業時間為9:00～16:30，700日圓，4～11月的開講時間為9:00～16:30；12～3月為9:30～15:30；1/1～1/2為9:00～15:30，Ⓟ20輛，✆0185-25-5050）。

男鹿水族館GAO，可以看到企鵝、北極熊等400種類，共1萬隻生物。走過水底隧道時會有在海裡散步的感覺。（地圖p.104、秋田男鹿市戶賀塩浜壺ヶ沢93。9:00～17:00〈冬季～16:00〉。冬季每週四休館，1300日圓。Ⓟ630輛，✆0185-32-2221）。

仙台
松島

仙台

重建過的仙台城隅櫓

區域的魅力度
觀光景點 ★★★★
散步 ★★★★
溫泉 ★★★
季節情報：觀光景點集中在仙台城址周圍。在有許多商店和餐廳的街頭漫步也很不錯。溫泉則有位於郊外的秋保・作並溫泉（p.115）。

綠葉和水色優美，洋溢著風情的城下町

車站周邊林立著辦公大樓、流行大樓的東北第一大都市。正如「森林之都仙台」一名，大樓間美麗的櫸木行道樹相接，豐饒的廣瀨川流經仙台城址，綠意盎然的公園滿布。

前往仙台的方法

目前長榮、星宇、ANA、虎航都有直飛仙台的班機。從東北各地除了下圖外，高速巴士的路線也很多，仙台～花卷為2小時32分，2700日圓。仙台～盛岡為2小時27分，3100日圓。仙台～弘前為4小時20～30分，5700日圓。仙台～秋田為3小時35分，4300日圓。

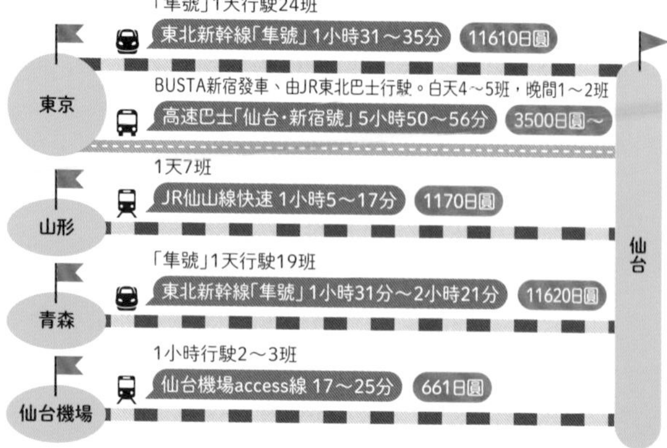

詢問處

仙台市觀光資訊中心（仙台站）
☎022-222-4069
仙台市交通局導覽中心（路線巴士・地下鐵・盧葡兒仙台）
☎022-222-2256

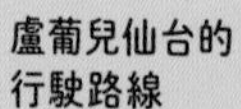

盧葡兒仙台的行駛路線

遊覽順序的小提示

HINT

●靈活運用巴士盧葡兒仙台的方法

「盧葡兒仙台」是外觀復古的循環巴士，約以1小時15分繞行市中心主要觀光景點。若使用1日乘車券，除了可以自由搭乘以外，還有瑞鳳殿和仙台市博物館、宮城縣美術館等的入場券優惠。因僅有右行，想要周遊各個景點是很方便，但目的地只有仙台城址或宮城美術館的話，搭乘路線巴士較快。

也有可利用「盧葡兒仙台」和市營巴士・地下鐵、仙台・松島・松島海岸・山寺・白石站區間的JR列車，以及仙台機場鐵路等的2日自由搭乘的仙台Marugoto Pass，2720日圓（參照p.187）。

1分
⑨ 理学部自然史標本館前
7分
⑩ 二高・宮城県美術館前
4分
⑪ 交通公園・三居沢水力発電所前
4分
⑫ 大崎八幡宮前
12分
⑬ メディアテーク前
2分
⑭ 定禅寺通市役所前
4分
⑮ 地下鉄広瀬通駅
8分
① 仙台駅前

1日乘車券	1次乘車
630日圓	260日圓

Ⓐ 仙台站

車站內3樓靠北邊的通道「牛舌通」和「壽司通」，可在等車時品嘗這裡的名產，也有早上就開始營業的店家。

Ⓑ 國分町

仙台首屈一指的鬧區、以國分町通和三越周邊為中心，聚集了高達數千家的餐飲店。也有很多商業旅館。

Ⓒ 仙台城址

從車站搭乘盧葡兒仙台30分。遠離都市塵囂的綠意盎然地區，可將位於山麓的瑞鳳殿和仙台市博物館組合在一起遊逛。

TEKU TEKU COLUMN

仙台七夕祭

8月6～8日

裝飾在青竹上五顏六色的綵帶和掛飾等，1500條以上的裝飾幾乎埋沒了主要街道。

觀賞&遊逛

仙台城址(青葉城址)

せんだいじょうし(あおばじょうし)

地圖 p.108-A
♀仙台城跡 👟即到

伊達62萬石的居城遺跡。佇立著一座宛如守護街道一般，身穿甲冑的伊達政宗騎馬像。城池的東、南各有斷崖固守的天然屏障，為了避免將軍家康起疑，而未設天守閣。雖在明治初期因拆毀、第二次世界大戰的戰火而毀壞，但之後重建了大手門的側城櫓。城內還有出生於仙台的詩人土井晚翠的文學碑。

✆ 022-222-0218(青葉城本丸会館)
📍 宮城県仙台市青葉区天守台青葉城址
＊ 自由參觀
🅟 150輛(收費)

鴨隊長導覽／要前往在風景名信片上也令人印象深刻的青葉城建築物「側城櫓」，♀博物館・国際センター前較近。

青葉城資料展示館

あおばじょうしりょうてんじかん

地圖 p.108-A
♀仙台城跡 👟即到

位於青葉城本丸內的歷史博物館。300吋的大畫面影像館（152席）中，可用CG影像欣賞青葉城本丸的重現風貌片長16分。另外也展示政宗和青葉城相關的實品史料，以及伊達家相關的武器與日常用品。

仙台
1:31,600
0 300m
步行6分
周邊廣域地圖 P.116-117
110-111
推薦從橋上眺望廣瀬川景色
因地震影響，車輛禁止通行，但可步行而過
仙台城址(青葉城址) P.108
青葉城資料展示館 P.108
仙台市博物館 P.109
Cafe Mozart Atelier P.113
瑞鳳殿 P.109
宮城縣美術館 P.109
P.114 熊谷屋
青葉区
宮城野区
国際センター
仙台
あおばどおり
せんだい
地下鉄東西線
地下鉄南北線
東北本線・仙山線
東北新幹線
仙石線
大町西公園
勾当台公園
広瀬通
青葉通
宮城野通
往北仙台
往作並温泉
往仙台宮城IC
往長町
往福島
往岩沼

022-227-7077　宮城県仙台市青葉区天守台青葉城址　9:00～16:20（11～3月為9:00～15:40）　休 無休　¥ 700日圓

瑞鳳殿
ずいほうでん

地圖 p.108-A
從仙台站前搭乘盧葡兒仙台15分，瑞鳳殿前 5分

這個帶有桃山式遺風的華麗絢爛建築是藩祖·伊達政宗的祠堂。在1945（昭和20）年因戰爭而燒毀，不過在昭和1979（昭和54）年，依照當時的樣式重建。

022-262-6250　宮城県仙台市青葉区霊屋下23-2　9:00～最後入館16:30（12、1月至16:00）　休 12/31　¥ 570日圓　P 20輛

晚翠草堂
ばんすいそうどう

地圖 p.110-D
地下鐵東西線青葉通一番町站 5分

《荒月之城》作詞者土井晚翠的舊宅。依然保持原貌的宅院中，展示晚翠的處女詩集《天地有情》等的初版及親筆留下的掛軸、晚翠最愛的金屬製床、木屐等物品。

022-224-3548　宮城県仙台市青葉区大町1-2-2　9:00～17:00　休 週一（逢假日則翌日休）　¥ 免費　P 無

仙台市博物館
せんだいしはくぶつかん

地圖 p.108-A
地下鐵東西線國際中心站 8分

建於仙台城三之丸遺址，收藏來自仙台伊達家的捐贈史料、與江戶時代仙台藩相關的歷史·文化·美術工藝資料等，約9萬件。也展示著在2001（平成13）年指定為國寶的慶長遣歐使節相關資料、重要文化財的伊達政宗所用鎧甲和陣羽織、豐臣秀吉所用的鎧甲、以及第三代藩主的側室·三澤初子所用的腰帶等。平時皆有約1000件展覽品。

022-225-3074
宮城県仙台市青葉区川内26
大規模整修中，預計於2024年4月重新開放
休 週一（逢假日則翌日休）、假日隔日
¥ 常設展460日圓　P 50輛

宮城縣美術館
みやぎけんびじゅつかん

地圖 p.108-A
地下鐵東西線國際中心站 7分

展示宮城縣和東北地方相關的明治以後的日本和西洋畫作、雕刻作品等。另外也收藏有康丁斯基、保羅克利等海外畫家作品。除了常設展之外，每年也會舉辦數次特別展。

022-221-2111
宮城県仙台市青葉区川内元支倉34-1
正在進行整修，預計至2025年中重新開放
休 週一（逢假日則翌日休）
¥ 常設展300日圓　P 130輛

仙台多媒體中心
せんだいメディアテーク

地圖p.110-A
仙台市地下鐵勾當台公園站公園2號出口 6分

結合仙台市民圖書館、影像媒體中心、藝術藝廊、專為視聽障人士提供資訊等4項功能的複合式文化設施，展場挑高至3～4m，空間寬敞能靈活運用。玻璃帷幕的空間裡，1樓也附設咖啡廳和商店。

022-713-3171 宮城県仙台市青葉区春日町2-1 9:00～22:00
休 1～11月第4週四 ¥ 無 P 64輛

東北大學綜合學術博物館
とうほくだいがくそうごうがくじゅつはくぶつかん

地圖p.116-I
地下鐵東西線青葉山站 3分

從東北大學理學部為了研究而採集、添購的珍貴標本之中，挑出約1200件左右，展示地球生命演進的化石標本等。

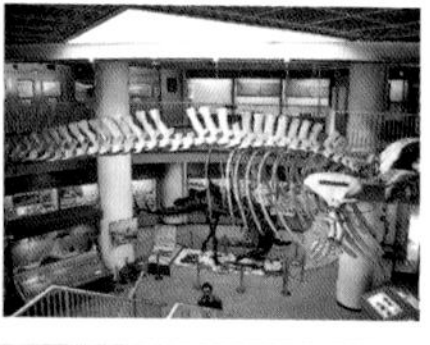

022-795-6767 宮城県仙台市青葉区荒巻青葉6-3 10:00～16:00 休 週一（逢假日則翌平日休）、過年期間、盂蘭盆節 ¥ 150日圓 P 15輛

大崎八幡宮
おおさきはちまんぐう

地圖p.116-I
仙台站前搭乘仙台市營巴士往定義・作並温泉・国見ヶ丘15～20分，八幡宮前下車即到

在1607(慶長12)年，由伊達政宗所建。社殿是桃山式建築，也是現存最古老的權現造建築，列為國寶。

022-234-3606 宮城県仙台市青葉区八幡4-6-1 ＊ 自由參觀 P 70輛

仙台東照宮
せんだいとうしょうぐう

地圖p.116-I
JR仙山線東照宮站 3分

第二代仙台藩主伊達忠宗，將德川家康作為伊達家的守護神，因而興建。石鳥居、正殿及隨身門等為國家指定重要文化財。

022-234-3247
宮城県仙台市青葉区東照宮1-6-1
9:00～16:30 ＊ 自由參觀 P 100輛

美食

牛舌

牛たん炭焼き 利久東口本店

ぎゅうたんすみやき りきゅうひがしぐちほんてん

地圖 p.108-B

JR仙台站東口 🚶 8分

在仙台市內有21家分店的牛舌專賣店。白天有定食、夜晚則是居酒屋，在當地備受肯定。雖然肉片厚實，但卻相當好咬的烤牛舌份量充足。牛舌定食1727日圓～、晚間1782日圓～，牛舌握壽司1320日圓。

📞 022-296-3037

📍 宮城県仙台市宮城野区榴岡4-3-1

🕒 11:30～15:00（14:30LO）、17:00～23:00（22:30LO）

休 無　＊84席　P 無

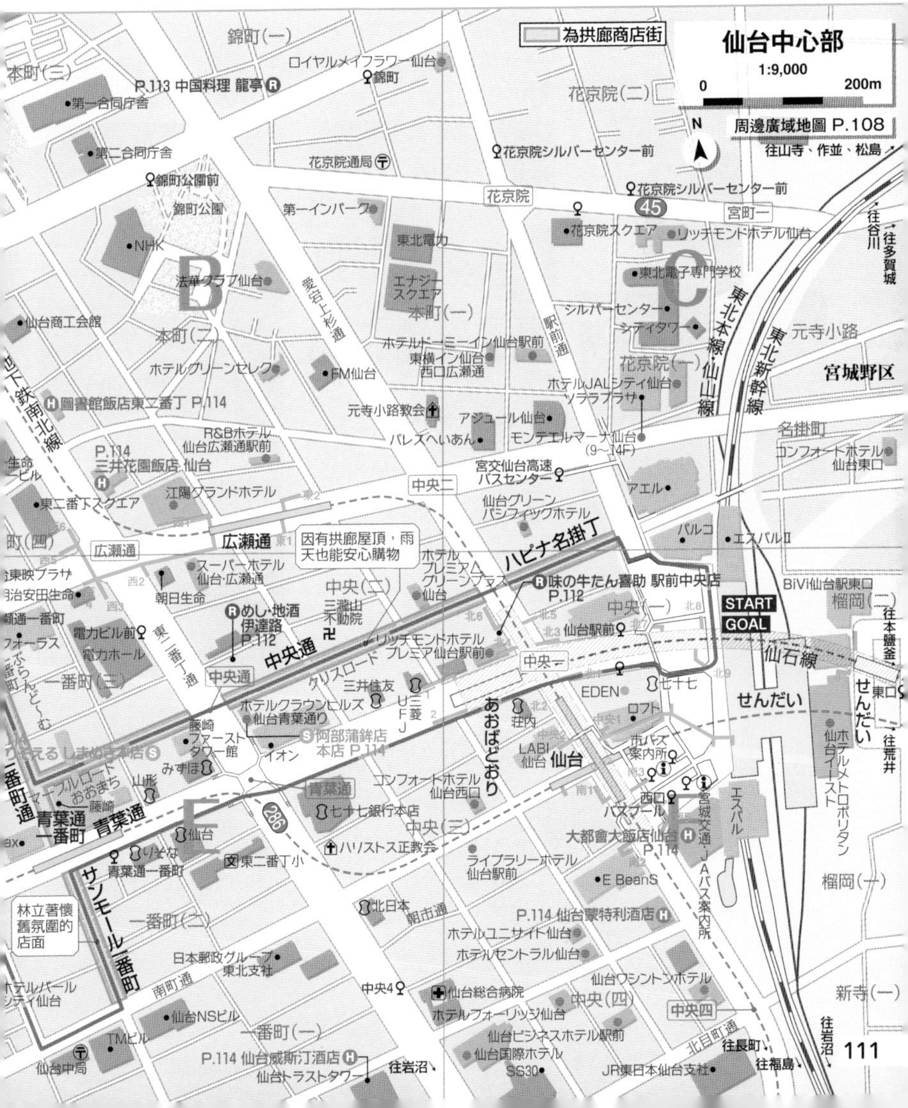

仙台中心部

1:9,000　0　200m

▭ 為拱廊商店街

周邊廣域地圖 P.108

往山寺、作並、松島↗　往谷川↗　往多賀城　往本鹽釜　往荒井　往岩沼↘　往長町↓　往福島↓　往岩沼

錦町(一)　本町(三)　花京院(二)　本町(二)　本町(一)　花京院(一)　元寺小路　宮城野区　名掛町　中央(二)　中央(一)　中央(三)　中央(四)　一番町(三)　一番町(二)　一番町(一)　榴岡(二)　榴岡(一)　新寺(一)

P.113 中国料理 龍亭 R

ロイヤルメイフラワー仙台　錦町　第一合同庁舎　第二合同庁舎　花京院通局　花京院シルバーセンター前　錦町公園前　錦町公園　花京院　45　宮町一　第一インパーク　NHK　東北電力　エナジースクエア　花京院スクエア　リッチモンドホテル仙台　東北電子専門学校　法華クラブ仙台　愛宕上杉通　駅前通　シルバーセンター　シティタワー　東北本線・仙山線　東北新幹線　仙台商工会館　ホテルドーミーイン仙台駅前　東横イン仙台西口広瀬通　ホテルグリーンセレク　FM仙台　ホテルJALシティ仙台　ソララプラザ　地下鉄南北線

H 圖書館飯店東二番丁 P.114

元寺小路教会　アジュール仙台　R&Bホテル仙台広瀬通駅前　パレスへいあん　モンテエルマーナ仙台(9～14F)　コンフォートホテル仙台東口

P.114 三井花園飯店 仙台 H

宮交仙台高速バスセンター　中央二　アエル　江陽グランドホテル　東二番丁スクエア　仙台グリーンパシフィックホテル　パルコ　エスパルⅡ　広瀬通　因有拱廊屋頂，雨天也能安心購物　ハピナ名掛丁　ホテルプレミアムグリーンプラス仙台　スーパーホテル仙台・広瀬通

R 味の牛たん喜助 駅前中央店 P.112

BiVi仙台駅東口　朝日生命　三瀧山不動院

R めし・地酒 伊達路 P.112

START GOAL　仙台駅前　電力ビル前　電力ホール　東二番丁通　中央通　リッチモンドホテルプレミア仙台駅前　中央一　仙石線　クリスロード　三井住友　三菱UFJ　七十七　EDEN　ロフト　せんだい　東口　ホテルクラウンヒルズ仙台青葉通り　あおばどおり　荘内

S 阿部蒲鉾店 本店 P.114

藤崎ファーストタワー館　イオン　LABI仙台　仙台　市バス案内所　みずほ　マーブルロード おおまち　藤崎　山形　青葉通　コンフォートホテル仙台西口　西口　バスプール　エスパル　仙台イースト　ホテルメトロポリタン仙台　宮城交通・JRバス案内所　二番町通　青葉通一番町　七十七銀行本店　仙台　中央(三)　286

H 大都會大飯店仙台 P.114

りそな　青葉通一番町　ハリストス正教会　東二番丁小　ライブラリーホテル仙台駅前　E BeanS　サンモール一番町　林立著懷舊氛圍的店面　北日本　朝市通

P.114 仙台蒙特利酒店 H

ホテルユニサイト仙台　ホテルセントラル仙台　日本郵政グループ東北支社　南町通　ホテルパールシティ仙台　中央4　仙台総合病院　仙台ワシントンホテル　中央四　ホテルフォーリッジ仙台　仙台NSビル　TMビル　仙台ビジネスホテル駅前　仙台国際ホテル　北目町通　仙台中局

P.114 仙台威斯汀酒店 H

仙台トラストタワー　SS30　JR東日本仙台支社

牛舌

味の牛たん喜助 駅前中央店

あじのぎゅうたんきすけ えきまえちゅうおうてん

地圖p.111-F

JR仙台站 4分

遵循傳統做法，堅持手作的牛舌專賣店。1片片仔細醃製，慢慢熟成。人氣菜單為牛舌炭火燒定食1550日圓。排列著切成3塊的厚切6片牛舌，口味有鹽、醬油、味增3種。附香濃的牛尾湯。也有許多像煙燻牛舌1100日圓等的單品料理。

022-265-2080

宮城県仙台市青葉区中央2-1-27エバーアイ3F

11:00～22:00(21:30LO)

休 不定休　＊65席

P 無

關東煮

おでん三吉

地圖p.110-A

地下鐵南北線勾當台公園站3分

在仙台說到關東煮，那就是這家三吉老店了。使用諸如秋刀魚魚丸這類東北風味的食材，關東煮的種類約有30種，各165日圓～。除了關東煮以外，烤物跟生魚片也是新鮮又美味。冬天來訪還可以嘗到烤米棒鍋或是稻庭烏龍麵。以秋田為主的當地酒類種類也相當豐富。

022-222-3830

宮城県仙台市青葉区一番町4-10-8

18:00～22:00(21:30LO)

休 週日、假日

＊1樓有33席

P 無

和食

めし・地酒 伊達路

めし・じざけ だてじ

地圖p.111-E

JR仙台站 7分

位於巷弄中，海鮮料理頗受好評的日本料理店。使用非常新鮮的近海魚貝類。鮪魚、比目魚、紅魽、鰤魚等當天從市場進貨的生魚片拼盤，3種綜合1500日圓、5種綜合2500日圓等。除了鮮魚料理，也有炭烤仙台牛1760日圓、串燒拼盤、豐富的宮城當地酒等，使用當地食材的菜色。

022-227-9333

宮城県仙台市青葉区中央2-4-8

11:30～14:30（僅平日）、17:00～22:00、LO為30分前

休 週日　＊40席　P 無

壽司·日本料理

福寿司
ふくずし

地圖 p.110-D
地下鐵南北線廣瀨通站 3分

不愧是知名日本料理店老舖，從門口一路延伸的石板路來看十分風雅。壽司在1樓，2～3樓為日本料理。用近海魚類和高級當季魚類做成的握壽司深具水準。握壽司1944～5400日圓（桌席）。可享受平價的料理，以及日本料理全餐10000日圓左右～等。

022-222-0668
宮城県仙台市青葉区一番町4-3-31
11:00～21:30
休 不定休
＊ 32席＋6室 P 無

中國料理

中国料理 龍亭
ちゅうごくりょうり りゅうてい

地圖 p.111-B
地下鐵南北線勾當台公園站 5分

仙台中華涼麵的鼻祖。涼拌麵1540日圓是店內全年的招牌餐點。麵與料分開盛放著，可選醬油醬汁或芝麻醬。

022-221-6377
宮城県仙台市青葉区錦町1-2-10
11:30～14:30LO、17:30～20:30LO
休 週三
＊ 30席
P 無

義大利菜

PIZZERIA DE NAPULE
ピッツェリア·デ·ナプレ

地圖 p.110-A
地下鐵南北線勾當台公園站 7分

從拿坡里道地學習技藝製成的披薩讓本店為人所知，很受歡迎。店內的石窯使用木柴燒烤出店家引以為傲的瑪格麗特披薩1700日圓，薄脆的口感滋味令人難忘。之前連義大利的足球隊都讚不絕口。芝麻葉披薩1950日圓。午餐可選咖啡、紅茶、焙茶、100%果汁，還可以較低的價格品嘗Heartland啤酒、紅酒、白酒跟本日手作甜品。

022-713-2737
宮城県仙台市青葉区立町26-19 井上ビル1F
平日僅晚上營業18:00～21:30LO；週六日、假日為11:30～14:00LO、18:00～20:00LO
休 週一二＊ 24席 P 無

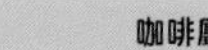

咖啡廳

Cafe Mozart Atelier
カフェ·モーツァルト·アトリエ

地圖 p.108-A
仙台站前搭乘八木山動物公園站方向8分、片平丁小学校前下車即到

播放著古典樂，氣氛沉靜的咖啡廳。有許多古董風格的沙發和椅子組合而成的桌席。玻璃窗外視野開闊、草木茂密的庭園內設有露臺座位。可俯瞰廣瀨川。佛卡夏（附飲料）900日圓，每日義大利麵1500日圓、越南麵包1450日圓，再加100日圓即可搭配飲料，加價300日圓可搭配紅酒、Heartland啤酒等豐富選項。點心類則有每日蛋糕、磅蛋糕、司康、戚風蛋糕、烤起司蛋糕。到了週末還會請到主流音樂人現場演奏鋼琴和吉他彈唱等，舉辦不插電音樂會。

022-266-5333
宮城県仙台市青葉区米ケ袋1-1-13 高田ビルB1
11:00～20:00
休 無休 ＊ 46席 P 5輛

購物

傳統工藝品

彩りそえる しまぬき本店

いろどりそえる しまぬきほんてん

地圖 p.111-E
JR仙台站 10分

展售小芥子木偶、玉蟲塗、嵌木工藝、仙台衣櫃等傳承地方傳統技藝的民藝品。有些創意小芥子還在競賽中得過獎 ，店裡陳列著從模樣到觸感都令人放鬆的作品。和風小物以玉蟲塗漆器的標準鏡1320日圓～等精緻小巧的伴手禮為取向。防災用的亮燈小芥子10780日圓。

022-223-2370
宮城県仙台市青葉区一番町3-1-17しまぬきビル1F
10:30～19:00
休 第2週三、1/1
P 附近有合作P

仙台粗點心

熊谷屋

くまがいや

地圖 p.108-A
仙台市地下鐵北四番丁站 6分

創立於1695（元祿8）年，現在已傳承到第10代的老店。仙台粗點心是因兼具保存珍貴穀物功能而被發明的。大多使用糯米粉，能以半生菓子和燒菓子等各種口感來享受黑糖及薄荷糖的甜味。配著紅花茶邊試吃邊找找看想買的點心吧。12種混裝648日圓～。

022-234-1807
宮城県仙台市青葉区木町通2-2-57
8:30～17:30 休 週日
P 無

竹葉魚板

阿部蒲鉾店 本店

あべかまぼこてん ほんてん

地圖 p.111-E
仙台站 10分

1935（昭和10）年開業的老店內，擺列著竹葉魚糕等40種以上自製魚糕。包裝使用伊達正宗親筆字跡的竹葉魚糕千代1個150日圓～，最適合作為小小的伴手禮。店內也販售將蒸過的魚糕裹上有甜味的麵衣下去炸的炸葫蘆300日圓。

022-221-7121
宮城県仙台市青葉区中央2-3-18
10:00～18:30
(1/9～2/28為18:30)
休 無休 P 有合作P

住宿指南

仙台威斯汀酒店	022-722-1234／地圖p.111-E／Ⓣ（1人時）13538日圓～、Ⓣ24186日圓～ 客房全都在28以上的高樓層，可盡情享受藏王連峰與太平洋的景致。
三井花園飯店 仙台	022-214-1131／地圖p.111-B／Ⓢ8100日圓～、Ⓣ13000日圓～ 最上層18樓有大浴池，設備完善。是2009年就開業的飯店。
大都會大飯店仙台	022-268-2525／地圖p.111-F／Ⓢ26000日圓～、Ⓣ29000日圓 位在仙台站旁，有以仙台四季風情為設計理念的樓層。
圖書館飯店東二番丁	022-221-7666／地圖p.111-B／Ⓢ9800日圓～、Ⓣ16000日圓～ 圖書館區享有免費咖啡（14:00~24:00），目前受新冠肺炎疫情影響，暫時停止營業中。
仙台蒙特利酒店	022-265-7110／地圖p.111-F／Ⓢ8400日圓～、Ⓣ10900日圓～ 距離車站近，設有天然溫泉以及可做美容護膚的SKY SPA、Sala Terrena。

自然景色豐富的仙台後花園

秋保溫泉・作並溫泉

あきうおんせん・さくなみおんせん

距離仙台市外開車近1小時的秋保溫泉和作並溫泉，是自古以來受當地居民喜愛，連藩主都曾前往的著名溫泉。

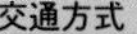

秋保溫泉／地圖p.116-I　作並溫泉／地圖p.126-B

交通方式

JR仙台站搭乘巴士宮城交通巴士往秋保溫泉方向。55分♀秋保溫泉湯元下車。仙台站前BP搭仙台市營巴士往作並溫泉方向。1小時13分♀作並溫泉元湯等下車。

溫泉資訊

秋保溫泉：＜泉質＞氯化物泉、硫酸鹽泉等　＜泉溫＞26〜84℃　＜功效＞慢性皮膚病、婦科疾病等　＜住宿＞旅館・飯店19間，民宿・小木屋等1間　＜詢問處＞秋保溫泉鄉觀光服務處　☎022-398-2323

作並溫泉：＜泉質＞氯化物泉、單純溫泉等　＜泉溫＞50〜70℃　＜功效＞慢性消化器官疾病、燒燙傷等　＜住宿＞旅館・飯店5間　＜詢問處＞仙台市作並・定義地區觀光服務處☎022-395-2052／作並溫泉旅館組合☎022-395-2211

與伊達家有淵源的古溫泉

坐擁名取川溪谷的秋保溫泉，是在約1500年前時開發，連戰國大名伊達政宗都曾泡過此湯，在江戶時期是仙台藩主伊達家族的專用浴場。也有當時的老字號旅館持續營業至今，是奧州三名湯之一。周圍有奇石連綴的磊磊峽，以及知名的秋保大瀑布等豐饒的大自然景色。

作並溫泉也是在奈良時代所發現的古老溫泉。一開始雖然只有當地人知道，但在1796（寬政8）年時，得到仙台藩主的許可開始開發周圍，從那之後就成為備受許多文人等喜愛的溫泉地。據說明治時期的俳人正岡子規、以及為《荒城之月》作詞的土井晚翠都曾到訪，是一個廣瀨川流經、群山圍繞的閑靜溫泉街。

1 入選日本瀑布百選，也是國家指定名勝的秋保大瀑布　2 ゆづくしSalon 一の坊的露天浴池可以俯瞰溪流　3 可在沙龍欣賞四季推移的美景

住宿指南

秋保溫泉	茶寮宗園（さりょうそうえん）	☎022-398-2311／地圖p.116-I／1泊2食41800日圓～(含泡湯稅) 此數寄屋造旅館含約8000坪的日本庭園，共有26間房。
秋保溫泉	伝承千年の宿 佐勘（でんしょうせんねんのやど さかん）	☎022-398-2233／地圖p.116-I／1泊2食18000日圓～ 重現伊達政宗泡湯浴池的名取御湯很有人氣，共有173間房。
作並溫泉	ゆづくしSalon 一の坊（いちのぼう）	☎0570-05-3973／地圖p.126-B／1泊2食36000日圓～ 河原之湯等面向廣瀨川的4座露天溫泉是這裡的招牌，共有122間房。

なるこおんせん
なるこごてんゆ
鳴子温泉郷
P.118
かわたびおんせん
川渡温泉
鳴子峡
往新庄
ゆさや旅館 P.118
鳴子風雅 P.118
旅館すがわら P.118
あ・ら・伊達な道の駅
いけづき
江合川
かみのめ
ゆうびかん
岩出山城跡
いわでやま
にしおおさき
陸羽東線
ひがしおおさき
にしふるかわ
往尾花澤
薬萊山 ▲553
加美町
色麻町
398
457
47
347
4
108
346
48
45
123
286
往一之關
往一之關
くりこまこうげん
山王あやめ園
栗原市
志波姫PA
伊豆沼
内沼
築館IC
東北自動車道
東北新幹線
東北本線
うめがさわ
せみね
長者原スマートIC (ETC車限定)
長者原SA
化女沼
たじり
古川IC
大崎市
おおさき
吉野作造記念館
瑞川寺
ふるかわ
つかのめ
りくぜんやち
きたうら
美里町
ここた
涌谷町
かみわく
三本木
三本木スマートIC
三本木PA
まつやままち
宮城県
昭和万葉の森
大衡村
大衡IC
かしまだい
大和町
大和IC
台が森温泉
七ツ森湖畔公園
北泉ヶ岳 ▲1253
スプリングバレー泉高原スキー場
泉ヶ岳 ▲1175
滝ノ原温泉
笹倉山 ▲506
鶴巣PA
富谷市
覚照寺
泉ヶ岳スキー場
富谷IC
富谷JCT
仙台北部道路
おおさと
大郷町
しないぬま
三陸自動車道
松島大郷IC
あたご
松島北IC
てたる
P.123
松島町
まつしま
たかぎまち
瑞巌寺
まつしまかいがん
松島海岸IC
松島
松島湾
P.123 扇谷
春日PA
はりまぐせん
双観山
野々島
桂島
利府しらかし台IC
利府中IC
利府町
ほんしおがま
P.123 鹽竈神社
泉IC
泉区
泉PAスマートIC (ETC車限定)
泉PA
宮城スタジアム
りふ
利府
塩釜IC
すし哲 P.124
多聞山 P.123
広瀬川
往作並、山寺
くまがね
大倉ダム
ミルポートS
しんりふ
しおがま
鹽竈 P.119
げは
七ヶ浜町
仙台天道白衣大観音
いわきり
りくぜんさんのう
多賀城市埋蔵文化財調査センター
多賀城政庁跡
仙台
多賀城碑
多賀城
たがじょう
仙台港北IC
三井アウトレットパーク仙台港
仙台港IC
仙台うみの杜水族館
青葉区
きたやま
きたせんだい
ひがしせんだい
宮城野区
りくぜんおちあい
くにみ
くすおか
仙台東照宮 P.110
あやし
仙山線
往宮城川崎IC
しらくさぜんわん
大崎八幡宮 P.110
にがたけ
鐘崎笹かま館
たかさごりぜん
仙台市天文台
仙台宮城IC
せんだい
宮城球場
P.110 東北大學綜合學術博物館
仙台城跡(青葉城跡)
仙台東IC
名取川
茶寮宗園 P.115
伝承千年の宿 佐勘 P.115
秋保温泉
P.115
太白区
若林区
ながまち
今泉IC
仙台東部道路
往川崎宮城IC
仙台南IC
仙台南部道路
たいしどう
旧伊達邸鍾景閣
仙台若林JCT
往村田JCT
往福島
みなみせんだい
A
B
E
F

周邊廣域地圖 P.180-181

有各式各樣湧泉的溫泉天堂

鳴子溫泉

なるこおんせんきょう

自古便是溫泉療養地的繁榮溫泉町。一走出車站，處處可見鳴子小芥子圖樣的招牌。不妨在溫泉蒸氣圍繞下，悠閒地散散步吧。 地圖p.116-A

交通方式
東北新幹線古川站搭乘陸羽東線約43～59分，或是由山形新幹線新庄站搭乘JR陸羽東線約59分～1小時14分，在鳴子溫泉站下車。

溫泉資訊
＜泉質＞單純溫泉、碳酸氫鹽泉、氯化物泉、硫酸鹽泉、含鐵泉、硫磺泉、酸性泉＜泉溫＞70～100℃＜功效＞神經痛、風濕、過敏性病症、慢性皮膚病等　＜住宿＞飯店・旅館57間　＜詢問處＞鳴子觀光・旅館中心　☎0229-83-3441

與火山一同誕生的一大溫泉地

據說在837（承和4）年，泉水隨著鳴子火山群噴發而湧出的溫泉地。因鳴子火山噴發而興起的溫泉鄉，由中心的鳴子、東鳴子、川渡、中山平、鬼首共5個溫泉組成。共有400多個源頭，9種泉質的溫泉水。當地人使用的共同浴場有5處，其中之一是有千年歷史的「瀧乃湯」，木頭建築的浴場和浴池洋溢著風情。只要購入溫泉巡禮票1300日圓，除了鳴子溫泉之外，還可以在陸羽東線沿線的赤倉、瀨見溫泉等7個溫泉地使用。

鳴子自古就是著名的小芥子木偶產地，有不少製作工坊林立。在**日本小芥子館**（8：30～17：00、12月為9：00～16：00。1～3月休館。入館400日圓）裡除了可以觀賞師傅實際製作，還有彩繪小芥子的體驗1500日圓（10人以上需預約）。

1 代表鳴子溫泉最具歷史的共同浴場，瀧乃湯　2 弁慶岩、獅子岩等所在的鳴子峽距離鳴子溫泉站開車10分　3 日本小芥子館裡約展示5000樽傳統小芥子木偶

住宿指南

ゆさや旅館	☎0229-83-2565／地圖p.116-A／1泊2食13600日圓～ 泉質觸感滑溜的「うなぎ湯」被稱為美肌之湯，廣受好評。共14間房。
湯ノ諤吟の庄（ゆのうたぎんのしょう）	☎0570-018-888／地圖p.116-A／1泊2食13500日圓～ 位處高台的靜謐旅宿，共有24間房。
旅館すがわら	☎0229-83-2022（預約）／地圖p.116-A／1泊2食8834日圓～ 可盡情享受源泉式放流溫泉，免費包租浴池也很受歡迎。共有18間房。

松島・鹽竈

浮在松島灣的重要文化財・五大堂

搭乘遊覽船欣賞連芭蕉都讚不絕口的美景

日本三景之一，松島。在海灣有260多個小島，景觀之美連松尾芭蕉都嘆為觀止。而說到鹽竈，則是活力十足的港都。每1平方公里大的壽司店數量和魚板的生產量，可說是日本第一。

前往松島・鹽竈的方法・遊覽順序的小提示

仙台搭JR仙石線快速，往鹽竈約17分、330日圓，在本鹽釜站下車；往松島為26分、420日圓，在松島海岸站下車。松島海岸站～JR東北本線松島站間，搭計程車約跳表一次。

景點集中的松島，建議可步行或租自行車遊逛。有瑞巖寺及五大堂等數處國寶和國家重要文化財，所以最好保留半天的時間觀光。觀光服務處位於JR松島海岸站前和遊覽船搭船處旁。

如果想要俯瞰松島諸島之美，可考慮利用觀光計程車。松島四大觀（參照p.123）之一，包含扇谷的A行程1小時5640日圓～。

●以遊覽船環遊松島灣

若要臨近欣賞松島灣群島，可搭乘遊覽船。有幾個遊覽灣內的行程，若是在松島發船，有松島巡禮觀光船（p.120）的大型遊覽船「仁王丸」行駛。9:00開始每1小時於中央棧橋出發（1日7～8班）。需約50分、1500日圓（2樓貴賓席2100日圓）。

區域的魅力度

觀光景點
★★★★★
散步
★★
溫泉
★★★

季節情報：
每年8月15．16日舉行「松島流灯会　海の盆」。松島特產的牡蠣產季為10月～3月。
松島的景點雖然豐富，主要集中於國寶瑞巖寺附近。想泡溫泉也有接受純泡湯的旅館。

詢問處

松島觀光協會
☎022-354-2618
鹽竈市観光交流課
☎022-364-1165
第一交通(有)
☎0120-971-517

鹽竈～松島的定期船班

丸文松島汽船☎022-354-3453行駛。松島⇔松島（松島灣遊覽路線）需預約。皆需時50分、1500～2900日圓。

自行車租借

若想在松島到處參觀的話，自行車最方便。天麟院周邊的「相原商店」☎022-354-2621租借2小時500日圓、押金1000日圓。

隨興遊逛

松島

まつしま

日本三景之一的松島。約有260個島嶼散布在松島灣內外，受常年風雨和海浪侵蝕而形成的小島個個深具特色且姿態豐富。搭乘遊覽松島灣的遊覽船，好好欣賞各島的模樣吧。

松島巡禮觀光船

まつしましまめぐりかんこうせん

需時50分的仁王丸路線，會繞行松島灣內具代表性的島嶼。船隻是可乘坐300～400人的大型客船，有普通船艙和露天座位的貴賓船艙（+600日圓）。由中央觀光棧橋出發。

JR松島海岸站👟5分

地圖p.123

☎022-354-2233／📍宮城県松島町松島字町内85／🕘9:00～16:00每小時整點出航（16:00的航班僅有3月下旬～10月）／休天候不佳時／¥1500日圓／P無

01 寺社佛堂

五大堂

ごだいどう

807（大同2）年，因慈覺大師圓仁將五大明王像安置在坂上田村麻呂所建造的毘沙門堂中，而得其名。五大明王像33年1次開放參觀。下次開放為2039年。現存的建築物於1604（慶長9）年由伊達政宗重建。以桃山時代的建築手法建造。欲前往五大堂的佛堂，可由海岸廣場東邊步行過橋。免費參觀。

02 景觀名勝

雙子島

ふたごじま

宛如貼近彼此般並排的2座島嶼。圓形的像烏龜就叫做龜島，細長的像鯨魚所以稱為鯨島。烏龜和鯨魚融洽的並排之姿，故稱為雙子島。

03 景觀名勝

材木島
ざいもくじま

由薄薄的地層堆疊而成，特徵是有條紋模樣的岩理。被海浪侵蝕的洞窟，曾是松島最具代表性的景觀，但因1969（昭和44）年的地震而崩塌。目前只留下島嶼邊緣處的岩石。

04 景觀名勝

鐘島
かねじま

斷層較脆弱的部分被海浪侵蝕形成並排的4個洞門。當大浪打到這座島時，會發出宛如在敲鐘的聲音，於是取名為鐘島。另外因洞門形狀類似古代的小判錢幣，又稱為金島。

05 景觀名勝

仁王島
におうじま

看起來有眼有口，還叼著一支菸，是海灣內人氣最高的島嶼。頂部的泥板岩被削成條狀，中間的凝灰岩因質地較軟，經過海浪沖刷便成為脖子的形狀。是不同質地的岩石受海浪塑形而成的傑作。

06 景觀名勝

陰田島
かけたじま

模樣是松島之中最雄偉的。由南向北延伸的斷崖聳立在海灣內。松樹長在島上的模樣看起來就像是插著簪子的花魁，因此也被稱為花魁島。

觀賞&遊逛

觀瀾亭·松島博物館
かんらんてい·まつしまはくぶつかん

地圖 p.123-B
JR松島海岸站 5分

原是豐臣秀吉賜予伊達政宗、伏見城中的一棟建築，第2代伊達忠宗將其原封不動地移建至遠望松島灣的月見崎。雖是京間18疊2間的簡樸建築，不過壁龕與紙門的金碧畫令人緬懷壯麗的桃山式建築。賞景的同時享用抹茶套餐500日圓～。隔壁為展示伊達家相關物品的松島博物館。是縣重要文化財。

022-353-3355
宮城県松島町松島字町内56
8:30～17:00（11～3月至16:30）
休 無休 ¥ 200日圓 P 無

五大堂
ごだいどう

地圖 p.123-B
JR松島海岸站 7分

佇立在朱漆透橋的另一端。因慈覺大師圓仁將五大明王像安放在坂上田村麻呂建於807（大同2）年的毘沙門堂，因而得名。現存的建築是在1604（慶長9）年由伊達政宗所重建。是以寶形造、木瓦屋頂工法蓋成的東北最早桃山式建築，橫梁間蛙股上的十二支雕刻最有名。內部有修復後的五大明王像，為國家重要文化財。

022-354-2023（瑞巌寺）
宮城県松島町松島字町内111
＊ 自由參觀 P 無

瑞巖寺
ずいがんじ

地圖 p.123-B
JR松島海岸站 5分

1609（慶長14）年，伊達政宗集結當時的名匠約130人重建的名剎。前往五大堂的透橋正在修補中，預計修至2025年3月底。本堂安置的主佛像、三代開山像、初代政宗和2代忠宗的牌位等皆展示在僧房的大書院中。

022-354-2023
宮城県松島町松島字町内91
8:00～17:00（3、10月至16:30；2、11月至16:00；1、12月至15:30）
休 無休 ¥ 700日圓 P 無

福浦島
ふくうらじま

地圖 p.123-B
JR松島海岸站 15分

位在松島灣東方、面積為6萬平方公尺的小島，可步行橫渡全長252公尺的福浦橋。島上有約250種的草木叢生，2月～3月的茶梅，3～6月的山茶花、4月的櫻花、10～11月的楓葉美不勝收。漫步觀光步道需1小時～1小時30分。

☎ 022-354-3457
📍 宮城県松島町松島仙随39-1
🕒 8:30～17:00（11～2月至16:30）
休 無休　¥ 200日圓　P 無

鹽竈神社
しおがまじんじゃ

地圖 p.116-J
JR本鹽釜站 👟15分

備受崇敬的陸奧國一之宮，甚至曾出現在平安初期朝廷的記載上，是極重要的神社。寺內除了有元祿年間由伊達家捐贈的朱漆社殿之外，還有志波彥神社、鹽竈神社博物館。4月下旬～5月上旬左右，則是1朵花上有50片花瓣的天然紀念物鹽竈櫻的花季。

☎ 022-367-1611
📍 宮城県塩竈市一森山1-1　🕒 5:00～20:00
＊ 自由參觀　P 300輛

TEKU TEKU COLUMN

4個瞭望景點・松島四大觀

可由東西南北四方俯瞰整個松島的瞭望景點總稱。是指由北方的富山、南方的多聞山、東方的大高森以及西方的扇谷眺望出的景色。是由儒學家・舟山萬年所指定。

地圖 p.117-K
JR松島海岸站 🚗5分至扇谷、10～15分至富山、30分至多聞山、大高森
松島觀光協會 ☎022-354-2618

購物＆美食

壽司

まぐろ茶家 松島店
まぐろちゃや まつしまてん

地圖 p.123-B
JR松島海岸站 👟3分

招牌是桶散壽司2860日圓，在桶子內大量盛上從近海和北海道捕獲的蝦子、海膽等約25種食材。

☎ 022-353-2711
📍 宮城県松島町松島字町内47
🕒 11:00～15:00（週六日、假日至～18:00）
休 週三（逢假日則翌日休）
＊ 38席　P 3輛

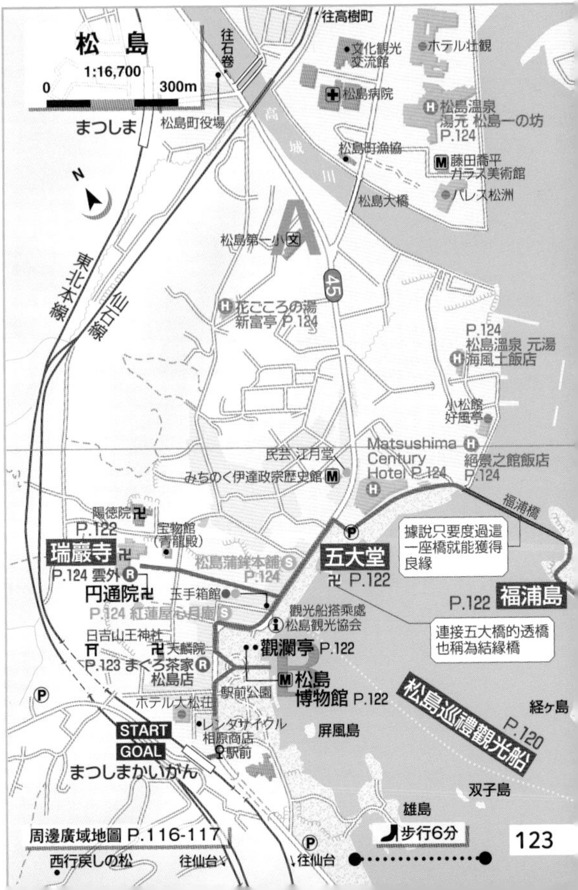

松島
1:16,700
0　300m
まつしま
松島町役場
往石巻
往高樹町
文化観光交流館
ホテル壮観
松島病院
松島温泉 湯元 松島一の坊 P.124
松島町漁協
藤田喬平ガラス美術館
松島大橋
パレス松洲
高城川
A
松島第一小
45
東北本線
仙石線
花ごころの湯 新富亭 P.124
P.124 松島温泉 元湯 海風土飯店
小松館 好風亭
Matsushima Century Hotel P.124
絶景之館飯店 P.124
民芸 江月堂
みちのく伊達政宗歴史館
陽徳院
P.122
瑞巖寺
宝物館（青龍殿）
松島蒲鉾本舗
P.124
五大堂
P.122
福浦橋
據說只要度過這一座橋就能獲得良緣
P.122 福浦島
P.124 雲外
円通院
玉手箱館
P.124 紅蓮屋心月庵
観光船搭乘處
松島観光協会
連接五大橋的透橋也稱為結緣橋
日吉山王神社
天麟院
観瀾亭 P.122
P.123 まぐろ茶家 松島店
松島博物館 P.122
B
ホテル大松荘
駅前公園
松島巡禮觀光船
P.120
経ヶ島
レンタサイクル 相原商店
屏風島
START
GOAL
駅前
まつしまかいがん
双子島
雄島
步行6分
周邊廣域地圖 P.116-117
西行戻しの松
往仙台
往仙台

懷石料理

雲外
うんがい

地圖 p.123-B
JR 松島海岸站 5分

位在名剎圓通院境內的老字號料亭，可享用伊達精進懷石料理。採用宮城當地季節食材的懷石料理，令人回味再三。竹雲全餐6050日圓內有伊達朱箱、烤物、燉煮物等7種再附湯、飯跟點心。可在欣賞圓通院庭園美景前先來用餐，或先用餐再參觀庭園都很不錯。

022-353-2626
宮城県松島町松島 67
11:30～15:00
休 週三
P 有合作停車場(收費)

壽司

すし哲
すしてつ

地圖 p.116-J
JR 本鹽釜站 2分

有「壽司店之町」美稱的鹽釜首屈一指的人氣餐廳。鮪魚生魚片使用黑鮪魚和大目鮪，赤身清爽、腹肉口味濃厚，滋味絕妙。特級握壽司3780日圓也相當新鮮美味。

022-362-3261
宮城県塩竈市海岸通 2 -22
11:00～15:00、
16:30～22:00
(週六日、假日整天營業)
休 週四(逢假日則營業)
＊ 80席 P 10輛

竹葉魚板

松島蒲鉾本舖
まつしまかまぼこほんぽ

地圖 p.123-B
JR 松島海岸站 8分

位於五大堂前，除了竹葉魚板之外，還有起司奶油夾心的獨特魚板等商品。使用大豆製作的炸豆腐魚板10個1609日圓也很受歡迎。

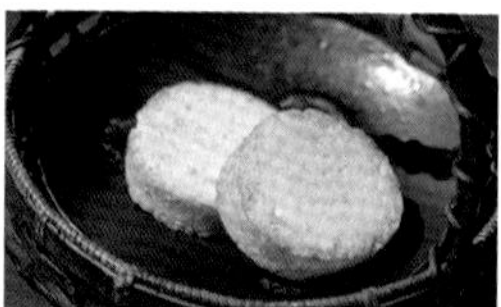

022-354-4016
宮城県松島町松島字町内120
9:00～17:00(12～4 月為～16:00) 休 無休 P 無

松島紅蓮

紅蓮屋心月庵
こうれんやしんげつあん

地圖 p.123-B
JR 松島海岸站 4分

松島著名點心「松島紅蓮」的製造銷售商。「松島紅蓮」是採用宮城特產的笹錦米製成，並一塊塊手工燒烤而成的薄煎餅，創業迄今680年來都以祖傳祕方製造。酥脆的口感和微甜而高雅的味道備受歡迎。1袋140日圓、10袋1490日圓。

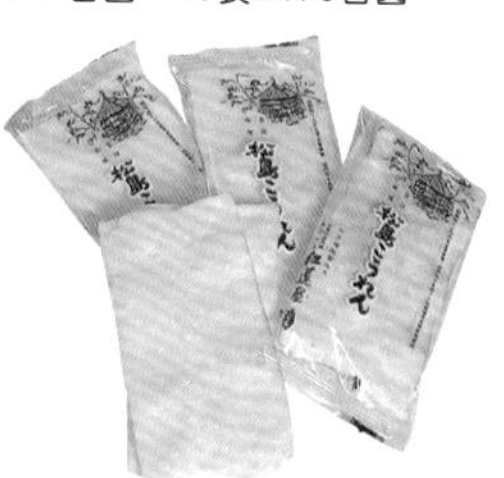

022-354-2605
宮城県松島町松島字町内82
10:00～16:00(週六日假日為 10:00～17:00)
休 週二、過年期間 P 2 輛

住宿指南

松島溫泉 元湯 海風土飯店	022-355-0022／地圖 p.123-A／1 泊 2 食 30000 日圓～ 館內有亞洲風格裝潢。備受喜愛的附露天浴池客房共有16間。
絕景之館飯店	022-354-3851／地圖 p.123-B／1 泊 2 食 9500 日圓～ 有可遠眺松島灣的露天浴池以及附露天浴池的客房。
Matsushima Century Hotel	022-354-4111／地圖 p.123-B／1 泊 2 食 25000 日圓～ 松島海岸前的度假飯店。提供附天然溫泉露天浴池的客房跟家庭浴池。
花ごころの湯 新富亭(しんとみてい)	022-354-5377／地圖 p.123-A／1 泊 2 食 16500 日圓～ 館內到處都飄盪著花香，令人身心舒暢。
松島溫泉 湯元 松島一の坊	0570-05-0240／地圖 p.123-A／1 泊 2 食 39000 日圓～ 從露天浴池望去的日出堪稱絕景。全部房間都可看到松島。

山形
米澤
庄內

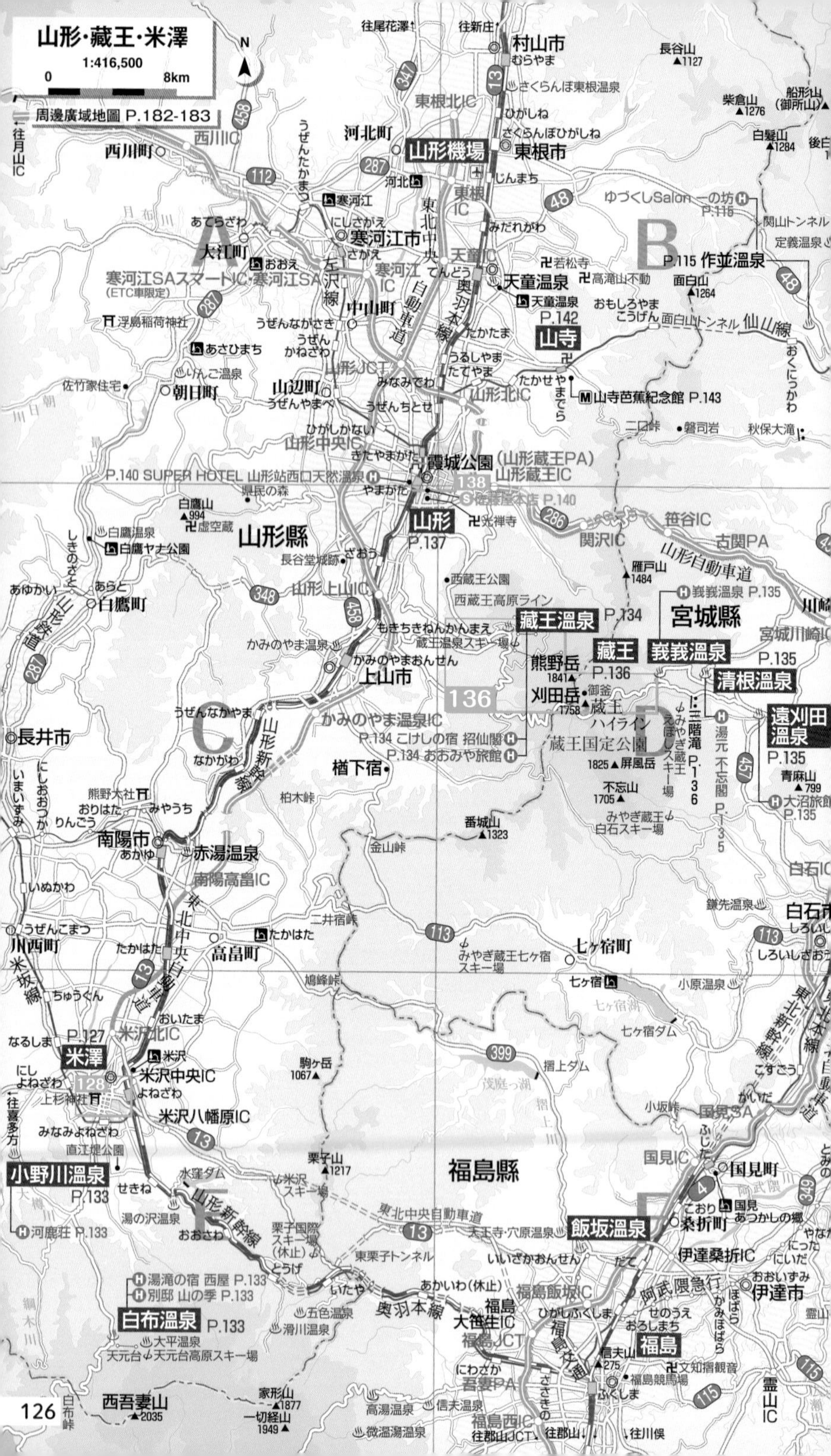
山形·藏王·米澤
1:416,500
0 8km
周邊廣域地圖 P.182-183
村山市
東根市
山形機場
河北町
西川町
寒河江市
大江町
天童温泉
P.115 作並温泉
山寺 P.142
山寺芭蕉紀念館 P.143
朝日町
山辺町
中山町
霞城公園
P.140 SUPER HOTEL 山形站西口天然溫泉
山形 P.137
山形縣
白鷹町
藏王溫泉 P.134
藏王 P.136
義義溫泉
清根溫泉
遠刈田溫泉 P.135
宮城縣
上山市
長井市
南陽市
赤湯溫泉
高畠町
川西町
七ヶ宿町
米澤 P.127
小野川溫泉 P.133
白布溫泉 P.133
福島縣
飯坂溫泉
國見町
伊達市
福島
桑折町
西吾妻山

米澤

米澤市上杉博物館所在的「傳國之杜」

在米澤的城下町品嘗美味的名產米澤牛

1601（慶長2）年，自上杉氏的第2代上杉景勝遷入米澤城後，此後到14代一直是上杉家的城下町。其中第9代的鷹山，在藩陷於困境之際致力於米澤織品產業的發展等，奠定了米澤的經濟基礎。米澤牛和郊外的溫泉也令人期待。

前往米澤的方法·遊覽順序的小提示

東京站搭乘山形新幹線約1小時57分～2小時14分，9770日圓。福島站搭乘山形新幹線約32～37分，1530日圓；搭JR奥羽本線約46～47分，770日圓。仙台站搭乘經由福島的東北新幹線，再轉乘山形新幹線約1小時2～45分，5630日圓。山形站搭乘山形新幹線約30～40分，2600日圓，或是搭乘奥羽本線40分～1小時6分，860日圓。

米澤的觀光重點是造訪上杉家相關的史蹟。若要前往主要景點集中的松岬公園周邊，因為距離米澤站👟25分，建議搭公車或租自行車。車站內的觀光服務中心也有住宿諮詢服務。餐飲店除了米澤牛肉料理之外，米澤拉麵和蕎麥麵店也很多。

●利用租借自行車環遊

雖然景點離車站有點距離，但是道路相當平坦，適合騎自行車。出站後左邊的車站租車處，自行車租借2小時300日圓。位於松岬公園旁的米澤觀光會議協會也可以1小時200日圓、1日500日圓租借。如果有1整天的時間，不僅是主要景點，連稍遠的上杉家廟所等處都可一探究竟。

區域的魅力度

觀光景點
★★★★
散步
★★★
溫泉
★★

季節情報：
4月29日～5月3日的米澤上杉祭、9月最後的週六·日有志者事竟成秋祭典（なせばなる秋まつり）、2月第2週六·日上杉雪燈籠祭。

詢問處

米澤市觀光課
☎0238-22-5111
米澤觀光會議協會
☎0238-21-6226
米澤市綜合政策課
（市內街道循環巴士）
☎0238-22-5111
山交巴士米澤營業所
☎0238-22-3392
車站租車米澤營業所
（自行車租借）
☎0238-22-8161
燕計程車
☎0238-22-1301

市內街道循環巴士

市內除了山交巴士之外，還有循環公車行駛。左右繞行都有，費用是一次210日圓（1日乘車券米沢乗るPASS 520日圓）。往松岬公園一帶搭乘右行11分，♀上杉神社前下車。往上杉家廟所也是右行較快，19分，♀御廟所西口下車。

松岬公園

まつがさきこうえん

地圖 p.129
JR米澤站搭乘🚌循環巴士右行11分、或是搭乘山交巴士往白布湯元8分、♀上杉神社前下車👟3分

鎌倉初期由長井氏築城，傳到伊達氏、蒲生氏，至版籍奉還為止268年間為上杉氏居城的米澤城本丸遺址。現為上杉神社和稽照殿所在的公園。

米沢観光コンベンション協会 ☎0238-21-6226
📍山形県米沢市丸の内1
＊ 自由入園 🅿使用おまつり廣場

上杉神社

うえすぎじんじゃ

地圖 p.129
♀上杉神社前 👟 4分

祭祀上杉謙信的神社。参道上佇立著上杉謙信像、鷹山像。現存的本殿為米澤大火後，於1923（大正12）年，由米澤出身，並曾親手修復明治神宮等的建築師伊東忠太設計重建。

☎0238-22-3189 📍山形県米沢市丸の内1-4-13
🕓6:00～17:00（12～3月為7:00～）
＊ 自由參觀 🅿使用おまつり廣場

稽照殿

けいしょうでん

地圖 p.129
♀上杉神社前 👟 4分

重層懸山頂式建築的上杉神社實物殿是1919（大正8）年重修上杉神社之際，作為實物殿而建。收藏展示初代上杉謙信、2代景勝、9代鷹山等人的遺物和書籍、刀劍等上杉家傳的貴重物品。

上杉神社社務所 ☎0238-22-3189
📍山形県米沢市丸の内1-4-13
🕓9:30～16:00（受理至15:45）
休 12～3月（1/1～3、雪燈籠祭時則開館）
¥ 700日圓 🅿使用おまつり廣場

米澤市上杉博物館

よねざわしうえすぎはくぶつかん

地圖 p.129
JR米澤站搭乘🚌循環巴士右行11分，或是搭乘山交巴士往白布温泉8分、♀上杉神社前下車👟1分

位於米澤城二之丸遺址的博物館。常設展可看到日本國寶「洛中洛外圖屏風」等展示。

☎ 0238-26-8001
📍 山形県米沢市丸の内1-2-1
🕘 9:00～17:00（入館至16:30）
休 第4週三、12/25～31（12～3月為週一休，逢假日則翌平日休）
¥ 常設展410日圓，企劃展費用另計　P 120輛

造酒資料館東光酒倉

しゅぞうしりょうかん とうこうのさかぐら

地圖 p.129
JR米澤站搭乘🚌循環巴士右行10分、♀大町１丁目下車👟1分，或是搭乘山交巴士往白布温泉8分、♀上杉神社前下車👟7分

1597（慶長2）年創業，由原為米澤藩御用酒屋的小嶋總店經營。重建古時的大酒倉，並展示在發酵室與蒸米室工作的人員模樣，及釀酒的工具等。也可以在此試喝、選購。

☎ 0238-21-6601
📍 山形県米沢市大町2-3-22
🕘 9:00～16:00（週六日、假日至16:30）
休 12/31、1/1
¥ 350日圓　P 30輛

原始布·古代織參考館

げんしふ·こだいおりさんこうかん

地圖 p.129
JR米澤站搭乘🚌循環巴士右行10分、♀大町上下車👟2分，或是搭乘山交巴士往白布温泉8分、♀上杉神社前下車👟5分

為了將日本的服飾變遷，和原始布料之美傳承給後世，工坊「出羽織座」創立了此民藝館。展示著復原後的楮布、苧麻布等。

☎ 0238-22-8141
📍 山形県米沢市門東1-1-16
🕘 10:00～12:00、13:00～16:00
休 過年期間（入館須預約）　¥ 500日圓
P 10輛

上杉家廟所

うえすぎけびょうしょ

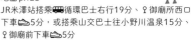

地圖 p.128
JR米澤站搭乘🚌循環巴士右行19分、♀御廟所西口下車👟5分，或搭乘山交巴士往小野川温泉15分、♀御廟前下車👟5分

上杉家歷代藩主的宗廟。以祭祀1876（明治9）年遷葬的初代謙信之社殿為中心，左右並列2代～12代的祠堂。

☎ 0238-23-3115
📍 山形県米沢市御廟1-5-30
🕘 9:00～17:00　休 無休
¥ 400日圓　P 30輛

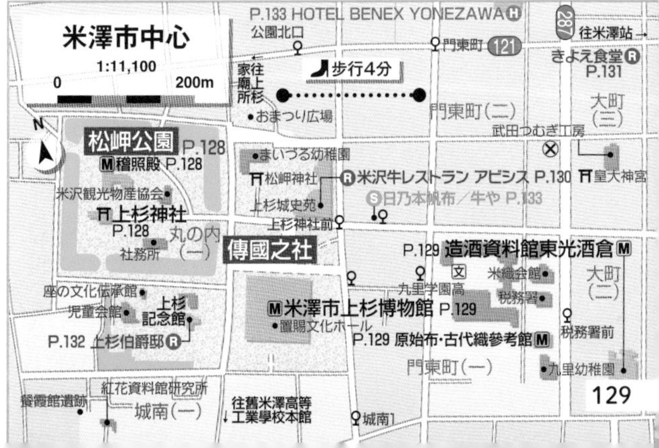

米澤

山形引以為傲的高級和牛

盡情品嘗米澤牛料理！

被吾妻連峰等高山圍繞的盆地冷暖差異極大，在這種氣候特色中孕育出的就是極品米澤牛。為日本三大和牛之一，口感、口味都是絕品！若來到米澤，務必一試。

米沢牛レストラン アビシス
よねざわぎゅうれすとらんあびしす

徹底品嘗米澤牛

位在餐廳和伴手禮店林立的上杉城史苑內的大型餐廳。從牛排和壽喜燒等招牌料理都有，有划算實惠，將米澤牛做成漢堡排的定食1980日圓跟燉牛肉套餐2420日圓，可盡情品嘗米澤牛的多種變化。也有充滿季節魅力的松花堂便當2160日圓～、華麗散壽司會席便當2300日圓。

壽喜燒

米澤牛里肌壽喜燒 竹　120g 6050日圓～／在鹹鹹甜甜的特製醬汁中煮過，更能帶出米澤牛脂肪的甜味。

米澤牛菲力牛排　130g 7370日圓～／肉片雖厚但卻軟嫩得可輕鬆切開。附白飯、湯品、沙拉。

地圖p.129
☎0238-23-0700
📍上杉神社即到
山形県米沢市丸の内1-1-22
🕒11:00～14:00LO，17:00～21:00需預約
休 週四
P 150輛

TEKU TEKU COLUMN

大受歡迎的米澤牛為什麼這麼好吃呢？

日本三大和牛之一的米澤牛，一般牛隻多是在1歲前出貨，但米澤牛是到3歲左右才出貨，這樣肉質會較纖細柔軟。

牛排

涮涮鍋

特選米澤牛霜降里肌涮涮鍋
6050日圓
摻雜著漂亮油花的霜降里肌肉雖厚，卻有入口即化的甘甜。

吉亭

よしてい

入口即化的牛肉涮涮鍋

利用建於1919（大正8）年商家建築的店鋪。建築物本身為國家有形文化財。還留有大正時代風情的和式座位包廂，需事先預約。可欣賞倉庫、庭園等充滿日式風情的景色。招牌菜色的涮涮鍋主角是2大塊極品米澤牛里肌肉，可以奢侈的享受切成厚片的米澤牛肉。只用鹽、粗粒胡椒調味的網烤和風牛排150g 6600日圓～。

地圖p.128
0238-23-1128
上杉神社 8分
山形県米沢市門東町1-3-46
11:30～15:00(13:30LO)、17:30～21:00(19:30LO)(18:00後須預約)
休 不定休／P 40輛

不僅僅是米澤牛！

用划算的價格享用牛肉美食

きよえ食堂

きよえしょくどう

拉麵之中也有滿滿的牛肉

拉麵

在當地很受好評的米澤拉麵店。使用放3天熟成的手打細卷麵，湯頭則是汲取井水熬出味道豐富的醬油湯底。放入自製餛飩的餛飩麵750日圓也相當有人氣。

地圖p.129／0238-23-1427
JR米澤站 20分
山形県米沢市大町3-5-1
11:00～15:00、17:00～20:00／休 不定／P 5輛

牛肉拉麵　1050日圓
配料是只用胡椒鹽簡單調味的牛肉。

新杵屋

しんきねや

也販售滿滿牛肉的便當

便當

在1921（大正12）年以點心店起家。現在除了販賣使用國產黑毛和牛的便當外，也販售櫻桃等水果，以及各式各樣的加工、醃漬商品等許多山形名產。

地圖p.128／0238-22-1311
JR米澤站 1分
山形県米沢市東3-1-1
7:00～19:00／休 無休／P 5輛

牛肉どまん中　1350日圓
在山形米・どまんなか上鋪上滿滿的黑毛和牛里肌薄片和絞肉。

購物&美食

鯉魚料理

鯉の六十里

こいのろくじゅうり

地圖p.128
JR米澤站 13分

米澤鄉土料理之一，鯉魚料理的專賣店。店面移建自200年歷史的古民宅。午間菜單有鯉丼定食、甘煮定食、鯉濃定食各2000日圓，可盡享鯉魚美味。晚餐也可品嘗有鯉魚薄切生魚片和鯉濃等的全餐料理「花之里」3500日圓～（需預約）。米澤鯉魚是在米澤藩主上杉家第9代鷹山的獎勵之下開始養殖，在清澈溪流以及冬季嚴寒中孕育出的鯉魚，沒有一般河魚特有的土臭味，因此非常易於入口。也販售鯉魚甘煮864日圓～等的伴手禮。

0238-22-6051
山形県米沢市東1-8-18
11:00～14:00LO、
17:00～19:00LO
休 週四　＊35席　P 10輛

鄉土料理

上杉伯爵邸

うえすぎはくしゃくてい

地圖p.129
上杉神社前 5分

該建築於1896（明治29）興建為上杉家第14代茂憲的伯爵邸，但在大正時期遭祝融燒毀殆盡。後於1925（大正11）年復原檜木歇山頂式建築和庭園，列為有形文化財。現在作為以鄉土料理為主的餐廳使用，可品嘗到玉簪冷湯和燉煮鯉魚等隨季節更換的傳統料理，雪之膳2750日圓。另有咖啡廳可享用抹茶、上生菓子跟霜淇淋。

0238-21-5121
山形県米沢市丸の内1-3-60
11:00～14:30LO、
14:30～21:00（需預約）
休 週三
＊80席　P 20輛

蕎麥麵

粉名屋 小太郎

こなやこたろう

地圖p.128
JR米澤站搭乘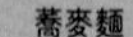循環巴士左行18分、中央4丁目下車 5分

有300年歷史的老字號蕎麥麵店，傳承到第12代的蕎麥麵口味堪稱一絕。招牌菜色是使用小碗（割子）盛裝蕎麥麵，每一層都有不同佐料的割子蕎麥麵5層1980日圓～。配菜有炸蝦、鯡魚等隨季節更換。使用特選蕎麥粉製成的板蕎麥1750日圓，1日限定15份，以及使用山菜和松茸等當季食材的季節蕎麥麵2300日圓～等，菜色豐富多元。

0238-21-0140
山形県米沢市中央5-3-19
11:30～20:00(19:30LO)
休 週一　＊40席　P 16輛

酒饅頭

本家岩倉まんじゅう

ほんけいわくらまんじゅう

地圖p.128
JR米澤站搭乘循環巴士左行19分、中央3丁目 3分

掛著深藍色門簾的店面小巧雅致，是常年受到當地人的愛戴的人氣店家。名產酒饅頭1個70日圓，受歡迎的祕訣在於麵皮裡有來自酒糟的自然甜味和鬆軟口感。因為不使用砂糖，所以放到隔天就會變硬。該店每天只做當天可銷售出去份量的饅頭，一到傍晚就會賣完。

0238-23-1703
山形県米沢市中央3-6-21
9:00（視星期有變動）～售完為止
休 不定休　P 2輛

皮革・帆布製品

日乃本帆布／牛や
ひのもとはんぷぎゅうや

地圖p.129
上杉神社前下車即到

從製造、販賣牛皮皮包起家，現在則以帆布製品為主，販賣錢包、小雜貨和帽子等。匯集許多在帆布原料上使用獨特手法加工，有良好的防水性和耐久性，十分堅固的帆布原創商品。托特包5292日圓～和側背包10800日圓～等，相當受歡迎。

0238-22-6174
山形県米沢市門東町2-8-19
9:30～17:00
休 不定　P 1輛

TEKU TEKU COLUMN

歷史悠久的米澤名湯
小野川溫泉・白布溫泉

地圖p.126-E
小野川溫泉／JR米澤站搭乘山交巴士往小野川溫泉24分，終點下車。白布溫泉／JR米澤站搭乘山交巴士往白布溫泉38分、白布溫泉或41分終點的湯本駅前下車

小野川溫泉據說是在約1200年前，小野小町在尋找父親途中發現的。在戰國時代因有伊達政宗等人來此地療養，便作為米澤的後花園興盛起來。有河鹿莊等14間旅館。

白布溫泉位於小野川溫泉溯流至大樽川處，據說是於1312（正和元）年開發的溫泉。有硫酸鹽泉溫泉的湯滝の宿 西屋，以及別邸 山の季等，小巧精緻別具風情的旅館林立。

河鹿荘：0238-32-2221、1泊2食19800日圓～／湯滝の宿 西屋：0238-55-2480、1泊2食22000日圓～／別邸 山の季：0238-55-2141、1泊2食20520日圓～

住宿指南

ホテルおとわ	0238-22-0124／地圖p.128／Ⓢ5000日圓～、和室5000日圓～、Ⓣ10000日圓～ 創業於1899年，本館的和室被指定為國家登錄文化財。
HOTEL BENEX YONEZAWA ホテルベネックス米沢	0238-23-1811／地圖p.129／Ⓢ6800日圓～、Ⓣ13000日圓～ 位在距松岬公園僅需步行5分的鬧區。
Hotel MontoView Yonezawa ホテルモントビュー米沢	0238-21-3211／地圖p.128／Ⓢ4000日圓～、Ⓣ7000日圓～ 備有3人也可以使用的和室、雙床房、附沙發的房間。

來到藏王務必順道造訪的人氣溫泉地

藏王溫泉

ざおうおんせん

夏天健行、冬天滑雪和欣賞樹冰景色而熱鬧非凡的藏王。位於山麓處的溫泉鄉有豐富的溫泉和多樣泉質，也吸引了許多人們造訪。 地圖p.136-B

交通方式
JR山形站搭乘🚌山交巴士往藏王溫泉或藏王刈田山頂方向。37分、♀藏王溫泉下車步行即到

溫泉資訊
＜泉質＞硫磺泉 ＜泉溫＞45～66°C ＜功效＞皮膚病、慢性消化器官疾病、痔瘡、糖尿病等 ＜住宿＞旅館・飯店・民宿・簡易旅館等42間
＜詢問處＞藏王溫泉觀光協會 ☎023-694-9328

藏王連峰山腳下的溫泉鄉

據說該源泉於西元110年左右發現，在1960年代後發展成滑雪場等的山林度假設施。在1950（昭和25）年，將名稱從高湯溫泉改為藏王溫泉。從有300年歷史的老字號旅館到現代的大型旅館，林立著各富特色的旅館。強酸性的硫磺泉，是對皮膚病等也有療效的美肌溫泉。溫泉水量十分豐沛，從47處源泉每分鐘有5700公升的溫泉湧出。

正因如此，有許多直接引入湧泉的設施。最受歡迎的**藏王溫泉大露天浴池**（☎023-694-9417、9:30～16:00、700日圓），在上游處有3個女湯、下游處有2個男湯，可以一面欣賞周圍的自然景色一面泡湯。晚上也有開放，可在大自然與星空的包圍下泡澡放鬆身心，是這裡才有的珍貴體驗，費用為1000日圓，於6～10月的限定日期開放

1位於纜車溫泉站附近的新左衛門の湯 2藏王大露天浴池的男湯 3藏王溫泉的泡湯入浴劑為圓形 4使用溫泉暢遊小芥子盡情泡溫泉（使用至2023年9月30日停售）

住宿指南

こけしの宿 招仙閣（しょうせんかく）
☎023-694-9015／地圖p.136-B／純住宿1人3900日圓～
💬小芥子木地師家族經營的和風旅館。大浴池採用源泉式放流溫泉。共有16間。

おおみや旅館
☎023-694-2112／地圖p.136-B／1泊2食25000日圓～
💬建築為數寄屋造樣式。源泉式露天浴池不斷從石牆中湧出溫泉。共有32間。

從江戶時代以來備受喜愛的山間溫泉

遠刈田溫泉

とおがったおんせん

位於山形和宮城縣邊界的藏王連峰。在宮城縣區域有遠刈田溫泉等著名溫泉散布。欣賞完山景後不妨盡情享受泡湯。 地圖p.126-D

交通方式

JR白石藏王站搭乘🚌宮交巴士往遠刈田溫泉方向47分、♀遠刈田溫泉下車👟2分(大沼旅館)。同路線52分、♀宮城蔵王ロイヤルホテル下車🚗接送車20分(峩峩溫泉)、🚗接送車10分(湯元 不忘閣)。

溫泉資訊

遠刈田溫泉:<泉質>鈉·鈣·硫酸鹽·氯化物泉 <泉溫>70°C <功效>神經痛、風濕等 <住宿>旅館·飯店15間 峩峩溫泉:<泉質>鈉·鈣-碳酸氫鹽·硫酸鹽泉 <泉溫>58.1°C <功效>腸胃疾病、美肌效果等 <住宿>1間 青根溫泉:<泉質>鈉-硫酸鹽·碳酸氫鹽泉 <泉溫>52°C <住宿>旅館·飯店5間

小芥子木偶守護的溫泉街

遠刈田溫泉是約有15間旅館林立的溫泉街。有江戶時代營業至今的老店、也有現代化的旅館等,選擇多樣。以宮城傳統小芥子木偶聞名,因此在街上處處都可看到小芥子的相關題材。在**宮城藏王小芥子館**(9:00~17:00)展示超過5500尊小芥子木偶,也可在繪製教室中體驗繪製小芥子40分1000日圓。

從遠刈田溫泉再往藏王連峰方向前進,也座落著其他的溫泉地,青根溫泉是據說伊達政宗也曾來訪的溫泉地。在湯元 不忘閣裡也展示著與之相關的物品;以山中祕湯頗具人氣的峩峩溫泉。獨棟旅館佇立,夏天可欣賞群山青翠,秋天則有美麗的楓紅。

1 大沼旅館的包租露天浴池夜晚饒富風情
2 可參觀與伊達家相關物品的湯元 不忘閣
3 陳列著各地小芥子的宮城藏王小芥子館

住宿指南

遠刈田溫泉	大沼旅館(おおぬまりょかん)	☎0224-34-2206/地圖p.126-D/1泊2食11000日圓~ 💬江戶時代創業的老旅館。能盡情享受源泉式放流溫泉。
峩峩溫泉	峩峩溫泉	☎0224-87-2021/地圖p.126-D/1泊2食16500日圓~ 💬受群山環繞的獨棟旅宿。有兩種溫度不同的浴缸可選,藉此溫暖身體吧。
青根溫泉	湯元 不忘閣(ゆもと ふぼうかく)	☎0224-87-2011/地圖p.126-D/1泊2食15900日圓~ 💬還留存傳說伊達正宗也泡過的浴缸。展示與伊達家有所淵源的物品。

閃耀著翡翠綠光芒的水面

藏王的御釜

象徵藏王的御釜，是會隨著光線變換顏色的神祕之湖。將高山植物群生的景色，以及藏王最引以為傲的著名瀑布也加進行程，一起欣賞吧。

眺望大自然造就的火口湖和瀑布

位於藏王連峰靠近宮城縣境的御釜，為海拔1841公尺的熊野岳、1758公尺的刈田岳和1674公尺的五色岳所環繞的圓形火口湖。因圓形如同大釜一般，而得其名。由火山口積水形成的陷落火山口湖，直徑約330公尺，邊長約1公里，水深最深處達27.6公尺。被稱作「馬背」，由御釜西側延伸的尾根，可在2小時以內來回。從尾根眺望的湖面，火山口的雄壯岩石映照著翠綠色湖水，飄盪神祕的氛圍。五色岳和刈田岳等山宛如環抱著御釜一般橫亙於此。

距御釜約30分鐘車程的地方是駒草的群生地**「駒草平」**。可見到在熔岩礫石的荒地上綻放出惹人憐愛的小小粉色花朵，花季為6月中旬～7月下旬。再開車15分就會到**瀧見台**，可從正面欣賞入選日本瀑布百選的三段式瀑布，三階瀑布（p.126-D）。賞楓季節觀光客絡繹不絕，季節為9月下旬～10月中旬。

交通方式

往御釜，JR白石藏王站搭乘巴士宮交巴士往藏王刈田山頂方向1小時40分、終點下車（唯週六日、假日行駛）步行10分

詢問處

●藏王町農林觀光課 ☎0224-33-2215

●藏王町觀光服務處 ☎0224-34-2725

1 天氣晴朗時可看見令人感動的翡翠色御釜
2 荒涼的駒草平土地上會開滿駒草　3 三階瀑布的落差有181公尺

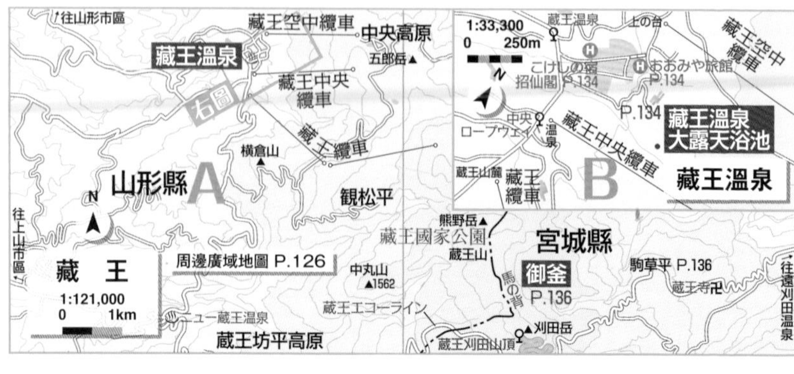

山形

春季櫻花怒放的霞城公園

保有城下町風采並與西洋文化融合的小鎮

山形市有很長一段時間都是繁榮的城下町。山形城遺址以霞城公園之姿受到居民喜愛。市內有山形市鄉土館、文翔館、教育資料館等明治・大正時代的西式建築分布。雖留有城下町的遺跡，卻也有散發異國風情的街道。

前往山形的方法・遊覽順序的小提示

東京出發可搭乘山形新幹線或長途巴士，各地出發請參照p.185。仙台出發可搭JR仙山線或長途巴士，不過巴士較快也較便宜一些。觀光景點都集中於由山形站西口👟10分的霞城公園內。從公園到文翔館👟約15分。

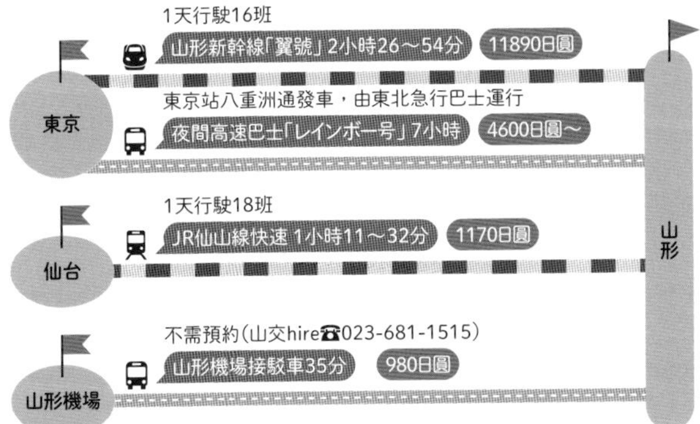

區域的魅力度

觀光景點
★★★
散步
★★★
溫泉
★★★

季節情報：
霞城公園的櫻花季在4月中旬。日本第一的芋煮會在敬老節的前一天，於馬見崎川河岸舉行。

詢問處

山形站觀光服務處
♪023-647-2266
山交巴士服務中心
♪023-632-7272
觀光計程車（山形）
♪023-622-7288

市中心100日圓的循環巴士

「ベニちゃんバス東くるりん」連接山形站東口～鬧區的十日町、本町、七日町（文翔館）～旅篭町～霞城公園～山形站東口。山形的鬧區離車站較遠，所以搭循環巴士購物用餐最方便。

TEKU TEKU COLUMN

山形花笠祭

8月5～7日

約1萬人、100個團體手拿豔麗的花笠起舞。遊行隊伍後方也有大家皆可加入一起共舞的「中途加入區」。

觀賞&遊逛

霞城公園
かじょうこうえん

地圖 p.138-A
JR山形站西口 10分

1357（延文2）年由斯波兼賴所建的山形城遺蹟，亦為國家史跡。約36萬平方公尺佔地內，分布著重建後的二之丸東大手門、山形縣立博物館、棒球場等。山形城原本是座小城，後來是由11代的最上義光加蓋成具有三之丸的大城。出現彩霞時就看不到城，所以亦稱霞之城。最上氏沒落後由鳥居忠政改建，現存的內護城河、土壘和石牆就是當時所流傳下來的。1991年曾進行二之丸東大手門的復原工程，2014年底接著復原本丸一文字門。

山形市観光戦略課 023-641-1212
山形県山形市霞城町3
5:00～22:00（12～3月從5:30開始） P 230輛

山形市鄉土館（舊濟生館本館）
やまがたしきょうどかん（きゅうさいせいかんほんかん）

地圖 p.138-A
JR山形站西口 15分

1878（明治11）年，移建自第一位山形縣令三島通庸所建的縣立醫院「濟生館本館」，並加以修復。三層樓的西式木造建築內展示有關醫療、鄉土的資料等。是國家重要文化財。

023-644-0253 山形県山形市霞城町1-1
9:00～16:30 休 12/29～1/3 ¥ 免費
P 230輛（使用霞城公園內停車場）

山形縣立博物館
やまがたけんりつはくぶつかん

地圖 p.138-A
JR山形站西口 15分

是由本館、教育館、自然學習館所組成的綜合博物館。介紹有關山形的地球科學、植物、動物、考古、歷史、民俗、教育的七個領域，也有許多與民間信仰結合的小芥子及張子人偶、風箏等鄉土玩具。西之前遺蹟所出土的國寶土偶「繩紋女神」可別錯過喔。

023-645-1111 山形県山形市霞城町1-8
9:00～最後入館16:00 休 週一（逢假日則翌日休）
¥ 300日圓（5/5、10/29·30、11/3免費） P 10輛

山形美術館
やまがたびじゅつかん

地圖 p.138-A
JR 山形站東口 🚶15分

多層民房風格的3層樓美術館。展示領域廣泛，從法國藝術、日本藝術到跟山形有關的作品皆有，可恣意觀賞。其中吉野石膏收藏室裡有許多莫內、雷諾瓦等，代表法國近代畫家的作品。

☎ 023-622-3090 📍 山形県山形市大手町1-63
🕓 10:00～17:00(最後入館16:30) 休 週一(逢假日則翌日休、有臨時休)、12/28～1/3
¥ 常設展600日圓(視企劃展變動) P 40輛

最上義光歴史館
もがみよしあきれきしかん

地圖 p.138-A
JR 山形站 🚶15分

讚揚曾統領現今大部分山形縣的最上家與11代最上義光的歴史館。館內可見義光所穿的「三十八間總覆輪筋兜」，及描繪與上杉軍對戰之「長谷堂合戰圖屏風」（複製）等相關物品。位於山形城二之丸東大手門前。

☎ 023-625-7101 📍 山形県山形市大手町1-53
🕓 9:00～17:00(最後入館16:30)
休 週一(逢假日則翌日休) ¥ 免費 P 無

山形縣鄉土館「文翔館」
やまがたけんきょうどかん「ぶんしょうかん」

地圖 p.138-B
JR山形站搭乘🚌經由市役所的路線巴士10分，🚏市役所前下車🚶2分；搭乘🚌ベニちゃんバス東くるりん・西くるりんで10分，🚏旅篭町2丁目下車🚶5分

1916（大正5）年以英國文藝復興風格為主的磚造建築。當時作為縣廳舍與議事堂使用的舊縣廳舍，玄關和正廳、貴賓室等的室內裝潢，都是代表大正初期西洋風建築的貴重建築，被指定為重要文化財。

☎ 023-635-5500
📍 山形県山形市旅篭町3-4-51
🕓 9:00～16:30
休 第1、3週一(逢假日則翌日休)、12/29～1/3
¥ 免費 P 約40輛

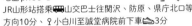

專稱寺
せんしょうじ

地圖 p.138-B
JR山形站搭乘🚌山交巴士往関沢、防原、県庁北口等方向10分、🚏小白川至誠堂病院前下車🚶3分

山形城主最上義光將位於天童的淨土真宗寺院遷移到山形。寺內有1703（元祿16）年重建的歇山頂式本堂以及桃山時代的鐘樓。是出羽五寺之一。

☎ 023-622-5981
📍 山形県山形市緑町3-7-67
＊ 自由參觀 P 10輛

山形縣立博物館教育資料館
やまがたけんりつはくぶつかんきょういくしりょうかん

地圖 p.138-B
JR 山形站搭乘 🚌 山交巴士往沼の辺方向等10分、🚏北高前下車 🚶 1分

原為1901（明治34）年興建的舊山形師範學校校舍。建築是文藝復興式的木造棧瓦屋頂的2層樓建築。本館一棟和正門及門衛所是國家重要文化財。館內採用畫板、模型介紹山形教育的歷程。

☎ 023-642-4397 📍 山形県山形市緑町2-2-8
🕓 9:00～16:30(最後入館16:00)
休 週一、假日、12/28～1/3
¥ 300日圓 P 4輛

購物＆美食

蕎麥麵、咖啡廳、伴手禮

山形まるごと館 紅の蔵

やまがたまるごとかん べにのくら

地圖p.138-A
JR山形站👟10分

此設施使用過去曾為紅花商人的長谷川家宅邸，活用山形歷史、文化，創造嶄新魅力、繁榮為概念，有以下店鋪在營業中。

📍山形県山形市十日町2-1-8
休 1/1～3全館休館
●そば処「紅山水」
使用山形縣產蕎麥，提供手打蕎麥麵。使用山形食材的每月紅御膳備受好評。
📞023-679-5102
🕓11:00～15:00、17:00～21:00（LO20:30）
休 週一（逢假日則翌日休）
●Cafe&Dining「990（クックレイ）」
以地產地消為主題，可享用高雅的法式餐點。
📞023-679-5103
🕓午餐&咖啡廳／11:00～15:30
晚餐／17:30～21:00（週五六、假日前日為17:30～22:00／L.O21:30）
休 週三（逢假日則翌日休，會補休）
●おみやげ処「あがらっしゃい」
販售山形的美味跟傳統工藝品。
📞023-679-5104
🕓10:00～18:00
休 全館休館日以外無休
●「街なか情報館」
作為街上觀光據點，介紹山形的魅力所在。
📞023-679-5101
🕓10:00～18:00
休 1/1～3全館休館日以外無休
■觀光租借腳踏車【免費】
・受理　10:00～16:00
・期間　4月～10月

乃梅

佐藤屋本店

さとうやほんてん

地圖p.126-C
JR山形站👟15分

販售「乃梅」的老鋪。於文政年間（1818～29）發展成形的乃梅，是將山形產的成熟梅子過篩後以洋菜熬煮，再以竹皮夾起固定的點心。有1袋5片裝648日圓、1盒10片裝1296日圓。

📞023-622-3108
📍山形県山形市十日町3-10-36
🕓8:30～18:00　休 元旦
P 5輛

白露富貴豆

山田家

やまだや

地圖p.138-A
JR山形站搭乘🚌市中心循環巴士5分、📍本町下車👟1分

創立80年的「富貴豆」名點老店。將一顆顆剝過皮的青豌豆煮成又軟又甜的生菓子。富貴豆280g500日圓、盒裝600日圓～。

📞023-622-6998
📍山形県山形市本町1-7-30
🕓9:00～18:00
休 週二、第3週一　P 無

住宿指南

JR東日本大都會大飯店 山形	📞023-628-1111／地圖p.138-A／Ⓢ7700日圓～、Ⓣ16400日圓～ 💬直通山形站。可以在旁邊的S-PAL山形採買伴手禮，地點很方便。
山形格蘭德飯店	E023-641-2611／地圖p.138-A／Ⓢ4600日圓～、Ⓣ8400日圓～ 💬從單人房到商務取向的房型都有，共7種。館內還裝飾著美術品。
山形七日町華盛頓飯店	📞023-625-1111／地圖p.138-A／Ⓢ5200日圓～ 💬建於繁華鬧區，無論觀光或商務用途都很方便。
康福飯店 山形	📞023-615-4122／地圖p.138-A／Ⓢ5800日圓～、Ⓣ7200日圓～ 💬從車站步行僅2分的絕佳位置。除了免費早餐，還有很多划算的住宿方案可選擇。
SUPER HOTEL 山形站西口 天然溫泉	📞023-647-9000／地圖p.126-A／Ⓢ5000日圓～、Ⓦ6400日圓～ 💬15:00～翌日10:00有男女分開的天然溫泉可使用。早餐免費。

彌漫大正浪漫情懷、溫泉蒸氣繚繞的街道

銀山溫泉

ぎんざんおんせん

林立著3、4層樓高饒富情趣的木造建築，像是時光倒流至大正時代一般。穿上浴衣悠閒的漫步吧。

地圖p.180-F

交通方式
JR奧羽本線大石田站搭乘🚌はながさ巴士往銀山溫泉方向36分，720日圓，終點站下車即到。

溫泉資訊
＜泉質＞硫化氫泉　＜泉溫＞63.8°C　＜功效＞神經痛、慢性關節風濕、婦科、皮膚病等
＜住宿＞旅館・飯店3間
＜詢問處＞銀山溫泉觀光服務處
☎0237-28-3933

在街道上感受懷舊氛圍

在銀山川兩岸林立著木造建築的旅館，洋溢著大正時期的溫泉街風情。黃昏之際，沿著小河的瓦斯燈以及佇立街旁的復古木造旅館燈光亮起時，更有氣氛。溫泉是由在此地後方延澤銀山工作的礦工所發現。銀山封閉之後此地便發展成為繁榮的溫泉街。

共同浴場有鉑湯、かじか湯（整修中）、おもかげ湯（整修中）這三處，其中最受歡迎的是**鉑湯**（8：00～17：00、週一休或不定休、500日圓），四周以木製細格環繞為特色的建築，1樓跟2樓都有一個個室內浴池，每天採男女輪流制。若採想買伴手禮，可到おもかげ湯隔壁的八木橋商店（http://www.yagihashi-shouten.com/）挑選各式各樣的山形當地酒。

在溫泉街底的白銀公園，可看到雄壯的2道水柱奔流的白銀瀑布。泡完溫泉後，不妨來此享受森林和瀑布的負離子吧。

1懷舊的街道充滿魅力
2鉑湯的室內浴池
3高22公尺的白銀瀑布

住宿指南

銀山荘	☎0237-28-2322／地圖p.180-F／1泊2食19250日圓～ 💬位在溫泉街入口的大型旅館，以視野絕佳的露天浴池大受歡迎。
古山閣（こざんかく）	☎0237-28-2039／地圖p.180-F／1泊2食19950日圓～ 💬經營了18代的老旅館。無論玄關、客房、擺飾品都充分營造出氛圍。
旅館藤屋	☎0237-28-2141／地圖p.180-F／1泊2食29800日圓～ 💬3層樓的木造和風旅館。有五處風情各異的露天浴池。

隨興遊逛

參拜山寺

やまでらさんぱい

山寺，正式名稱為寶珠山立石寺，是慈覺大師於860（貞觀2）年建立之天台宗山。為東北地方具代表性的聖地而受到人們的信仰。俳人松尾芭蕉也曾來訪。

地圖p.126-B
JR山寺站登山口 🥾6分
立石寺本坊 ☎023-695-2843
🕗8:00～17:00 休無休 ¥300日圓

行程時間

山寺站
↓ 🥾8分
01 根本中堂
↓ 🥾12分
02 蟬塚
↓ 🥾5分
03 仁王門
↓ 🥾10分
04 奧之院・大佛殿
↓ 🥾5分
05 開山堂
↓ 🥾5分
06 五大堂
↓ 🥾25分
07 山寺芭蕉紀念館
↓ 🥾8分
山寺站

總步行時間
1小時18分

從山門到奧之院有800多級石階。從登山口繞行山門～奧之院、五大堂的導覽服務需1小時30分，1組2000日圓。於2日前洽山寺觀光服務處 ☎023-695-2816預約。從山寺步行10分左右就會到山寺芭蕉紀念館。

01 參觀 10分

根本中堂

こんぽんちゅうどう

走上登山口位於正面的佛堂。1356（延文元）年，由初代山形城主斯波兼賴重建之歇山頂式建築。據說是日本最早使用山毛櫸木材的建築物，為國家重要文化財。堂內置有據說為慈覺大師所做的木造藥師如來像。

02 參觀 5分

蟬塚

せみづか

位於通過山門登上石階的途中。1751（寶曆元）年，村山地區的俳人們將寫著松尾芭蕉所詠的俳句「萬籟俱寂，蟬鳴聲聲滲入石」的短冊埋在此地，並豎立了刻有這句的石碑。當初是建在山門邊，但後來便移建到現在的場所。

03 參觀 5分

仁王門

におうもん

在參道的半途。在1848（嘉永元）年重建為櫸木製，擁有優美構造的門，以全日本最古老的櫸木建築為傲。安置於左右的仁王尊像為佛師運慶的弟子們所作，據說是為了守護此處，避免心懷邪念的人進入。

04 參觀 10分

奧之院・大佛殿

おくのいん・だいぶつでん

通稱為奧之院的如法堂。往前一點的地方，佇立著日本三大燈籠之一的金燈籠。此外這裡也安置著慈覺大師從中國帶回的釋迦如來以及多寶如來的本尊。而奧之院的左手邊則是安放著高5公尺的黃金阿彌陀如來像的大佛殿。

05 參觀 10分

開山堂
かいざんどう

祭祀立石寺鼻祖的慈覺大師，安置著大師的木造尊像。在開山堂崖邊下方的自然洞窟裡，埋葬著存放慈覺大師遺骨的金棺。位於開山堂右邊，抄寫經書用的納經堂，是山寺現存最古老的建築物。

06 參觀 10分

五大堂
ごだいどう

祭祀五大明王，祈求天下太平的道場。從斷崖絕壁突出，是山寺裡視野最佳的場所。可眺望修行者修行的斷崖絕壁岩場以及位於下方的門前町。也被選為日本的音風景100選之一，站在這風景裡似乎可以詠出精彩的詩句。

三重小塔
04奧之院·大佛殿
釈迦堂
華蔵院
金灯籠
05開山堂
中性院
納經堂
金乗院
胎内堂
性相院

本尊為阿彌陀如來，並且安置著據傳為運慶所刻的毘沙門天像。也有伊達政宗生母之牌位。

03仁王門
弥陀洞

收藏佛像、宗教資料、文化財。留下日本最古老的傳教大師像。9:00～17:00、門票200日圓。

02蟬塚
山門
宝物殿
01根本中堂
常行念仏堂
日枝神社
こけし塚

通道兩側餐飲店和伴手禮店林立。

対面岩
大日堂
登山口
仙山線
宝珠橋
山寺觀光服務處
立谷川
やまでらレトロ館（舊山寺ホテル）
山寺駅

07山寺芭蕉紀念館

07 參觀 40分

山寺芭蕉紀念館
やまでらばしょうきねんかん

紀念館以松尾芭蕉留下的墨寶為主，展示著與「奧之細道」相關的資料。

地圖p.126-B
JR山寺站 8分山寺芭蕉記念館
023-695-2221
山形県山形市山寺南院4223
9:00～16:30
休 不定(要洽詢)
¥400日圓
P 40輛

TEKU TEKU COLUMN

嘗嘗力蒟蒻
山形特產圓蒟蒻。在山門下的商店以100日圓販賣，可以在休息時品嘗看看。

眺望「奧之細道」首屈一指的景觀

象潟和「奧之細道」

據說芭蕉在「奧之細道」之旅中最主要的目的地就是與松島匹敵的象潟。隨著地表隆起，現今只能想像過去曾有的景致。 地圖p.180-A

緬懷過去眾多島嶼的美麗景色

芭蕉是在元祿2（1689）年來到象潟。歌詠象潟的一句「象潟雨中合歡花，宛如西施紅顏薄」，將這裡的景色與中國四大美人西施相比擬，表現兩者的優美和無常。

象潟過去曾是南北長2公里、東西寬1公里，並有上百個小島佇立在其中的內灣，在1804（文化元）年由於地震而隆起成為陸地。本莊藩想在此進行開發時，受到蚶滿寺第24世住持的覺林和尚反對。以寺院為閑院宮家的御祈願所為由，成功阻止開發，因而將景觀保存至今。

在象潟漫步，首先前往**象潟鄉土資料館**（♪0184-43-2005）。有介紹地形的模型，以及親筆寫下「鶴立腰長，足入海浪似清涼」一句的短冊等，展示著芭蕉的蹤跡。想欣賞美景，可前往位於曾是此處最大島嶼，象潟島的**蚶滿寺**。從参道和寺廟內的庭園處，可緬懷過去曾是眾多島嶼的小山丘景色。

另外也有從象潟站出發沿著舊路，繞行芭蕉當時投宿的向屋遺跡和可欣賞烏海山的欄杆橋等，長約2.9公里的「象潟散步道」。而在位於山形縣的縣境處，也有芭蕉實際走過的**三崎山舊街道**，散步約30分。

交通方式

往象潟可由秋田站搭乘羽越線特急「稻穗號」50分。由酒田可搭乘同特急班次30分。

詢問處

仁賀保市觀光協會 ♪0184-43-6608

1 從曾是象潟島的蚶滿寺参道上眺望的象潟。初夏時的水田景色便是當時的樣子　2 象潟鄉土資料館展示著當時的地形。也展示著北前船寄港地　3 蚶滿寺本堂。寺廟腹地內有珍貴木材和刻著芭蕉俳句的石碑、繫船的石頭等　4 奧之細道三崎山舊街道。滿是岩石的崎嶇道路還殘留著一里塚和五輪塔　5 たつみ寛洋ホテル的晚餐。菜色是傍晚競價買進的庄內濱的海鮮

住宿指南

たつみ寛洋ホテル

♪0184-32-5555／地圖p.180-A／1泊2食11000日圓～
象潟站即到。有仲介身分而能取得象潟漁港現撈當地漁獲的料理備受好評。

酒田

遮陽擋風的櫸木行道樹與山居倉庫

酒田是因最上川的船運而繁榮。位於米倉——庄內平原，觀光景點有與大地主本間家相關的景點和歷史建築。

前往酒田的交通方式

東京搭乘山形新幹線、陸羽西線再轉乘至酒田4小時28分～5小時24分，14320日圓。經由新潟的上越新幹線～羽越本線特急3小時52分～4小時37分，14480日圓。夜間巴士從BASTA新宿出發8小時35分，8100日圓。從仙台搭乘高速巴士3小時30～35分，3400日圓。從庄內機場往市區的巴士35分，860日圓。

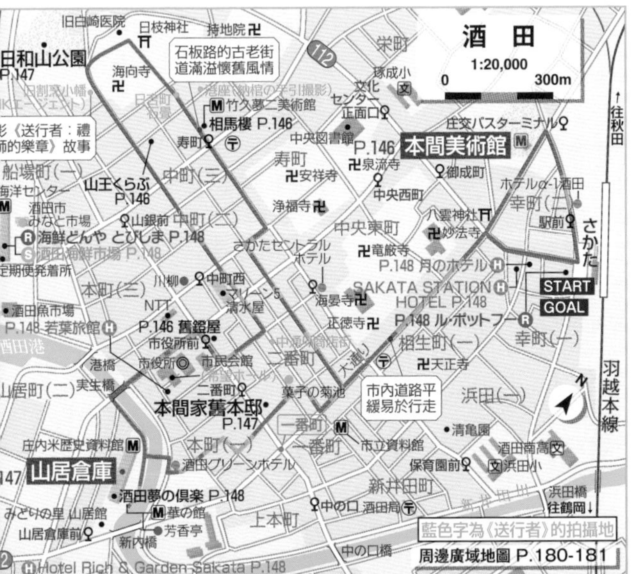

區域的魅力度

觀光景點
★★★
散步
★★★
溫泉
★

季節情報：
無形民俗文化財的黑森歌舞伎在2月15、17日。酒田港祭・酒田煙火秀（8月第1週六）。
是2008年9月上映的電影《送行者：禮儀師的樂章》的外景地。山居倉庫和仲通商店街等都在該電影中登場。

詢問處

酒田觀光物產協會
☎0234-24-2233
酒田站觀光服務處
☎0234-24-2454
酒田市觀光振興課
☎0234-26-5759
庄內交通㈱巴士總站
☎0234-24-9292

使用循環巴士

前往主要地區一律200日圓的「るんるん巴士」，A線、B線、酒田大學線每日行駛；C線、D線、酒田站飯森山線為週二四六行駛；古湊アイアイひらた線為週一三五行駛。

自行車租借

除了土門拳記念館之外景點都相當集中，騎自行車觀光也很方便。車站的觀光服務處和山居倉庫等處都可免費使用。9:00～17:00。

觀賞＆遊逛

本間美術館
ほんまびじゅつかん

地圖p.145
JR酒田站 5分

本館清遠閣是為了接待藩主所建的本間家舊別墅，在此展示從東北諸藩賜予本間家的物品，手工精細的建築可別錯過了。鶴舞園是回遊式庭園，春天時的白杜鵑最美。新館則舉辦古典藝術～現代藝術的企劃展。

0234-24-4311
山形県酒田市御成町7-7
9:00～17:00（11～3月為～16:30）
休 12～2月的週二三（逢假日則翌日休）、展覽替換期間
¥ 1100日圓　P 50輛

舊鐙屋
きゅうあぶみや

地圖p.145
JR酒田站搭乘 庄内交通巴士8分、市役所前下車 即到

因船運而繁榮的船運代理商，身為酒田三十六人之一的鐙屋的房舍。1845（弘化2）年火災之後重建，是石舖杉樹皮屋頂的典型町家建築。

0234-22-5001
山形県酒田市中町1-14-20
※因進行耐震工程而休館至2025年3月
9:00～16:30
休 12～2月的週一（逢假日則翌日休）
¥ 390日圓　P 使用酒田市役所的停車場

相馬樓
そうまろう

地圖p.145
JR酒田站搭乘 庄内交通巴士往湯野浜温泉方向3分，寿町下車 即到

公開展示江戶時代開業，並於1895（明治28）年重建後營業到1994（平成6）年的高級料亭。除了展示竹久夢二作品的夢二美術館以外，2樓還可欣賞相馬樓酒田舞孃的舞蹈（14:00～、另收2500日圓）。指定為國家登錄文化財建築。

0234-21-2310　山形県酒田市日吉町1-2-20　10:00～16:00（最後入場15:30）
休 週三、過年期間　¥ 1000日圓　P 15輛

山王俱樂部
さんのうくらぶ

地圖p.145
JR酒田站搭乘 庄内交通巴士3分、寿町下車 3分

建於1895（明治28）年，重新利用被登錄為國家文化財的舊料亭。展示著酒田歷史相關資料，以及日本三大吊飾之一「酒田傘福」。

0234-22-0146　山形県酒田市日吉町2-2-25
9:00～17:00（最後入館16:30）
休 12～2月的週二（逢假日則翌日休）、12/29～1/2
¥ 800日圓　P 34輛

山居倉庫

さんきょそうこ

地圖p.145
JR酒田站搭乘 るんるん巴士酒田站大學線8分，倉庫前下車 即到

1893（明治26）年建為酒田稻米交易所的附設倉庫。現為JA全農山形的農業倉庫。在一旁的庄內米歷史資料館，重現稻米的查驗情況和農家生活等。

庄內米歷史資料館 0234-23-7470
山形県酒田市山居町1-1-20
9:00～17:00（12/1～28至16:30）
休 過年期間　¥ 300日圓　P 30輛

土門拳紀念館

どもんけんきねんかん

地圖p.180-A
JR酒田站搭乘 るんるん巴士16分、土門拳記念館下車 2分

建在飯森山公園內，可一望鳥海山的攝影專門美術館。土門拳是出身酒田市的攝影家，以「古寺巡禮」等作品生動地拍下日本之美、日本人精神。收藏他的所有作品約7萬件，並依序展示。

0234-31-0028
山形県酒田市飯森山2-13 飯森山公園內
9:00～17:00（最後入館16:30）
休 12～3月的週一（逢假日則翌日休）、過年期間
¥ 800日圓（特別展費用另計）　P 145輛

POINT

漫步途中／有建築物的公園內最適合散步
池塘的周圍在繡球花季時特別迷人。

日和山公園

ひよりやまこうえん

地圖p.145
JR酒田站搭乘 庄內交通巴士5分、寿町下車 5分

位於台地，可眺望日本海的公園。在園內有1895（明治28）年建造的木製六角燈塔、傳承港都酒田歷史的方角石、還有以1/2比例重現的千石船。

0234-26-5759　山形県酒田市南新町1-127
＊自由入園　P 63輛

TEKU TEKU COLUMN

令人感受到武家的威嚴 去看看本間家的舊本邸吧

地圖p.145

港都酒田是保存著許多歷史建築物的城鎮。本間家舊本邸為第三代光丘於1768（明和5）年，建造的幕府巡見使宿舍。鋪設棧瓦屋頂的平屋書院建築，是將武家住宅與商家合併的建築，在全日本也是相當稀少。

0234-22-3562　9:30～16:30（11～2月為～16:00）　休 12月下旬～1月上旬
¥ 900日圓　＊JR酒田站搭乘 るんるん巴士酒田站大學線6分，二番町下車 即到

酒田

購物＆美食

海鮮料理

海鮮どんや とびしま

かいせんどんや とびしま

地圖 p.145
♀酒田站搭乘🚌庄內交通巴士4分、♀山銀前下車👟10分

位於さかた海鮮市場2樓，以親民的價格提供庄內濱地區捕獲的新鮮當季海產。舟盛膳1100日圓，數量有限。極海鮮丼1518日圓。

☎ 0234-26-6111
📍 山形県酒田市船場町2-5-10
🕒 7:00～9:00、11:00～18:00
休 1/1、2/28　＊ 130席
P 300輛

法式料理

ル・ポットフー

地圖 p.145
JR酒田站👟 3分

採用當地的新鮮海產，受來訪酒田的開高健、山口瞳等文人稱讚的知名法式餐廳。可品嘗每日午間全餐2500日圓～，主餐可選肉、魚、山形牛，晚餐有4400日圓～等的全餐料理。

☎ 0234-26-2218
📍 山形県酒田市幸町1-10-20 日新開発ビル3F
🕒 11:30～14:00LO、18:00～20:00LO
休 週三(逢假日則翌日休)
＊ 80席　P 50輛

海產

酒田海鮮市場

さかたかいせんいちば

地圖 p.145
♀山銀前下車👟10分

店內匯集了從庄內濱捕獲的四季鮮魚到乾貨、加工食品等多樣的海產。夏季時日本海的海味，岩牡蠣1個500日圓起。

☎ 0234-23-5522
📍 山形県酒田市船場町2-5-10
🕒 8:00～18:00(2月至17:00)
休 請見官網
P 300輛

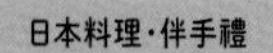

日本料理・伴手禮

酒田夢の倶楽

さかたゆめのくら

地圖p.145
JR酒田站搭乘🚌るんるん巴士8分、♀山居町東下車即到

改建山居倉庫南方2棟建築，1棟為介紹酒田歷史文化之「華之館」(免費入館)。另1棟是由餐廳「芳香亭」，以及販售酒田特產、伴手禮的「幸之館」所構成。使用酒田高級糯米女鶴的女鶴大福（1日限定50個）1個165日圓等的名產點心也很受歡迎。

☎ 0234-22-1223
📍 山形県酒田市山居町1-1-20
🕒 9:00～18:00(12～2月至17:00，芳香亭為11:00～14:30、17:30～21:00 LO)
休 1/1(芳香亭為週一晚休)
P 30輛

住宿指南

Hotel Rich & Garden Sakata ホテルリッチ&ガーデン酒田	☎0234-26-1111／地圖p.145／Ⓢ5100日圓～、Ⓣ10200日圓～ 💬距離山居倉庫很近，內有自然派餐廳ふきのとう，目前不提供晚餐。
月のホテル	📞0120-980-529／地圖p.145／Ⓢ17820日圓～、Ⓣ20570日圓～(附早餐) 💬作為站前的觀光據點，非常方便。
SAKATA STATION HOTEL	☎0234-22-0033／地圖p.145／Ⓢ3700日圓、早餐＋600日圓 💬從JR酒田站步行3分可達。1樓有喫茶店「珈琲 木戸銭」。
若葉旅館	☎0234-24-8111／地圖p.145／1泊2食11000日圓～ 💬和風旅館。使用日本海新鮮海鮮的料理很受好評。

近在眼前的溪谷之美

最上峽乘舟順流

從江戸時期開始作為搬運物資所用的最上川。在順流而下的船上盡情欣賞這條河川之中數一數二的著名景勝 — 最上峽的雄偉景色吧。

地圖p.180-E

交通方式

● 最上峽芭蕉線
JR古口站🚶7分。※從下船處「川の駅・最上峡くさなぎ」有往JR高屋站、古口站的接駁巴士(200～400日圓，1小時1班)。

● 最上川渡船義經浪漫觀光
從JR高屋站步行至高屋乘船處🚶2分

從河面上欣賞最上川的美景

最上川是流經米澤盆地、山形盆地、庄內平原，最後注入日本海的一級河川。在古口～清川之間延伸約16公里的最上峽，是日本三大急流之一，也是最上川首屈一指的名勝，是欣賞新綠和楓紅的最佳景點。

想要好好享受最上峽的景色，推薦乘船順流而下。在江戸時代，最上川作為通路線，連結起河口商業都市酒田與座落於內陸的山形，有幾百艘船隻往來其中。「最上川芭蕉航線」重現了當時的檢查所，從戸澤藩船番所行駛至川の駅・最上峡くさなぎ。「義經浪漫觀光」航線在白絲瀑布drive-in受理，在高屋乘船場搭乘。沿途的景點有當時義經一行人來到此處時，由隨從常陸坊海尊建立的仙人堂、以及大小48座瀑布、白絲瀑布等。可一邊聽著船歌，一面欣賞四季的風情。

1雄偉的最上峽　2也有欣賞最上峽兩岸的巨木神代杉的散步行程　3春季時河川沿岸花朵綻放

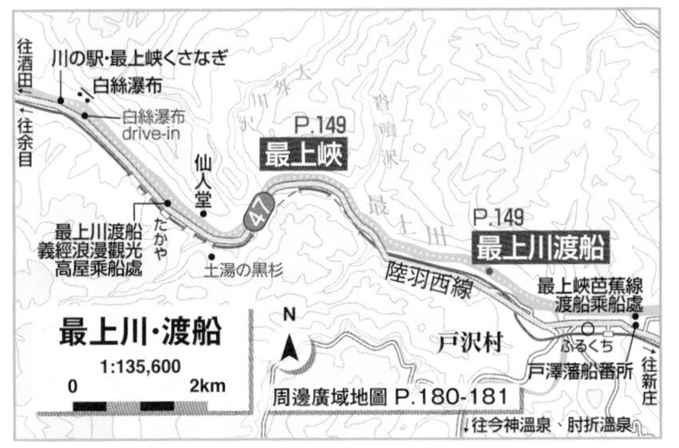

最上峽芭蕉線
☎0234-72-2001
🕓8:30～17:00(12～3月為9:10～16:20)、週六～一有12班，其他月份有7班
㊡無休　¥乘船費2500日圓

最上川渡船義經浪漫觀光
☎0234-57-2148(可預約)
🕓10:00～15:00
平日4班，週六日、假日為6班
㊡無休(冬季需洽詢)
¥乘船費2800日圓

鶴岡

移建至致道博物館的舊西田川郡公所

鶴岡做為庄內藩酒井家的城下町而繁榮，仍保留明治、大正時期建造的西式建築。也有許多和文學家相關的觀光景點。

前往鶴岡的方法

從東京搭乘上越新幹線，在新潟站轉乘羽越本線特急到達鶴岡站約3小時33分～4小時18分，13980日圓。搭乘經由新庄的山形新幹線，則在陸羽西線的余目站轉乘羽越本線4小時56分～6小時3分，14320日圓。從BUSTA新宿搭乘夜間巴士為7小時30分，7800日圓。從庄內機場搭乘巴士前往市區需25分，780日圓。

區域的魅力度

觀光景點
★★★
散步
★★★
溫泉
★★

季節情報：
天神祭（5月25日），莊內大祭（8月14、15日）。庄內濱的岩牡蠣為夏季美食。
溫泉的話，由鶴岡站前搭巴士到湯野濱溫泉需40分，到湯田川溫泉需30分。

詢問處

DEGAM鶴岡ツーリズムビューロー
☎0235-25-7678
鶴岡市觀光物產課
☎0235-25-2111
庄內交通㈱巴士總站
☎0235-24-5333

鶴岡自行車租借

車站內的觀光服務處可免費租借自行車，營業時間為9:30～17:00，12～3月休。☎0235-25-7678

與觀光導遊同行

只要5天前向市觀光物產課預約，即可委託導遊介紹鶴岡公園周邊，以及關於藤澤周平的相關處所。導覽1人1000日圓。
☎0235-24-7779

觀賞＆遊逛

致道博物館
ちどうはくぶつかん

地圖p.150
JR鶴岡站搭乘🚌庄交巴士往湯野浜温泉、あつみ温泉方向10分、♀致道博物館前下車👟2分

舊庄內藩主酒井氏於1950（昭和25）年將御用住宅捐出後設立的博物館。占地內除了有列為重要文化財的舊西田川郡公所和田麥俣多層民家（下圖）外，西洋風舊鶴岡警察署（右圖）也被移建過來。展出考古、民俗資料等。

☎0235-22-1199 📍山形県鶴岡市家中新町10-18
🕘9:00～17:00（12～2月至16:30）、入館至30分前
休 無休(12～2月為週三休) ¥ 800日圓 P 20輛

大寶館
たいほうかん

地圖p.150
JR鶴岡站搭乘🚌庄交巴士往湯野浜温泉、あつみ温泉方向10分、♀市役所前下車👟2分

1915（大正4）年時為紀念大正天皇登基而建立。特徵是巴洛克風窗戶，以及文藝復興風的屋頂。現在則展示明治文豪高山樗牛、知名時代小說家藤澤周平等，鶴岡出身的文人資料及遺物。

☎0235-24-3266 📍山形県鶴岡市馬場町4-7
🕘9:00～16:30 休 週三(逢假日則翌日休)、過年期間 ¥ 免費 P 無

庄内藩校致道館
しょうないはんこうちどうかん

地圖p.150
♀市役所前👟即到

9代藩主酒井忠德於1805（文化2）年設立的學校，教授荻生徂徠所提倡的徂徠學。講堂為舉行始業式的場所。在聖廟中祭祀儒學之祖孔子，並於藩主和家臣出入的御入間做了防止盜賊侵入的措施。

☎0235-23-4672 📍山形県鶴岡市馬場町11-45
🕘9:00～16:30 休 週三(逢假日則翌日休)、過年期間 ¥ 免費 P 110輛

鶴岡天主教會天主堂
つるおかカトリックきょうかいてんしゅどう

地圖p.150
♀マリア幼稚園前下車👟6分

在法籍Dalibert神父捐出個人財產等眾人的捐獻下，於1903（明治36）年竣工的高23.7公尺天主堂（重要文化財）。有著和彩繪玻璃不同，以特殊技法製成的窗畫，在副祭壇還有日本唯一的「黑色聖母像」。

☎0235-22-0292
📍山形県鶴岡市馬場町7-19
🕘7:00～18:00(冬季至17:00)
休 不定休 ¥ 免費 P 無

舊風間家住宅丙申堂
きゅうかざまけじゅうたくへいしんどう

地圖 p.150
JR鶴岡站搭乘🚌庄交巴士往湯野浜温泉方向5分、♀銀座通り下車👟3分

風間家為庄內藩的御用商人，幕末時成為鶴岡第一富商。這棟建築物為1896（明治29）年由第7代當家建立的住家兼店舖。杉皮葺工法的石置屋頂，以及三角形狀橫梁的藥醫門（武家門），傳達出當時繁榮之風貌。

☎ 0235-22-0015　📍山形県鶴岡市馬場町1-17
🕘 9:30～16:30（最後入館16:00）
休 4/10～11/30開館，除7/13外期間無休
¥ 400日圓（釋迦堂共通券）　P 10輛

STUDIO SEDIC 庄內外景拍攝場地
すたじおせでぃっくしょうないおーぷんせっと

地圖p.180-E／🚌庄交巴士往羽黑山頂，在♀石の館サンロード前巴士站下車，再搭乘計程車20分

在月山山麓的廣闊自然中為了拍攝電影而搭建，座落著山間聚落或古代驛站等的室外布景。《阿信》等皆在此攝影。

☎ 0235-62-4299／0235-62-4600（羽黒タクシー）
📍山形県鶴岡市羽黒町川代東増川山102
🕘 9:00～17:00（入場至16:00、10/1～11/11～至16:00、最終入場15:00）
休 4月下旬～11月上旬開園，期間無休
¥ 1300日圓　＊村內周遊巴士500日圓
P 400輛

羽黑山
はぐろさん

地圖 p.180-E
JR羽越本線鶴岡站搭乘🚌庄內交通巴士往羽黒山頂55分、♀終點下車

有1400年以上歷史的山岳宗教聖地──出羽三山。中心的羽黑山山麓，手向地區匯集了32間的宿坊住宿設施。在羽黑山的參道旁的參籠所，可品嘗到使用山麓處採得的山菜等食材做的素齋。

☎ 0235-62-2357（預約料理）
📍山形県鶴岡市羽黒町手向字手向7
🕘 11:00～14:00。需預約。
¥ 精進料理御膳2200日圓～、涼風膳5500日圓～

TEKU TEKU COLUMN

欣賞沉入地平線的夕陽 一邊享受湯野濱溫泉

地圖 p.180-E
JR鶴岡站搭乘🚌庄交巴士往湯野浜溫泉35分、終點下車

遙望鳥海山、面向庄內濱的海濱溫泉，林立著17間旅館。在屋頂附設露天浴池及觀景浴池等的旅館，能夠一邊泡著溫泉，一邊欣賞夕陽沉入日本海，還能品嘗夏季的岩牡蠣等日本海特產。有海辺の宿都屋等旅館。

湯野濱溫泉觀光協會 ☎ 0235-75-2258
📍山形県鶴岡市湯野浜

購物＆美食

割烹料理

すたんど割烹みなぐち
すたんどかっぽうみなぐち

地圖p.150
JR鶴岡站搭乘🚶15分

利用慶應年間建造的倉庫，有著懷舊風情的日本料理店。使用庄內特產和新鮮食材製成的和食和西餐頗受好評。將庄內豬燉煮3天的滷肉是極品。自製鮮蝦燒賣770日圓，很受女性歡迎。也有使用庄內產的魚和有機蔬菜等的季節宴席料理3240日圓～。午間便當1500日圓（需預約）、迷你宴席料理2750日圓。

0235-23-3791
山形県鶴岡市山王町8-10
11:00～14:00、17:00～21:00LO
休 第1、4、5週一，第2、3週日（第2、3週一逢假日則週日營業）　＊56席　P 4輛

醬菜

鶴岡駅前本長商店
つるおかえきまえほんちょうしょうてん

地圖p.150
JR鶴岡站搭乘🚶2分

1908（明治41）年創業的老醬菜店。販賣使用米鄉庄內的高級酒粕製作的酒糟蔬菜、醃漬的新鮮時令蔬菜、山菜等。酒粕醃漬的小黃瓜、茄子、瓜類各648日圓～。芥末醃一口茄子567日圓～。

0235-22-0616
山形県鶴岡市末広町6-5
10:30～18:00
休 週日
P 3輛

彩繪蠟燭

富樫絵ろうそく店
とがしえろうそくてん

地圖p.150
JR鶴岡站搭乘湯野浜温泉方向的巴士3分、山王町下車🚶1分

鶴岡傳統工藝的彩繪蠟燭1支330日圓～。也稱為花紋蠟燭，使用顏料畫上牛車、蓮花、花卉等圖案。若在2、3天前預約，就可以體驗彩繪，1支550日圓～。需30分～1小時。

0235-22-1070
山形県鶴岡市山王町10-52
9:00～11:00、13:00～16:00
休 第三週日
P 6輛

鶴岡

住宿指南

HOTEL ROUTE-INN TSURUOKA EKIMAE ホテルルートイン鶴岡駅前	0235-28-2055／地圖p.150／Ⓢ7050日圓～、Ⓣ9050日圓～ 配備大浴場的車站附近飯店。房客可免費享用自助式早餐。
APA HOTEL山形鶴岡駅前	0235-25-0111／地圖p.150／Ⓢ15000日圓～、Ⓣ23000日圓～ 就位在鶴岡站前，作為觀光的據點很方便。早餐是使用當地食材的自助式早餐。
東京第一飯店鶴岡	0235-24-7611／地圖p.150／Ⓢ8200日圓～、Ⓣ9700日圓～ 備有溫泉的都會飯店。展望露天浴池可一覽庄內平原的風光。
愉海亭（ゆかいてい）みやじま	0235-75-2311／地圖p.180-E／1泊2食23100日圓～ 湯野濱溫泉的和風旅館，以視野絕佳的露天浴池自豪。

與鮭魚共榮的城下町

在村上學習、欣賞、品嘗鮭魚

村上市區還保留著町家建築，據說是越後地區最北部的城下町。也以捕撈鮭魚和人工孵育野放著名，有許多與鮭魚相關的觀光景點。 地圖p.182-A

享受「鮭」盡其用的城鎮散步

村上這片自古以來就以鮭魚維生的土地，在江戶時期是以鮭魚魚獲的稅金支撐著藩的財政。維持並增加鮭魚產量的對策，早在江戶末期就由武士青砥武平治開始實施，因注意到鮭魚的迴游習性，便在三面川設置了稱為「種川」的分流道，留住鮭魚使其在此產卵。位於市區的鮭魚資料館·**イヨボヤ会館**，可看到與種川相接的地下生態觀察室。在10～12月也可以透過玻璃觀察溯溪而上產卵的鮭魚生態。

在村上也相當盛行將溯溪而上的鮭魚捕獲後，施以人工授精後再野放。捕撈的情景可在連結三面川兩岸的柵欄·**魚梁**處看到，而設置魚梁處也施行傳統的撈捕方法「**居繰網魚**」。這是由四艘小舟組成菱形隊伍，前面的兩艘張網，後方的兩艘船將鮭魚趕入漁網的捕撈方式，皆可在10月下旬～12月上旬的魚獲期間參觀。

為了不浪費任何溯流而上的鮭魚，因而衍伸出村上的鮭魚食用文化，吃法甚至多達100種以上，其中又以鹽漬鮭魚最具代表性。距車站20分鐘路程的**味匠喜っ川**，會將取出內臟的鮭魚抹上鹽後放置，待去除鹽分後，從11月底開始風乾3週。店門前將鹽漬鮭魚吊掛朝下的畫面，是村上地區晚秋時節的風情畫。將這些再乾燥、發酵一年後以酒醃漬，正適合作為下酒菜。另外在車站前的**石田屋**，可品嘗到鮭魚卵炊飯1600日圓等。

交通方式
前往村上由新潟站搭乘羽越線特急「稻穗號」50分。

1 喜っ川的店主形容醃漬鮭魚是「村上的風和鹽創作出的藝術品」 2 用魚梁阻止鮭魚迴游，在臨近岸邊設置的「陷阱柵」捕撈 3 居繰網魚的方式仍用古時的木造小船進行作業 4 石田屋的鮭魚卵炊飯。柔軟的鮭魚卵在口中裂開來 5 喜っ川的鮭魚商品。鹽漬切片1361日圓，酒漬為1426日圓

イヨボヤ会館 ♪0254-52-7117 ⓘ9:00～16:30 休12/28～1/4 ¥600日圓
味匠喜っ川 ♪0254-53-2213 ⓘ9:00～18:00 休元日
石田屋 ♪0254-53-2016 ⓘ11:00～14:00、17:30～20:30LO（僅週日、假日白天） 休過年期間、每月1次週一休
村上市観光協会 ♪0254-53-2258
※居繰網魚上午1次，時間須確認

會津磐梯

福島·會津
1:300,000
0
6km
周邊廣域地圖 P.182-183
N
飯豐町
山形縣
P.133 小野川溫泉
P.133 河鹿荘
田沢
北股岳
2025
飯豊山
2105
御西岳
2013
大日岳
2128
櫛が峰
1866
三国岳
1644
大塚山
1322
飯森山
1595
赤崩山
1071
磐梯朝日国立公園
新潟県
大峠トンネル
新稲荷峠
三ノ倉山
1008
日中温泉
大峠
高陽山
1127
福島県
熱塩温泉
杉山集落 P.167
喜多の郷
三津谷集落 P.167
おさらぎの宿
(休業中)
相川温泉
北塩原村
大塩裏磐梯温泉
裏磐梯
P.165
喜多方
166
磐越西線
やまと
おぎの
きたかた
あいづとよかわ
ラビスパ裏磐梯
171
猫魔スキー場
雄国せせらぎ探勝路
猫魔ヶ岳
1404
雄国沼
うばどう
おのぼり
のざわ
西会津町
にしあいづ
磐越自動車道
西会津IC
(西会津PA)
しおかわ
おいかわ
とうでら
会津坂下町
湯川村
ひがしながはら
磐梯河東IC
磐梯町
ばんだいまち
ばんだい
会津坂下IC
あいづ湯川·会津坂下
どうじま
会津村
ひろた
おきなし
翁島温泉
あいづさかもと
あいづばんげ
あいづやないづ
麓山神社
わかみや
新鶴PA
会津柳津
柳津温泉
柳津町
馬立山
488
磐梯山SA
P.172 天鏡閣
翁島
ごうど
にいつる
新鶴スマートIC
(ETC車限定)
会津若松IC
あいづわかまつ
なぬかまち
159
會津若松
P.158
御薬園
鶴ケ城
あいづひのはら
あいづにしかた
たきや
ねぎし
にしわかまつ
宮下温泉
尾瀬街道みしま宿
あいづみやした
東山温泉
向瀧 P.164
庄助の宿瀧の湯 P.164
湯の岳
729
西山温泉
あいづたかだ
あいづほんごう
会津美里町
只見線
伊佐須美神社
会津本郷焼歴史資料展示室
もんでん
背あぶり高原
大谷峠
会津鉄道
あまや
黒森峠
あしのまきおんせん
千手院
博士山
1482
往昭和
芦ノ牧温泉
往湯野上温泉

128
よねざわ
米澤
P.127
米沢八幡原IC
13
せきね
水窪ダム
湯の沢温泉
おおさわ
山形新幹線
とうげ
駒ケ岳
1067
栗子山
1217
米沢スキー場
東北中央自動車道
栗子国際スキー場(休止)
東栗子トンネル
いたや
奥羽本線
あかいわ(休止)
茂庭っ湖
往高畠
摺上川ダム
摺上川
399
穴原温泉
天王寺温泉
いいざかおんせん
飯坂温泉
ふくしま
スカイパーク
小坂峠
往仙台
国見IC
こおり
桑折町
往仙台
伊達桑折IC
だて
399
往角田
阿武隈急行
福島飯坂IC
ひがしふくしま
せのうえ
おろしまち
福島大笹生IC
福島JCT
福島交通
4
文知摺観音
岩谷観音
信夫山
福島競馬場
福島
115
往相馬
にわさか
吾妻PA
ささきの
ふくしま
湯滝の宿 西屋 P.133
別邸 山の季 P.133
白布温泉 P.133
大平温泉
天元台高原スキー場
五色温泉
滑川温泉
稲沢・デコ平
然ふれあい
勝路
家形山
一切経山
1949
浄土平
高湯温泉
信夫温泉
微温湯温泉
2035
西吾妻山
中吾妻山
1931
東吾妻山
1975
吾妻小富士
1707
中津川
大倉川
福島西IC
あづま総合運動公園
四季の里
みなみふくしま
114
地蔵原
115
グランデコスノーリゾート
中津川渓谷
秋元・中津川渓谷探勝路
磐梯朝日國立公園
小野川不動滝探勝路
幕川温泉
土湯温泉
土湯峠
野地温泉
かなやがわ
往川俣
(ETC車限定)
福島松川スマートIC
福島松川PA
つちゆ
秋元湖
横向温泉
土湯トンネル
箕輪山
1728
G
H
東北サファリパーク
東北自動車道
まつかわ
安達
459
安達太良山
1700
あだたら高原スキー場
115
沼尻温泉
中ノ沢温泉
酸川
阿武隈川
あだち
岳温泉
霞ケ城跡
安達ヶ原公園
蕎麦カフェ 森の空 KAZU P.173
母成峠
安達太良温泉
二本松IC
二本松市
にほんまつ
県民の森
459
猪苗代町
長瀬川
川桁山
1413
すぎた
東北本線
東北新幹線
わしろ
リステルスキーファンタジア
大玉村
かわげた
安達太良神社
安達太良SA
もとみや
せきと
磐越自動車道
本宮市
いなわしろこはん
磐梯熱海IC
4
五百川PA
本宮IC
じょうこ
なかやまじゅく
磐梯熱海温泉
猪苗代
磐越西線
ばんだいあたみ
ごひゃくがわ
往磐城
かなめた
あこがしま
郡山JCT
高柴デコ屋敷
三春
みはる
苗代湖
P.171
K
49
きくた
ひわだ
磐越自動車道
船引三春IC
三春大神宮
郡山IC
郡山東IC
御霊櫃峠
こおりやまとみた
磐越東線
288
三春郷土人形館
三春PA
往磐城JCT
もうぎ
三春の里田園生活館
郡山中央スマートIC
郡山
三春滝桜
三森峠
三春ダム
郡山市開成館
開成山公園
こおりやま
安積歴史博物館
三春町ハーブアイランド
休石温泉
源田ノ湯
郡山GC
郡山カルチャーパーク
郡山南IC
往白河
往新白河
白河へ

會津若松

區域的魅力度

觀光景點
★★★★
散步
★★★
溫泉
★★★

季節情報：
在4月第3週六、日舉行鶴城櫻花祭，4月24日、9月24日為白虎隊慰靈祭，9月22～24為會津祭。

與蒲生氏鄉相關的幕末歷史舞台

會津若松市為會津23萬石的城下町，是具歷史的繁榮古都。城郭、護城河、棋盤狀的道路等，還留有當時的風情，也遍布白虎隊和新選組相關的史跡。同時也是大河劇《八重之櫻》的故事舞台。東山溫泉、蘆之牧溫泉等一帶也有很多溫泉。

前往會津若松的方法

東京出發搭乘東北新幹線至郡山，轉乘JR磐越西線最快也最方便。車資優惠部分是由淺草搭乘東武・野岩・會津鐵路的路線。搭乘高速巴士則有新宿～會津若松1日11班來回、仙台～會津若松1日8班等班次。

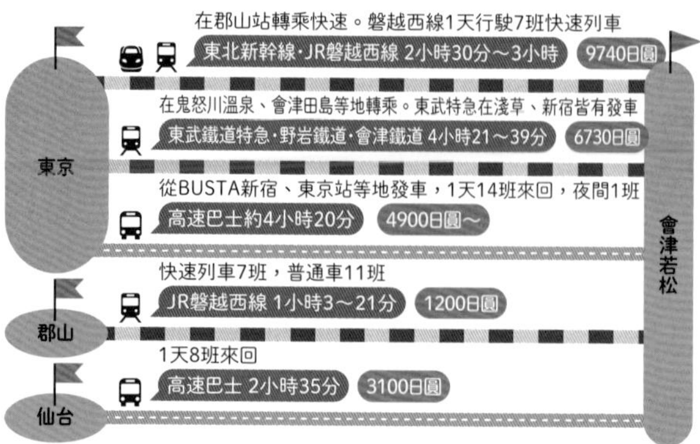

詢問處

會津若松市觀光課
0242-39-1251
會津若松觀光物產協會
0242-24-8000
http://www.aizukanko.com/
JR東日本諮詢中心
0050-2016-1600
會津巴士若松營業所(高速巴士、路線巴士)
0242-22-5555
JR巴士關東(高速巴士)
0570-048905
會津計程車
0120-69-2468
車站租車會津若松營業所
0242-24-5171

作為旅程起點的會津若松站

HINT

遊覽順序的小提示

重點觀光區域是鶴城與飯盛山、武家宅邸。餐飲店大都在鶴城周邊和七日町通。兩處有點距離，最好有效率地運用巴士、計程車或租車。

●市內周遊巴士「ハイカラさん」「あかべぇ」

以繞行室內景點為主，外觀復古可愛的觀光周遊巴士「ハイカラさん」，從會津若松站發車，8～17:30每30分一班，1天20班，會經由七日町、鶴城、御藥園、會津武家宅邸、東山溫泉和飯盛山再回到會津若松站。利用與這個相反方向的周遊巴士「あかべぇ」前往飯盛山方向也很方便，搭乘一次210日圓。有1日自由乘車券600日圓。除此之外，也有以繞行本町通商店街為主的路線，還會經過公共設施、商店街等多座酒窖的町內循環巴士「エコろん號」，1天7班，9:00～16:00，搭乘一次210日圓。

●利用租借自行車

市內4處（大町、鶴城、御藥園、飯盛山）有設點，也可於不同地點還車。使用時需提供身份證明文件，1天500日圓，營業時間為9時～16時，3月下旬～11月底在營業（會津若松市觀光公社 ☎0242-27-4005）。會津若松站車站租車的自行車出租2小時500日圓、4小時1000日圓、1天1500日圓。

周遊巴士「ハイカラさん」

詢問處

「ハイカラさん」「あかべぇ」
會津巴士營業所
☎0242-22-5555
「エコろん號」
廣田計程車
☎0242-75-2321

前往飯盛山的斜坡石板路也設有付費的「移動石板路」。

會津若松
1:29,400
0 500m
周邊廣域地圖 P.156-157
步行10分

START
あいづわかまつ
GOAL
鶴城 P.160
飯盛山
白虎隊十九隊士之墓 P.161
榮螺堂（舊正宗寺、圓通三匝堂）P.161
白虎隊紀念館 P.161
舊瀧澤本陣 P.161
天寧寺 P.162
御藥園 P.162
會津武家宅邸 P.162
鶴井筒 P.164
福島縣立博物館 P.160
天守閣 P.160
南走長屋・干飯櫓 P.160
麟閣 P.160
鶴ヶ岡茶寮 P.164
野口英世青春通上林立懷舊建築
戊辰戰爭結束之地，設有解說牌
往國道49號線
往東山溫泉
往蘆之牧溫泉、南會津
往只見

鶴城
つるがじょう

地圖 p.159-A
JR會津若松車站前的♀若松駅前搭乘🚌市內周遊巴士・ハイカラさん20分、♀鶴ヶ城北口下車👟5分

前身是蘆名直盛於1384（至德元）年所建的東黑川館。蒲生氏鄉興建7層的天守閣，到了加藤明成時代改成現今的5層。戊辰戰爭中因久攻不下而聞名，以八重為首的許多女性與藩主松平容保，曾齊心固守城池長達一個月。這裡同時也是賞櫻名勝，花季為4月中旬～下旬。

●天守閣

現存的建築是1965（昭和40）年所重建。現作為天守閣博物館，有介紹城池的CG影音館，以及每一層的精心展示等。

●南走長屋・干飯櫓

城內規模最大的櫓。位於天守閣南方的南走長屋是武器的儲藏庫房。而干飯櫓則是用來儲存乾米等。於2001年忠實重現當時的建築技法。

●麟閣

此為千利休之子少庵為當時的藩主蒲生氏鄉所興建的茶室。在園內可以細細品嘗附和菓子的抹茶600日圓。

☎0242-27-4005
📍福島県会津若松市追手町1-1
🕓8:30～17:00（入館至16:30）
休 無休　¥ 天守閣410日圓、麟閣210日圓、共通入場券520日圓（含p.162所介紹御藥園的3設施共通券為730日圓）Ⓟ364輛（收費）

福島縣立博物館
ふくしまけんりつはくぶつかん

地圖 p.159-B
♀若松駅前搭乘🚌市內周遊巴士・ハイカラさん20分、♀鶴ヶ城三の丸口下車👟1分

集結福島文化遺產的博物館。內有依年代順序展示福島歷史相關物品的綜合展示室，及分成考古、民俗、自然和歷史美術各主題的部門展示室。

☎0242-28-6000
📍福島県会津若松市城東町1-25
🕓9:30～17:00（入館至16:30）
休 週一（逢假日則翌日休）、12/28～1/4
¥ 280日圓，與該館特展、鶴城、茶室麟閣套票為630日圓　Ⓟ150輛

昭和懷舊館
しょうわなつかしかん

地圖 p.162-B
JR會津若松站搭乘🚌市內周遊巴士・ハイカラさん5分、七日町白木屋前下車👟即到

重現大眾澡堂和香菸店、零食店等昭和30年代的會津若松街景，店內各處有琺瑯招牌以及復古的家電等，令人懷念。茶之間「癒しの間」的展示隨季節變更。

☎0242-27-0092
📍福島県会津若松市大町1-1-46
骨董倶楽部２Ｆ
🕓10:00～18:00
休 不定休　¥ 200日圓　Ⓟ無

野口英世青春館
のぐちひでよせいしゅんかん

地圖 p.162-B
♀若松駅前搭乘🚌市內周遊巴士・ハイカラさん15分、♀野口英世青春館前下車👟即到

建於野口英世接受燒傷手術的會陽醫院遺址2樓的資料館。展示英世在此奮發向學，念書使用的桌子等資料。

會津壹番館 ☎0242-27-3750
📍福島県会津若松市中町4-18 會津壹番館２Ｆ
🕓8:00～20:00　休 1/1　¥ 200日圓

會津町方傳承館
あいづまちかたでんしょうかん

地圖p.162-B
JR會津若松站 8分

1樓展示販賣會津漆器、會津木棉、彩繪蠟燭及搖頭紅牛等民藝品。2樓的企劃展示室展也會舉行工匠的新作發表。

☎0242-22-8686
福島県会津若松市大町2-8-8
9:00～18:00
休 週一(逢假日則翌日休) ¥ 免費 P 5輛

白虎隊紀念館
びゃっこたいきねんかん

地圖p.159-B
若松駅前搭乘市內周遊巴士・あかべえ5分、飯盛山下下車1分

收藏由16～17歲少年所組成的會津藩親衛隊・白虎隊和戊辰戰爭、新選組相關資料約12000件。

☎0242-24-9170
福島県会津若松市一箕町八幡字弁天下33
9:00～16:00
休 週二 ¥ 400日圓
P 30輛

白虎隊十九隊士之墓
びゃっこたいじゅうきゅうしのはか

地圖p.159-B
飯盛山下 5分

位於飯盛山腰，祭祀自殺的19名白虎隊員。一旁則是當時保住性命的飯沼貞吉之墓碑。

会津若松市観光課 ☎0242-39-1251
福島県会津若松市一箕町八幡
＊自由參觀 P 80輛(收費)

榮螺堂(舊正宗寺・圓通三匝堂)
さざえどう(きゅうしょうそうじ・えんつうさんそうどう)

地圖p.159-B
飯盛山下 5分

1796(寛政8)年由僧人郁堂興建的木造觀音堂。內部呈特殊的螺旋構造，為國家指定重要文化財。

☎0242-22-3163(山王飯盛本店)
福島県会津若松市一箕町八幡滝沢155
8:15～日落(1～3月為9:00～16:00)
休 無休 ¥ 400日圓 P 10輛

舊瀧澤本陣
きゅうたきざわほんじん

地圖p.159-B
飯盛山下 5分

江戶大名參勤交代之際，作為會津藩主休息處的茅草屋頂書院建築。戊辰戰爭時作為會津藩的大本營，松平容保的指揮地，白虎隊亦從此出征。是國家重要文化財。

☎0242-22-8525
福島県会津若松市一箕町八幡滝沢122
9:00～17:00，10～11月為9:00～16:00，12月～3月需預約
休 無休 ¥ 400日圓 P 7輛

會津武家宅邸

あいづぶけやしき

地圖 p.159-B

♀若松駅前搭乘🚌市內周遊巴士・ハイカラさん33分、同處あかべぇ15分、♀会津武家屋敷前下車即到

在約7000坪的腹地內，展示著修復後的舊會津藩家臣・西鄉賴母的宅邸，以及舊中畑陣屋、藩米碾米廠等的建築物。也展出武器和生活用品。

☎ 0242-28-2525
📍 福島県会津若松市東山町石山院内
🕗 8:30～17:00（12～3月為9:00～16:30）
休 無休　¥ 850日圓　P 100輛

天寧寺

てんねいじ

地圖 p.159-B

♀若松駅前搭乘🚌市內巴士あかべぇ10分、ハイカラさん31分，♀奴郎ヶ前下車👟10分

1421（應永28）年由傑堂禪師所創的曹洞宗寺。後山的墓地中有新選組局長近藤勇的墳墓。據說土方歲三在會津戰之際，將近藤勇的遺髮帶來，暫時埋葬於此。在每年的忌日4月25日都會舉行墓前祭。

☎ 0242-26-3906
📍 福島県会津若松市東山町石山天寧208
＊ 自由參觀　P 10輛

御藥園

おやくえん

地圖 p.159-B

♀若松駅前搭乘🚌町內周遊巴士ハイカラさん29分，♀御薬園下車，或搭乘あかべぇ15～22分，♀会津若松商工会議所前下車👟5分

中央設有心字池塘的大名庭型山水庭園。原本是蘆名家第10代領主盛久的別墅，而後江戶時代的會津藩第2代藩主・松平正經用來栽培藥草。現在還栽種約400種的藥草。御茶屋御殿變成資料館跟商店，提供抹茶給顧客。

☎ 0242-27-2472
📍 福島県会津若松市花春町8-1
🕗 8:30～17:00　休 無休
¥ 330日圓　P 50輛

七日町
1:11,700
0　200m

周邊廣域地圖 P.159

步行4分

購物&美食

鄉土料理

渋川問屋

しぶかわとんや

地圖p.162-A
若松駅前搭乘巴士市內周遊巴士・ハイカラさん10分、阿弥陀寺東下車即到。或JR七日町站3分

該店前身為海鮮批發商。有山椒鯡魚、鱈魚乾等鄉土料理的祭典御膳鶴2200日圓、附會津牛排的祭典御膳龜3300日圓很受歡迎。

0242-28-4000
福島県会津若松市七日町3-28
11:00～21:00
休 無休　＊212席
P 使用契約　P28輛(收費)

田樂串燒

満田屋

みつたや

地圖p.162-A
JR會津若松站搭乘巴士市內周遊巴士ハイカラさん4分，七日町白木屋前下車 3分

1834年創業的味噌釀造商經營的田樂串燒專賣店。使用豆腐、蒟蒻、小芋頭等6種食材，塗上自製味增下去燒烤的田樂全餐1850日圓。

0242-27-1345
福島県会津若松市大町1-1-25
10:00～17:00（販賣至～18:00）休 週三、過年期間，其他不定休請看官網
＊50席　P 15輛

鄉土料理

鰊屋敷太田

にしんやしきおおた

地圖p.162-B
JR會津若松站15分

移建自南會津地方民宅的鄉土料理店。將山椒鯡魚和傳統鄉土料理湯品小露（こづゆ）組合成套餐的鯡魚御膳2530日圓頗受好評。

0242-22-2274
福島県会津若松市相生町2-10
11:00～14:00、17:00～21:00
休 週四　＊60席　P 8輛

咖啡廳

珈琲館蔵

こーひーかんくら

地圖p.162-B
若松駅前搭乘巴士市內周遊巴士・ハイカラさん15分、野口英世青春館前下車2分。或JR七日町站13分

改建自明治時代倉庫的咖啡館。以磐梯山麓湧泉水沖泡的咖啡與香雅飯很受歡迎。

0242-27-3791
福島県会津若松市中町4-20
8:00～20:00　休 無休
＊45席　P 無

鄉土料理

割烹田季野

かっぽうたきの

地圖p.162-B
若松駅前搭乘巴士市內周遊巴士・ハイカラさん17分、会津若松市役所前下車2分

將七分熟的米飯和配料放進木製便當盒加以蒸煮的家鄉菜，曲木便當2200日圓～頗受好評。

0242-25-0808
福島県会津若松市栄町5-31
11:00～20:00LO
休 無休　＊250席　P 18輛

釜飯

山葵

やまあおい

地圖p.162-B
會津若松站15分

點餐後才一鍋鍋炊煮的釜飯料理店。需費時30分因此建議事先預約。有親子鮭、五目等招牌菜色11種。特選釜飯套餐2120日圓。

0242-32-3035
福島県会津若松市上町3-22
11:00～13:00
休 週二三　＊64席
P 15輛

鄉土料理

鶴井筒

つるいづつ

地圖 p.159-B
♀会津武家屋敷前 2分

可以用會津本鄉燒和會津漆器等器皿享用鄉土料理。盡享會津美食膳2160日圓，有鱈魚乾、山椒鯡魚、小露、山菜蕎麵等組合。

☎ 0242-26-5629
📍 福島県会津若松市東山町石山院内109-1
🕐 11:00～16:00
(1/6～3月上旬休業)
休 不定休　＊100席　P 10輛

漆器

鈴木屋利兵衛

すずきやりへえ

地圖 p.162-B
♀若松駅前搭乘🚌市內周遊巴士・ハイカラさん3分、♀大町二之町下車 2分

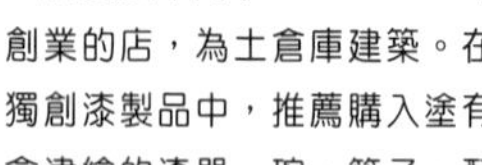

於安永年間(1772～1779)創業的店，為土倉庫建築。在獨創漆製品中，推薦購入塗有會津繪的漆器，碗、筷子、配件等回去當旅遊紀念。

☎ 0242-22-0151
📍 福島県会津若松市大町1-9-3
🕐 10:00～18:00
休 無休（11～3月為第1、3週四休） P 2輛

和菓子

會津葵本店

あいづあおいほんてん

地圖 p.159-A
♀鶴ヶ城入口即到

創意和菓子店。招牌點心的會津葵5入1350日圓，是以蜂蜜蛋糕皮包裹自製豆沙餡後再烘烤的點心。

☎ 0242-26-5555
📍 福島県会津若松市追手町4-18
🕐 9:00～18:00
休 無休　P 3輛

特產酒・農產加工品

会津ブランド館

あいづブランドかん

地圖 p.162-A
♀若松駅前搭乘🚌市內周遊巴士・ハイカラさん10分、♀阿弥陀寺東下車 3分

匯集嚴選自會津地方十七個市町村的商品。納豆麻糬吊飾600日圓。

☎ 0242-25-4141
📍 福島県会津若松市七日町6-15
🕐 11:00～16:00
休 無休(11～4月為週二休)
P 5輛

STAY

住宿指南

料理旅館田事(たごと)	☎0242-24-7500／地圖 p.162-A／1泊2食14300日圓～ 💬早餐為蒸籠框飯，晚餐為鄉土料理。
渋川問屋別館	☎0242-28-4000／地圖 p.162-A／1泊2食29500日圓～ 💬利用明治時代倉庫，富有風情的建築。
向瀧(むかいたき)	☎0242-27-7501／地圖 p.156-J／1泊2食21600日圓～ 💬位在東山溫泉的歷史悠久和風旅館。建築物為國家登錄有形文化財。
庄助の宿瀧の湯(たきのゆ)	☎0242-29-1000／地圖 p.156-J／1泊2食15400日圓～ 💬有男女分開的大浴池及露天浴池、6座包租浴池跟足湯。

喜多方

面向街道、倉庫林立的南町一帶

有美味拉麵和名酒的白牆倉庫之城

因位於會津盆地北方，故舊時多記為「北方」的喜多方，是市內有4200棟以上倉庫的藏之城。以當地特產醬油為湯底的拉麵聞名全日本，市區約有120間以上的拉麵店互別苗頭。

前往喜多方的方法·遊覽順序的小提示

郡山或新潟出發搭乘磐越西線。郡山出發需在會津若松轉車（也有直達車），需1小時40分～2小時。

會津巴士的高速巴士有新宿出發行經會津若松，開往喜多方站前的路線，1天2班。路線巴士有會津若松出發的會津巴士，每1～2小時1班，裏磐梯發車的磐梯東都巴士，約1～3小時1班。

較多土倉庫建築的地方是在ふれあい通（中央通）和南町的舊國道121號沿線的小田付通上。若要從喜多方站出發，首先要經過大和川酒造店等後往北走ふれあい通，前往甲斐本家藏座敷。接著繞到南町，參觀小原酒造和蔵屋敷あづまさ。最後看看市役所通路上的喜多方藏品美術館和若喜商店後，回到喜多方站，這樣的行程大約需半天時間。

●方便市區內散步的循環巴士「ぶらりん號」

便於在喜多方市內觀光的町內循環巴士「ぶらりん號」，會以JR喜多方站為起點，1天6班，其中3班甚至會到被列為重要文化財的新宮熊野神社長床，乘車一次200日圓，1日乘車券需500日圓。行駛期間為4/1～11月的週六日、假日及黃金週每天。

區域的魅力度

觀光景點
★★★★
散步
★★★
溫泉
★★

季節情報：
1月中旬～2月底為藏之城喜多方冬祭。8月14日～15日為藏之城喜多方夏祭。
景點主要是參觀倉庫建築。有釀造倉、店倉、住宅用倉庫等多種用途的倉庫散布於市內各處。

詢問處

喜多方觀光協會
（週六日休）
☎0241-24-5200
喜多方計程車
☎0241-22-0016
會津巴士
（喜多方營業所）
☎0241-22-1151
渡邊貸自転車
（自行車租借）
☎0241-22-2526
佐藤自転車店
☎0241-23-2769

自行車租借

可於渡邊貸自転車、佐藤自転車店等租借2小時500日圓。

ぶらりん號

廣田計程車
☎0242-75-2321

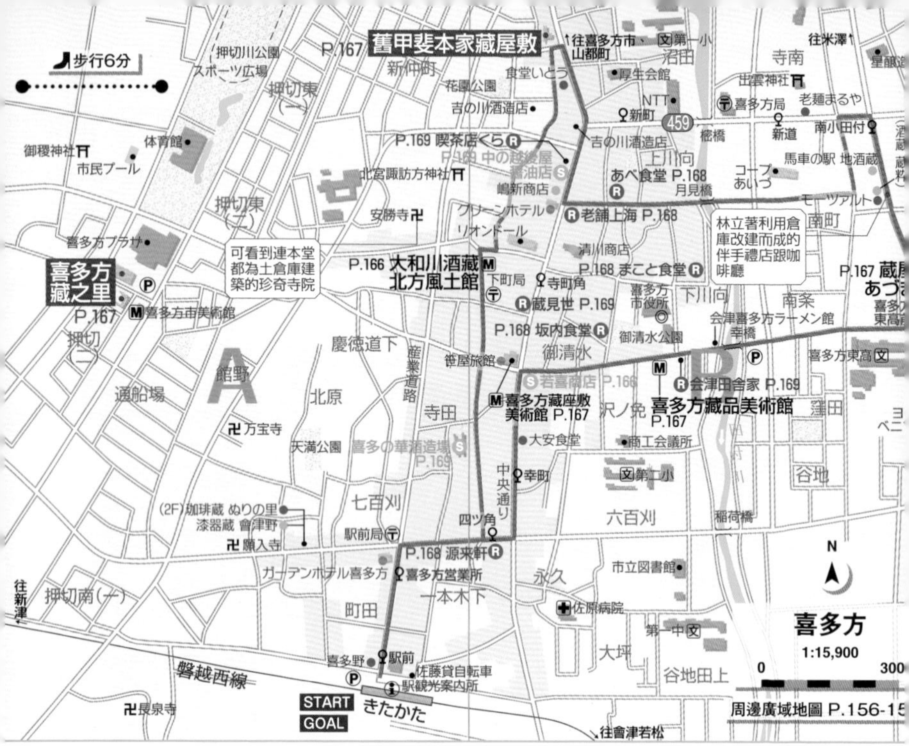

步行6分

舊甲斐本家藏屋敷 P.167
往喜多方市、山都町
往米澤
押切川公園
スポーツ広場
新中町
花園公園
食堂いとう
厚生会館
第一小
沼田
寺南
皇朝道
出雲神社
喜多方局
老麺まるや
吉の川酒造店
NTT
新町
459
檻橋
新道
南小田付
御稷神社
体育館
市民プール
押切東(一)
P.169 喫茶店くら
P.169 中の越後屋 醤油店
北宮諏訪方神社
嶋新商店
あべ食堂 P.168
月見橋
上川向
コープあいづ
馬車の駅 地酒蔵
押切東(二)
安勝寺
グリーンホテル リオンドール
老舗上海 P.168
モーツァルト
南町
喜多方プラザ
可看到連本堂都為土倉庫建築的珍奇寺院
P.166 大和川酒藏北方風土館
清川商店
P.168 まこと食堂
林立著利用倉庫改建而成的伴手禮店跟咖啡廳
P.167 藏屋あづま
喜多方藏之里 P.167
喜多方市美術館
下町局
寺町角
蔵見世 P.169
喜多方市役所
下川向
南条
会津喜多方ラーメン館
押切(二)
P.168 坂内食堂
御清水公園
幸橋
喜多方東高
慶徳道下
産業道路
笹屋旅館
御清水
A
B
館野
北原
若喜商店 P.166
会津田舎家 P.169
通船場
喜多方藏座敷美術館 P.167
沢ノ免
喜多方藏品美術館 P.167
窪田
寺田
万宝寺
天満公園
喜多の華酒造場 P.169
大安食堂
商工会議所
中央通り
幸町
第二小
谷地
七百刈
(2F)珈琲蔵 ぬりの里
漆器蔵 會津野
六百刈
稲荷橋
四ツ角
駅前局
願入寺
P.168 源来軒
ガーデンホテル喜多方
喜多方営業所
市立図書館
往新津
押切南(一)
一本木下
永久
町田
佐原病院
第一中
喜多方
1:15,900
0 300
大坪
喜多野
駅前
磐越西線
佐藤貸自転車
駅観光案内所
谷地田上
START
GOAL
きたかた
長泉寺
往會津若松
周邊廣域地圖 P.156-15

若喜商店
わかきしょうてん

地圖p.166-B
JR喜多方站👟12分。或是♀喜多方営業所搭乘🚌往会津若松方向5分、♀寺町角下車👟2分

寶曆5（1755）年創立的味噌、醬油釀造商。明治37（1904）年建造的紅磚倉庫被指定為國家有形文化財。務必參觀作為住宅用倉庫的「縞柿之間」。

☎0241-22-0010
📍福島県喜多方市三丁目4786
🕐倉庫公開時間約為9:30～16:30 休 不定休
＊免費參觀 🅟8輛

大和川酒藏北方風土館
やまとがわさかぐらほっぽうふうどかん

地圖p.166-B
JR喜多方站👟18分。或是♀寺町角👟2分

大和川酒造店為寛正2（1790）年創立的釀酒廠。免費對外開放建造於江戶期～昭和期的3棟酒倉。有藝廊和品酒處、也可參觀酒倉。

☎0241-22-2233
📍福島県喜多方市寺町4761
🕐9:00～16:30 休 1月1日
¥免費 🅟40輛

舊甲斐本家藏座敷
きゅうかいけくらじゅうたく

地圖p.166-B
♀喜多方駅前搭乘🚌往会津若松方向6分、♀新町下車👟3分

甲斐本家是以製造麴、蠶絲工廠起家的富商。建造於大正時期，豪華的住宅用倉庫以及店倉庫、味噌倉庫等3棟建築被列為國家登錄有形文化財。

☎0241-22-0001　📍福島県喜多方市1-4611
🕘9:00～17:00　休過年期間　¥免費　P20輛

喜多方蔵座敷美術館
きたかたくらざしきびじゅつかん

地圖p.166-B
JR喜多方站👟11分

改裝建於1891（明治24）年的住宅用倉庫。展示著與市內的笹屋旅館有淵源的畫家竹久夢二和小說家武小路實篤的作品，約有100件。

笹屋旅館☎0241-22-0008
📍福島県喜多方市3-4844
🕘10:30～16:00（最終入館15:30）
休週三（12～3月僅週六日、假日開館）
¥300日圓　P15輛

喜多方蔵之里
きたかたくらのさと

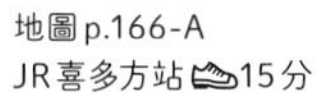

地圖p.166-A
JR喜多方站👟15分

聚集喜多方周邊古老倉庫及曲家等9棟建築，重現昔日街景的戶外博物館。可參觀店倉、住宅用倉、釀造倉等前人生活上實際使用過的各倉庫建築。

☎0241-22-6592
📍福島県喜多方市押切2-109
🕘9:00～17:00（最終入館16:30）
休12/29～1/1　¥400日圓　P117輛

喜多方蔵品美術館
きたかたぞうひんびじゅつかん

地圖p.166-B
JR喜多方站👟15分。或是♀寺町角👟7分

建於喜多方市公所前的磚造美術館。館內展示從包含喜多方在內之全日本富農、富商住宅倉庫中發現的陶器、漆器、書畫等近700件藝術品。

☎0241-24-3576　📍福島県喜多方市梅竹7294-4
🕘9:00～18:00（冬季為10:00～）
休週三　¥350日圓　P4輛

蔵屋敷あづまさ
くらやしきあづまさ

地圖p.166-B
♀喜多方営業所搭乘🚌往会津若松方向9分、♀喜多方東高校前下車👟2分

免費開放移建自福島縣數一數二的稻穀商松崎家住宅用倉庫的建築。倉庫內也展示著會津木棉和漆器等會津傳統工藝品。

☎0241-24-5000　📍福島県喜多方市東町4109
🕘9:00～17:00（冬季有變動）
休無休　¥免費　P20輛

TEKU TEKU COLUMN

三津谷聚落・杉山聚落

地圖p.156-F
JR喜多方站前搭乘🚌往平沢方向，♀三津谷下車即到

三津谷為林立著異國風紅磚倉庫建築的聚落。擁有明治、大正年間建立之4棟磚造倉庫的若菜家，可參觀倉庫（9:00～17:00，無休。200日圓）。杉山聚落則林立著灰泥和粗牆的倉庫建築。

喜多方市観光交流課☎0241-24-5249

喜多方

大啖當地美食

喜多方拉麵

與札幌、博多並列為日本3大拉麵之一的喜多方拉麵。大正時代時是由路邊攤起家，現在在市內約有將近120間店面林立。

TEKU TEKU COLUMN

喜多方拉麵的特徵是這些！

麵條為扁平狀，稱為發酵高含水麵，是略粗的卷麵，一般都是搭配醬油湯底。當地有早上吃拉麵稱為「早晨拉麵」的習慣。

源来軒
げんらいけん

喜多方拉麵的發祥店。用竹子拉長之麵條很有咬勁。以豬大骨及土雞熬煮的湯頭香味濃郁。

地圖p.166-B
0241-22-0091
JR喜多方站 6分
福島県喜多方市一本木上7745
10:00～18:00
休 週二（逢假日則翌日休）
P 20輛

拉麵　650日圓

まこと食堂
まことしょくどう

1947（昭和22）年創業，歷經4代的人氣店家。僅以豬骨及小魚乾提取的湯頭簡單卻深富滋味。加入熬煮叉燒的醬汁提味是該店的好吃祕訣。

地圖p.166-B
0241-22-0232
JR喜多方站 20分
福島県喜多方市小田付道下7116　7:30～15:00（湯頭用完打烊）
休 週一（逢假日則翌日休）
P 6輛

中華蕎麥麵　700日圓

坂内食堂
ばんないしょくどう

口感Q彈的麵條加上清透的鹽味湯底上，放上大量叉燒的肉蕎麥麵最受歡迎。在1965（昭和40）年左右開始從早上營業，據說是早晨拉麵的發祥店。

地圖p.166-B
0241-22-0351
JR喜多方站 18分
福島県喜多方市細田7230
7:00～18:00
休 週四（逢假日則營業）
P 14輛

肉蕎麥麵　1000日圓

あべ食堂
あべしょくどう

以小魚乾提味的豬骨湯，口感清爽卻富含層次。創業超過50年，非常講究麵條和湯頭，堅持守護傳統，繼續提供不變的味道給顧客。

地圖p.166-B
0241-22-2004
JR喜多方站 20分
福島県喜多方市緑町4506
7：30～15：00
休 週三及每月1次週二休
P 10輛

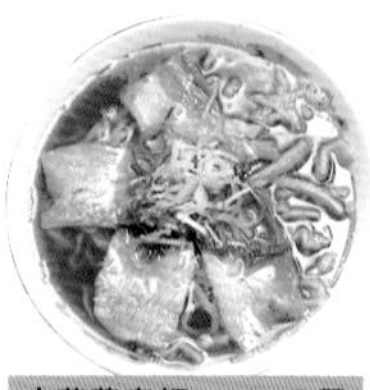

中華蕎麥麵　700日圓

老舗上海
しにせしゃんはい

創於1948（昭和23）年。第一代店主將造訪中國上海之際所嘗到的道地拉麵口味再經獨創調味。以豬骨為湯底的清澈湯頭是正統口味，跟叉燒絕配。

地圖p.166-B
0241-22-0563
JR喜多方站 15分
福島県喜多方市2丁目4650
9:30～16:00（12～3月10:30～15:00）
休 週四（逢假日則翌日休）
P 5輛

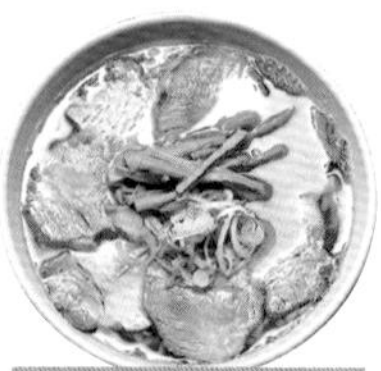

叉燒麵　850日圓

購物&美食

鄉土料理

会津田舎家

あいづいなかや

地圖p.166-B
JR喜多方站👟25分。或是♀寺町角👟10分

可在老民宅享用「奶奶的料理」。除了生馬肉、炸黑納豆等單點小菜外，燉菜及曲木便當等組合而成的陸奧膳1375日圓也值得推薦。

0241-23-2774
福島県喜多方市梅竹7276-2
11:00～14:00、17:00～22:00
休 不定休 ＊62席 P 無

咖啡廳

喫茶店くら

きっさてんくら

地圖p.166-B
JR喜多方站👟18分。或是♀寺町角👟3分

原為明治末期建立之綿商倉庫。店內有大對開門。透過使用備長木炭烘焙之咖啡豆，並以飯豐山地下泉水沖泡的特調炭燒咖啡，可以享受濃郁的香味，也可跟蛋糕組成套餐。

0241-23-2687
福島県喜多方市1-4646
9:00～17:00
休 不定
P 3輛

特產酒

喜多の華酒造場

きたのは無ゅぞうじょう

地圖p.166-A
JR喜多方站👟13分

掛有寫著「酒塾」之布簾，也可參觀酒倉。使用會津有機栽培米及飯豐山系地下水，低溫長期發酵的辛口純米，藏太鼓720ml 1296日圓，是喝不膩的清爽烈酒。

0241-22-0268
福島県喜多方市前田4924
10:00～16:00受理參觀（須3天前預約）
休 無休 ＊免費參觀
P 10輛

味噌・醬油

中の越後屋醤油店

なかのえちごやしょうゆてん

地圖p.166-B
JR喜多方站👟18分。或是♀寺町角👟3分

以MARUKOSHI商標聞名的味噌、醬油製造商。手工味噌750g800日圓～為低鹽多麴，甘醇濃郁。使用5種蔬菜的味噌醬菜及辣椒口味的紫蘇味噌150g540日圓，也值得推薦。

0241-22-2211
福島県喜多方市1-4647
8:00～18:00
休 1/1 P 2輛

喜多方

裏磐梯・豬苗代

從中瀨沼展望台眺望的磐梯山及中瀨沼

區域的魅力度

觀光景點
★★★
散步
★★★★
溫泉
★★★

季節情報：
5月第2星期日磐梯山開山。7月21日為裏磐梯火之山祭。7月中旬豬苗代湖水浴場開放。11月1～30日豬苗代新蕎麥麵祭。
磐梯高原的健行路線有19種。最受歡迎的是五色沼自然探勝路線。

磐梯山和為數眾多的湖泊，自然景觀豐富的高原

磐梯高原（裏磐梯）是可欣賞磐梯山等群山和檜原湖、五色沼等湖泊等美景的高原度假地。周圍有各種健行路線，可盡情探索大自然。

豬苗代湖是日本第4大湖。除了有自然景點之外，也是日本偉人野口英世的故鄉，他是知名醫師、細菌學者，2004年改版的1000日圓紙鈔上便有他的肖像。另外，這地方同時也是日本數一數二的蕎麥產地。

詢問處

豬苗代觀光協會
☎0242-62-2048
裏磐梯觀光協會
☎0241-32-2349
會津巴士（高速巴士）
☎0242-22-5555
磐梯東都巴士
☎0242-72-0511
休暇村裏磐梯
（自行車租借）
☎0241-32-2421

HINT 前往豬苗代・磐梯高原的方法・遊覽順序的小提示

郡山搭乘磐越西線快速，35～39分左右可到達JR豬苗代站。新宿也有會津巴士的高速巴士，往豬苗代站前1天4班。

從豬苗代站前搭磐梯東都巴士，往五色沼入口或裏磐梯高原站、休暇村方向每小時1班。從豬苗代站往野口紀念館方向1天5班（週六日、假日3班）。從喜多方站到Active Resorts URABANDAI，1天有7班來回。

位居磐梯高原中央的檜原湖周長32公里，相當於JR山手線一圈。健行路線大半都以湖外周邊道路為起點，旅館與觀光設施集中於東南湖岸。

若想觀光，也可以利用檜原湖周遊復古巴士「森のくるさん」，從裏磐梯高原站發抵，有高原周遊路線（550日圓）跟檜原湖周遊路線（1100日圓）這兩種。4月下旬～11月上旬以週五～一為主（期間中有停駛日），1天約4班

裏磐梯的名勝之一・「雄國沼」

磐梯高原
1:44,000
0 1km

往米澤
野鳥の森
狐鷹森
こたかもりキャンプ場
曽原湖
細野
磐梯吾妻湖
曽原
牧場キャンプ場
休暇村本館前
裏磐梯サイトステーション
休暇村裏磐梯 P.173
レンゲ沼・休暇村探勝路
レンゲ沼
中瀬沼探勝路
休暇村キャンプ場
ピースタイルキャンプサイト
白雲荘前
裏磐梯ライジングサンホテル
檜原湖 P.172
檜原湖畔探勝路
往喜多方
中瀬沼
乙女沼
小野川湖
カントリーイン森のゴリラ
剣ケ峯
裏磐梯
アロマテラス
磐梯桧原湖畔ホテル
いかり潟キャンプ場
裏磐梯観光協会
小野川湖入口
往土湯温泉
レストランモントレー
P.172 磐梯山噴火紀念館
磐梯噴火記念館前
裏磐梯国民宿舎
往五色沼
松原キャンプ場
磐梯山3Dワールド
長峯舟付
P.173 Hotel&Ristorante IL REGALO
五色沼入口
裏磐梯ビジターセンター
北塩原村
みどろ沼
竜沼
赤沼
Active Resorts URABANDAI P.173
459
柳沼
弁天沼
五色沼
諸橋近代美術館 P.172
裏磐梯高原駅
青沼
毘沙門沼
往豬苗代
P.173 URABANDAI LAKE RESORT
裏磐梯物產館 P.173
京ケ森 ▲1019
るり沼
五色沼自然探勝路 P.172
裏磐梯高原ホテル
弥六沼
步行20分
往喜多方、會津若松
周邊廣域地圖 P.156-157

豬苗代湖

いなわしろこ

地圖 p.156-J、157-K
JR豬苗代站前搭乘🚌磐梯東都巴士往金の橋、会津レクリエーション公園約9分、長浜下車👟2分

亦稱為「天鏡湖」的湖泊，水上活動非常盛行。是日本第三大的淡水湖，面積為103平方公里，深度有93.5公尺。

豬苗代觀光協會
☎0242-62-2048
🅿80輛

野口英世紀念館

のぐちひでよきねんかん

地圖 p.156-J
JR豬苗代站🚗約6分。或是JR豬苗代站前搭乘🚌磐梯東都巴士往会津レクリエーション公園方向、金の橋6分、野口記念館下車👟1分

紀念館是為了表彰野口英世而設立。展示室裡依年代展示陳述英世生平、功績的遺作跟照片。腹地內的老家也可參觀，還留有燒傷英世，就此改變他生涯的地爐。

☎0242-85-7867 📍福島県猪苗代町三ツ和前田81
🕘9:00～17:30（11～3月為～16:30）
休 12/29～1/3（12月有臨時休館）
¥ 800日圓 🅿300輛

天鏡閣
てんきょうかく

地圖 p.156-J
JR豬苗代站前🚗約10分。或是♀長浜👟7分

1908（明治41）年作為有栖川宮威仁親王別邸而加以興建的文藝復興式洋館。從暖爐與美術燈、天花板裝飾、日常用品等，可一探皇族的優雅生活。已列為國家重要的文化財。

☎0242-65-2811
📍福島県猪苗代町翁沢御殿山1048
🕘8:30～17:00（冬季為9:00～16:30）
休 無休　¥ 370日圓　P 43輛

五色沼自然探勝路
ごしきぬましぜんたんしょうろ

地圖 p.171
♀五色沼入口👟即到（毘沙門沼）

遊覽神祕鈷藍色湖水的五色沼是平坦易行的熱門健行路線，需70分。五色沼由因沼底土質不同而呈現條紋狀的弁天沼、可遠眺磐梯山的毘沙門沼（有手划船活動，冬季休業）等湖沼群所構成。

裏磐梯観光協会 ☎0241-32-2349
📍福島県北塩原村桧原剣ヶ峯
P 使用裏磐梯遊客中心P100輛

諸橋近代美術館
もろはしきんだいびじゅつかん

地圖 p.171
JR豬苗代站前搭乘🚌磐梯東都巴士往磐梯高原方向25～27分、♀諸橋近代美術館前下車👟即到

該美術館西班牙畫家薩爾瓦多．達利的作品收藏量居世界之冠。特別是其中40件陳列在開闊展覽廳中的彫刻作品非常值得一看。也展示、收藏法國畫家塞尚、畢卡索等近代西洋繪畫。

☎0241-37-1088
📍福島県北塩原村桧原剣ヶ峯1093-23
🕘9:30～17:00
休 12月上旬～4月中旬為冬季休館
更換展覽時休館
¥ 1300日圓　P 200輛

磐梯山噴火紀念館
ばんだいさんふんかきねんかん

地圖 p.171
JR豬苗代站搭乘🚌磐梯東都巴士往磐梯高原30～34分、♀噴火記念館前下車👟1分

用模型、照片與記錄資料介紹1888（明治21）年磐梯山噴發的模樣及受災情況。世界首創的地震器等，涵蓋地震、火山與氣象的展示相當有趣。

☎0241-32-2888
📍福島県北塩原村桧原剣ヶ峯1093-36
🕘8:00～17:00（12月～3月為9:00～16:00）
休 無休　¥ 入館600日圓、與磐梯山3D世界的套票1100日圓　P 50輛

檜原湖
ひばらこ

地圖 p.171
JR豬苗代站搭乘🚌磐梯東都巴士往磐梯高原方向33分、♀裏磐梯高原駅下車👟2分

因磐梯山噴發而形成，面積約10.7平方公里，是裏磐梯最大的湖泊。周圍設有完善的觀光步道，湖畔的檜原西湖畔露營場也很受歡迎，不妨來此悠閒沉浸在自然綠意與壯闊湖景之中。

裏磐梯觀光協會
☎0241-32-2349
📍福島県北塩原村桧原湖
P 60輛

購物＆美食

蕎麥麵·披薩

蕎麦カフェ 森の空 KAZU

そばかふぇ もりのそら かず

地圖p.157-G
JR豬苗代站往♀達沢·高森方向10分、♀伯父ヶ倉下車👟10分

蕎麥麵是蕎麥粉10：小麥粉1的十一蕎麥，可與天婦羅、咖哩一同享用。十割蕎麥與十一蕎麥的差異在於添加小麥粉後，口感更佳，甜味也更上一層，帶出蕎麥的魅力。車蝦與季節蔬菜天婦羅搭成套餐的天婦羅皿蕎麥1500日圓，以及將蕎麥麵沾咖哩或蕎麥醬汁享用的天婦羅咖哩沾麵1650日圓很受客人歡迎。另外還有蕎麥披薩、與蕎麥果實布丁等咖啡廳品項。

☎0242-93-5675
📍福島県猪苗代町芹沢4040-5
🕐11:00～15:00 休 週一、二

義大利料理

Hotel&Ristorante IL REGALO

ホテル＆リストランテイル・レガーロ

地圖p.171
JR豬苗代站搭乘🚌往磐梯高原方向24～30分、♀五色沼入口下車👟1分

運用有機蔬菜的道地義大利菜大受歡迎。套餐有義大利麵、披薩、牛排3種，平時備有約20種紅酒，推薦使用當地生產蕎麥的義大利麵。義大利麵午餐1485日圓、牛排午餐2530日圓。照片為高原蔬菜生義大利麵1485日圓。餐廳2樓兼營旅館。

☎0241-37-1855
📍福島県北塩原村桧原剣ヶ峰1093
🕐11:30～14:30、17:30～20:00
休 週二（逢假日則營業），其他另有不定休
＊30席 P 30輛

當地特產

裏磐梯物產館

うらばんだいぶっさんかん

地圖p.171
JR豬苗代站搭乘🚌磐梯東都巴士往磐梯高原方向33分、♀裏磐梯高原駅下車👟即到

售有陶器、桐木製品、罐頭、點心等各式各樣的裏磐梯名產。春天販售山菜、秋天則有菇類及蘿蔔等豐富的現採農產品。另設有供應蕎麥麵和喜多方拉麵、定食類的小吃區。「磐梯山GEO咖哩」850日圓，李子和獼猴桃的現榨果汁470日圓～很受歡迎。

☎0241-32-3751
📍福島県北塩原村桧原湯平山1171-9
🕐9:00～17:00
休 11月下旬～4月中旬
P 70輛

住宿指南

Active Resorts URABANDAI アクティブリゾーツ裏磐梯	☎0241-32-3111／地圖p.171／1泊2食13250日圓～ 💬西式、和式客房皆有，視野絕佳。以滿溢自家溫泉的露天浴池自豪。
URABANDAI LAKE RESORT 裏磐梯レイクリゾート	☎0241-37-1111／地圖p.171／1泊附早餐15980日圓～ 💬將舊裏磐梯貓魔飯店重新翻修而成。源泉放流式的露天浴池很有人氣。
休暇村裏磐梯	☎0241-32-2421／地圖p.171／1泊2食12000日圓～ 💬有硫酸鹽泉的露天浴池。不住宿溫泉800日圓。

2023最佳季節月曆

1 JANUARY	2 FEBRUARY	3 MARCH	4 APRIL	5 MAY	6 JUNE

祭典・活動

- 藏王樹冰祭（2月上旬）
- 十和田湖冬物語（1/27～2/19）
- 松島牡蠣祭（2月第1週六・日）
- 生剝柴燈祭（2/10～2/12・男鹿市）
- 黑森歌舞伎（2月15・17日・酒田市）
- 碗子蕎麥麵全日本大會（2月11日・花卷市）
- 津輕鐵路暖爐列車（12月1日～隔年3月31日）
- 八戶豐收節（2月17～20日）
- 鹽竈神社帆手祭（3月10日・鹽竈市）
- 春之藤原祭（5月1～5日・平泉町
- 叮鈴叮鈴趕馬會（6/10・岩手縣瀧澤村・盛岡
- 仙台・青葉祭（2024年5/18～1
- 角館櫻花祭（4月20日～5月5日
- 米澤上杉祭（4月29日～5月3日・米澤市）
- 金木櫻花祭（4月29日～5月上旬・五所川原市・蘆野公園）
- 弘前櫻花祭（4月23日～5月5日）

美食

- 牡蠣 10～4月
- 海膽
- 櫻桃 5～7月上旬
- 日本叉牙魚 11～1月

楓紅

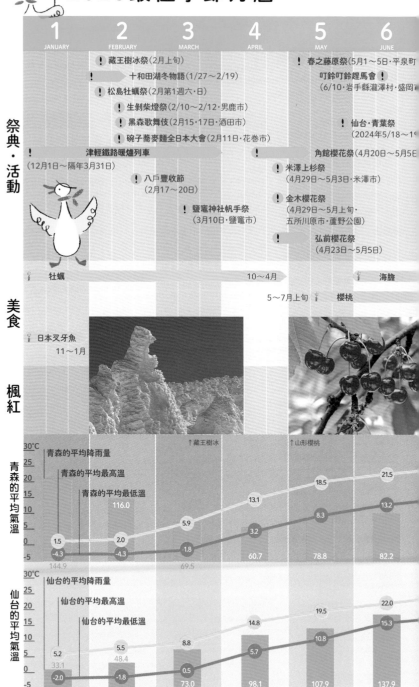

↑藏王樹冰

↑山形櫻桃

青森的平均氣溫

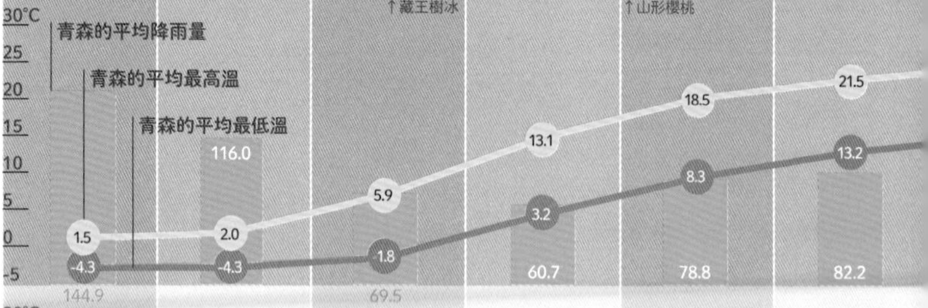

月份	青森的平均最高溫（°C）	青森的平均最低溫（°C）	青森的平均降雨量
1	1.5	-4.3	144.9
2	2.0	-4.3	116.0
3	5.9	1.8	69.5
4	13.1	3.2	60.7
5	18.5	8.3	78.8
6	21.5	13.2	82.2

仙台的平均氣溫

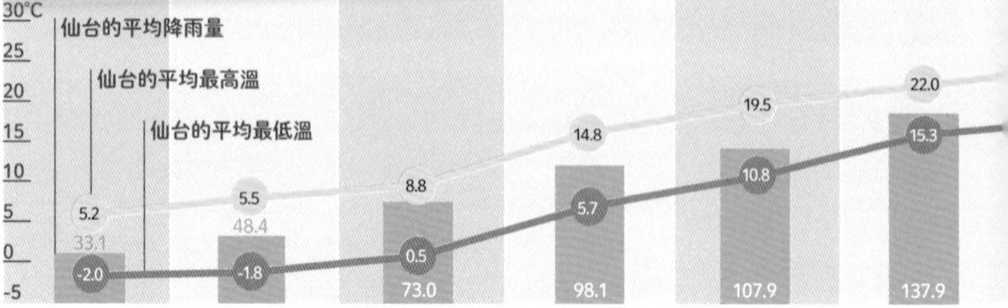

月份	仙台的平均最高溫（°C）	仙台的平均最低溫（°C）	仙台的平均降雨量
1	5.2	-2.0	33.1
2	5.5	-1.8	48.4
3	8.8	0.5	73.0
4	14.8	5.7	98.1
5	19.5	10.8	107.9
6	22.0	15.3	137.9

※活動舉辦日期常有變動，請事先向各官方網站確認。

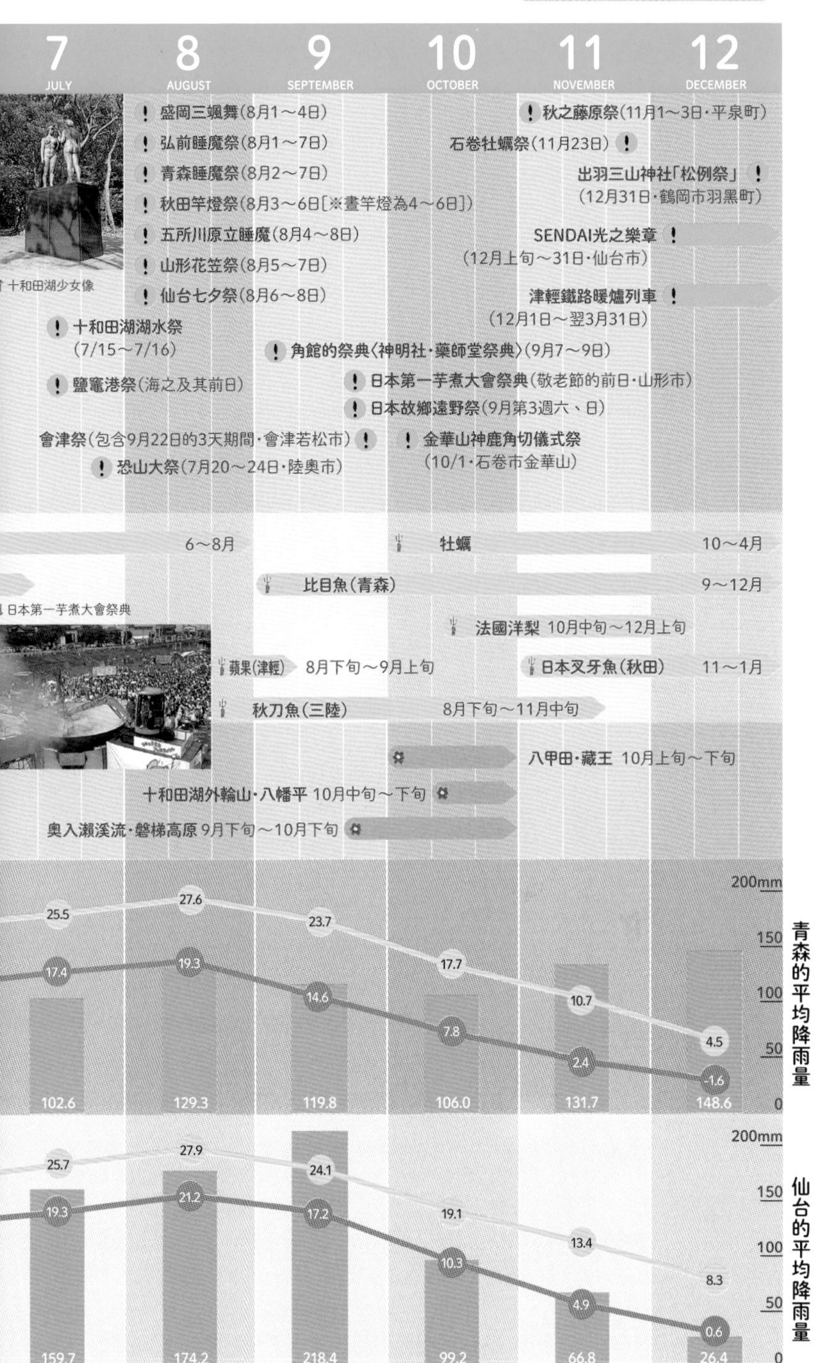
7 JULY
8 AUGUST
9 SEPTEMBER
10 OCTOBER
11 NOVEMBER
12 DECEMBER
盛岡三颯舞(8月1～4日)
弘前睡魔祭(8月1～7日)
青森睡魔祭(8月2～7日)
秋田竿燈祭(8月3～6日[※晝竿燈為4～6日])
五所川原立睡魔(8月4～8日)
山形花笠祭(8月5～7日)
仙台七夕祭(8月6～8日)
秋之藤原祭(11月1～3日・平泉町)
石巻牡蠣祭(11月23日)
出羽三山神社「松例祭」
(12月31日・鶴岡市羽黑町)
SENDAI光之樂章
(12月上旬～31日・仙台市)
津輕鐵路暖爐列車
(12月1日～翌3月31日)
十和田湖湖水祭
(7/15～7/16)
角館的祭典〈神明社・藥師堂祭典〉(9月7～9日)
鹽竈港祭(海之及其前日)
日本第一芋煮大會祭典(敬老節的前日・山形市)
日本故鄉遠野祭(9月第3週六、日)
會津祭(包含9月22日的3天期間・會津若松市)
金華山神鹿角切儀式祭
(10/1・石巻市金華山)
恐山大祭(7月20～24日・陸奥市)
6～8月
牡蠣 10～4月
比目魚(青森) 9～12月
法國洋梨 10月中旬～12月上旬
蘋果(津輕) 8月下旬～9月上旬
日本叉牙魚(秋田) 11～1月
秋刀魚(三陸) 8月下旬～11月中旬
八甲田・藏王 10月上旬～下旬
十和田湖外輪山・八幡平 10月中旬～下旬
奧入瀨溪流・磐梯高原 9月下旬～10月下旬
青森的平均降雨量
200mm
150
100
50
0
25.5
27.6
23.7
17.7
10.7
4.5
17.4
19.3
14.6
7.8
2.4
-1.6
102.6
129.3
119.8
106.0
131.7
148.6
仙台的平均降雨量
200mm
150
100
50
0
25.7
27.9
24.1
19.1
13.4
8.3
19.3
21.2
17.2
10.3
4.9
0.6
159.7
174.2
218.4
99.2
66.8
26.4

十和田湖少女像

日本第一芋煮大會祭典

往江差
往函館
往新函館北斗
往函館
狐越岬
福島峠
北海道
矢越岬
橫綱の里ふくしま
福島町
トノマ岬
松前城跡
松前町
折戸海岸
228
白神岬
北海道新幹線
青函トンネル
A
B
小島
津軽海峡
津軽海峡渡輪·青函渡輪
P.46 龍飛崎
P.46 飛龍崎燈塔
P.46 階梯國道339號線
P.46 青函隧道紀念館
みんまや
高野崎
月海岸
つがるはま
みんまや
外ヶ浜町
今別町
いまべつ
280
平舘
不老不死温泉
たいらだて
おおかわだい
おくつがるいまべつ
339
P.47 小說《津輕》之像紀念館
こどまり
いまべつ
つがるふたまた
權現崎
(小泊岬)
小泊 P.47
津軽線
五所川原市
外ヶ浜町
なかおぐに
十三湖高原
十三湖
津輕半島
P.45
おおだい
日本海
津軽國定公園
かにた
せへじ
ごうさわ
蓬田村
よもぎた
なかさわ
中泊町
大倉岳
▲677
つがるなかさと
七里長浜
津軽平野
おおさわない
太宰治紀念館
「斜陽館」P.47
かなぎ
ひだりせき
E
F
亀ヶ岡遺跡
金木 P.47
びしゃもん
津軽鉄道
おくない
つがるみや
あぶらかわ
青森市森林博物館
しんあおもり
岩木川
つがる市
五所川原市
縄文住居展示資料館
カルコ
ごしょがわら
青森IC
大戸瀬崎
鯵ヶ沢町
101
なかた
もりた
つるがさか
P.49 千敷疊海岸
ふかうら
おおどせ
風合瀬海岸
深浦海岸
とどろき
かそせ
せんじょうじき
きたかねがさわ
むつやなぎた
むつあかいし
ミニ白神 P.49
なるさわ
あじがさわ
こしみず
鶴田町
むつつるだ
つるだ
つるどまり
なみおか
だいしゃか
浪岡IC
青森縣近代文學館
青森機場
三内丸山遺跡
おいらせ
ひろと
熊の湯温泉
青森スプリング・いたやなぎ
スキーリゾート
板柳町
はやしざき
高舘PA
深浦町
よこいそ
ふかうら
深浦町歴史民俗資料館
津軽岩木スカイライン
岩木山
▲1625
藤崎町
ふじさき
きたときわ
かわべ
くろいし
黒石 P.42
いなかだて
田舎館村
P.49 黄金崎
不老ふ死温泉
深浦觀光飯店 P.49
津軽國定公園
嶽温泉
湯段温泉
赤石川
盛美園
黒石IC
艫作崎
へなし
ウェスパつばきやま
弘前公園
ブナの里白神館
津軽こけし館
黒石温泉郷
WeSpa椿山 P.49
むつ
さわべ
むついわさき
アオーネ白神十二湖 P.49
西目屋村
岩木川
弘前 P.39
ひろさき
ひろさき
平川市
津軽SA
虹の湖
十二湖 P.50
じゅうにこ
白神山地世界遺産センター
(西目屋館)
津軽白神
いしかわ
大鰐弘前IC
まつかみ
101
白神岳
▲1235
目屋ダム
大鰐町
ながみね
454
102
しらかみだけとざんぐち
おおわにおんせん
阿闍羅PA
おおまごし
暗門滝
大鰐温泉
いかりがせき
I
P.48
五能線
白神山地
J
いかりがせき
碇ヶ関IC
碇ヶ関温泉
東北自動車道
つがるゆのさわ
はちもり
いわだて
駒ヶ岳
1158▲
田苗代湿原
田代岳
▲1178
やたて峠
矢立温泉
矢立峠
P.49 八森いさりび温泉ハタハタ館
あきたしらかみ
たきのま
はちもり
太良峡
秋田縣
奥羽本線
じんば
小坂北IC
7
素波里国民休養地
素波里ダム
白神山地世界遺産センター
(藤里館)
小坂PA
しらさわ
ひがしはちもり
八峰町
さわめ
湯ノ沢温泉
藤里町
往能代
おおだて
大館市
小坂IC
往安代JCT

青　森
1:700,000
0
15km
N
往函館
大間崎
大間町
大間温泉
風間浦村
焼山崎
下風呂温泉
下北半島 P.35
佐井村
薬研温泉
奥薬研温泉
恐山 P.36
恐山菩提寺
下北半島國定公園
むつ市
湯野川温泉
釜臥山 878
かわうち湖
尻屋崎
藤石崎
東通村
ヒバ埋没林
横流峠
かなやさわ
しもきた
おおみなと
あかがわ
ちかがわ
冷水峠
黒崎
ありはた
往苫小牧、室蘭
シルバーフェリー
陸　奥　湾
むつよこはま
横浜町
横浜町の菜の花畑
よこはま
中山崎
ふっこし
六ヶ所村
大湊線
夏泊半島
野辺地湾
浅所海岸
平内町
こみなと
しみずがわ
夜越山森林公園
あさむしおんせん
ゆ〜さ浅虫
浅蟲温泉 P.17
南部屋 海扇閣 P.19
辰巳館 P.19
かりばさわ
馬門温泉
ありと
鷹架沼
田面木沼
高瀬川
きたのへじ
のへじ
野辺地町
三角岳 753
ちびき
青い森鉄道
おっとも
小川原湖
みさわ
みちのく有料道路
七戸町
かみきたちょう
おおがわら湖
寺山修司記念館
しちのへとわだ
しちのへ
こがわら
三澤機場
東北町
池の端温泉郷
田代平湿原
P.20
八甲田山 1585
三沢市
みさわ
P.54 古牧温泉
第二みちのく有料道路
六戸町
むかいやま
酸之湯温泉
青森縣
鯉艸郷
十和田市
ろくのへ
おいらせ町
百石道路
しもだ
蔦温泉
奥入瀬溪流溫泉
奥入瀬
とわだ
焼山
むついちかわ
五戸町
八戸北IC
八戸西スマートIC
はちのへ
蕪島
八戸市水産科学館
さめ
種差海岸
たねさしかいがん
歴史みらいパーク
十和田八幡平國立公園
奥入瀬溪流 P.26
はちのへ
八戸 P.33
かねはま
新郷村
きたたかいわ
とまべち
八戸IC
櫛引八幡宮
八戸JCT
はしかみ
階上町
十和田湖 P.28
子ノ口
宇樽部
大石神ピラミッド
十来塚
戸来岳 1159
しんごう
休屋
間ノ木平グリーンパーク
南部町
福地PA
三陸復興國立公園
かどのはま
ひらない
洋野町
なんごう
南郷IC
八戸自動車道
階上岳 739
たねいち
たまがわ
古町温泉
さんのへ
城山公園
三戸町
めとき
東北新幹線
しゅくのへ
りくちゅうやぎ
岩手縣
田子町
きんたいちおんせん
金田一温泉
軽米町
軽米IC
うげ
八戸線
りくちゅうなかの
折爪SA
往安代JCT
往盛岡
往久慈
おおの
往久慈
太平洋
D
G
H
K
L
36
12-13
21
34
24-25
279
338
394
4
45
102
103
104
395
454

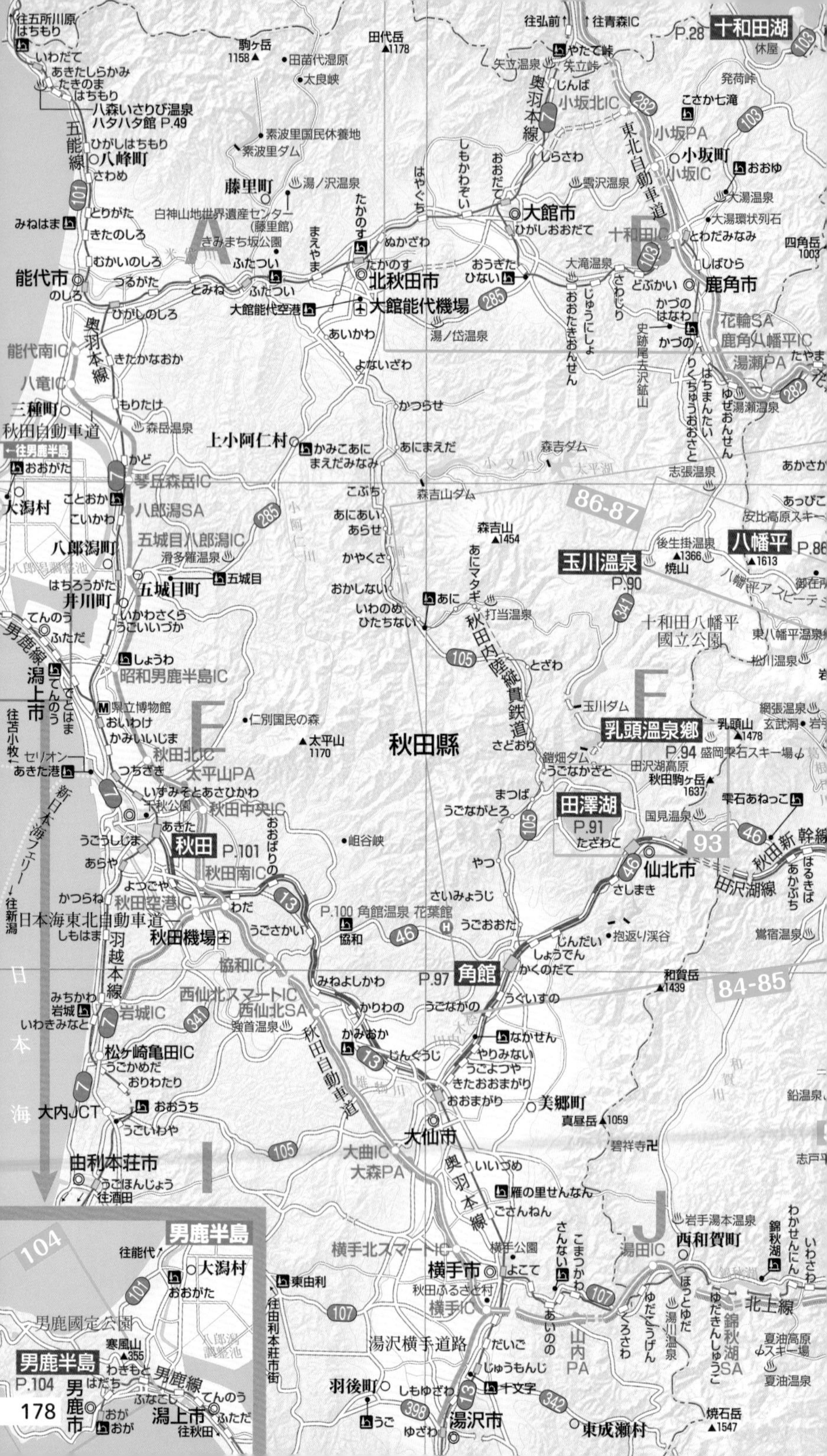

十和田湖
P.28
往弘前
往青森IC
やたて峠
矢立温泉
矢立峠
奥羽本線
じんば
小坂北IC
東北自動車道
小坂PA
こさか七滝
発荷峠
休屋
小坂町
小坂IC
おおゆ
大湯温泉
大湯環状列石
十和田IC
とわだみなみ
しばひら
鹿角市
四角岳
1003
雪沢温泉
大館市
ひがしおおだて
しらさわ
おおだて
しもかわぞい
はやぐち
たかのす
まえやま
ぬかざわ
北秋田市
大館能代機場
大館能代空港
あいかわ
湯ノ岱温泉
おうぎた
ひない
大滝温泉
じゅうにしょ
おおたきおんせん
さわじり
どぶかい
かづのはなわ
かづの
史跡尾去沢鉱山
花輪SA
鹿角八幡平IC
湯瀬PA
たやま
りくちゅうおおさと
はちまんたい
ゆぜおんせん
湯瀬温泉
往五所川原
はちもり
いわだて
あきたしらかみ
たきのま
はちもり
八森いさりび温泉
ハタハタ館 P.49
五能線
ひがしはちもり
八峰町
さわめ
みねはま
とりがた
きたのしろ
むかいのしろ
能代市
のしろ
つるがた
ひがしのしろ
駒ヶ岳
1158
田代岳
1178
田苗代湿原
太良峡
素波里国民休養地
素波里ダム
藤里町
湯ノ沢温泉
白神山地世界遺産センター（藤里館）
きみまち坂公園
ふたつい
とみね
ふたつい
奥羽本線
能代南IC
八竜IC
三種町
秋田自動車道
きたかなおか
もりたけ
森岳温泉
よないざわ
かつらせ
あにまえだ
上小阿仁村
かみこあに
まえだみなみ
森吉ダム
森吉山ダム
志張温泉
あかさか
あっぴこ
安比高原スキー
往男鹿半島
おおがた
大潟村
かど
琴丘森岳IC
ことおか
八郎潟SA
こいかわ
五城目八郎潟IC
八郎潟町
滑多羅温泉
五城目
五城目町
はちろうがた
井川町
いかわさくら
うごいいづか
こぶち
あにあい
あらせ
かやくさ
おかしない
いわのめ
ひたちない
あに
あにマタギ
打当温泉
森吉山
1454
86-87
後生掛温泉
焼山
1366
八幡平
1613
P.86
玉川溫泉
P.90
十和田八幡平國立公園
東八幡平温泉
松川温泉
秋田内陸縦貫鉄道
とざわ
玉川ダム
乳頭温泉郷
乳頭山
1478
網張温泉
玄武洞
P.94
盛岡雫石スキー場
田沢湖高原
秋田駒ヶ岳
1637
雫石あねっこ
国見温泉
田澤湖
P.91
たざわこ
93
秋田新幹線
仙北市
さしまき
田沢湖線
はるきぼ
あかぶち
鶯宿温泉
抱返り渓谷
じんだい
しょうでん
かくのだて
角館
P.97
和賀岳
1439
84-85
男鹿線
てんのう
ふただ
潟上市
てんのう
でとはま
しょうわ
昭和男鹿半島IC
県立博物館
おいわけ
かみいいじま
仁別国民の森
太平山
1170
秋田縣
さどおり
鎧畑ダム
うごなかざと
まつば
うごながとろ
往苫小牧
セリオン
あきた港
秋田北IC
つちざき
太平山PA
いずみそとあさひかわ
千秋公園
秋田中央IC
あきた
うごうしじま
秋田
P.101
おおばりの
あらや
秋田南IC
よつごや
峨谷峡
やつ
新日本海フェリー
往新潟
かつらね
秋田空港IC
わだ
日本海東北自動車道
しもはま
羽越本線
秋田機場
うごさかい
協和IC
P.100 角館温泉 花葉館
協和
さいみょうじ
うごおおた
みねよしかわ
かりわの
うごながの
うぐいすの
西仙北スマートIC
西仙北SA
強首温泉
秋田自動車道
かみおか
じんぐうじ
なかせん
やりみない
うごよつや
きたおおまがり
おおまがり
美郷町
真昼岳
1059
鉛温泉
みちかわ
岩城
岩城IC
いわきみなと
松ヶ崎亀田IC
うごかめだ
おりわたり
大内JCT
おおうち
うごいわや
日本海
大仙市
碧祥寺
志戸平
由利本荘市
うごほんじょう
往酒田
大曲IC
大森PA
奥羽本線
いいづめ
雁の里せんなん
ごさんねん
岩手湯本温泉
西和賀町
湯田IC
錦秋湖
わかせんにん
いわさわ
横手北スマートIC
横手公園
横手市
よこて
秋田ふるさと村
横手IC
東由利
往由利本荘市街
湯沢横手道路
こまつかわ
さんない
あいのの
山内PA
ゆだこうげん
くろさわ
ほっとゆだ
湯川温泉
ゆだきんしゅうこ
錦秋湖SA
北上線
夏油高原スキー場
夏油温泉
だいご
じゅうもんじ
十文字
羽後町
しもゆざわ
うご
ゆざわ
湯沢市
東成瀬村
焼石岳
1547
男鹿半島
往能代
大潟村
おおがた
男鹿國定公園
寒風山
355
男鹿半島
P.104
わきもと
はだち
男鹿線
ふなこし
てんのう
男鹿市
おが
潟上市
ふただ
往秋田

秋田·岩手
1:700,000
0
15km
N
青森縣
新郷村
しんごう
けんよし
南部町
福地PA
なんごう
階上町
かどのはま
ひらない
洋野町
たねいち
たまがわ
青い森鉄道
古町温泉
さんのへ
城山公園
三戸町
めとき
すわのだいら
さんのへ
615
名久井岳
南郷IC
階上岳
739
八戸線
しゅくのへ
りくちゅうやぎ
うげ
りくちゅうなかの
田子町
きんたいちおんせん
金田一温泉
軽米町
軽米IC
折爪SA
折爪岳
852
二戸市
とまい
にのへ
馬仙峡
二戸IC
九戸IC
おりつめ
おおの
71
さむらいはま
D
二戸PA
一戸町
いちのへ
九戸村
久慈
くじ
もぐらんぴあ
りくちゅうなつい
久慈湾
浄法寺IC
天台寺
東北新幹線
八戸自動車道
こずや
バッタリー村
12-13
P.75 久慈琥珀博物館
白樺の村やまがた
鮨処 きよ田 P.76
小袖海岸
りくちゅううべ
三崎
のだ
りくちゅうのだ
P.76 まるきん
とふがうらかいがん
のだたまがわ
野田村
こつなぎ
安代JCT
西岳
1018
七時雨山
1063
IGRいわて銀河鉄道
おくなかやまこうげん
平庭高原
1060
平庭岳
P.76 新山根温泉 べっぴんの湯
ほりない
三陸復興国立公園
大月峠
葛巻町
石神の丘
普代村
ふだい
黒崎
北山崎 P.75
氷渡洞
安家洞
八幡平IC
みどう
岩手町
281
くずまき高原
三陸鉄道北リアス線
八幡平市
いわてぬまくない
340
国境峠
たのはた
しまのこし
田野畑村
たのはた
おおぶけ
いわてかわぐち
にしね
こうま
鵜の巣断崖
西根IC
啄木公園
石川啄木記念館
しぶたみ
三田貝分校
P.75
龍泉洞
P.72
早坂高原
早坂峠
455
岩泉町
いわいずみおもと
せったい
いわいずみ
渋民
P.57
たきざわ
岩洞湖家族旅行村
G
H
P.74
たろう
しんたろう
たろう
休暇村 陸中宮古 P.76
滝沢PA
滝沢中央スマートIC
かみよない
小岩井農場 P.54
くりやがわ
盛岡
P.52
岩手縣
さばね
45
浄土濱 公園飯店 P.76
みやこ
宮古
いちのわたり
盛岡
やまぎし
もりおか
盛岡市先人記念館
106
区界高原
くざかい
まつくさ
ひらつと
山田線
やまびこ館
かわうち
はこいし
はらたい
もいち
ひきめ
せんとく
浄土之濱
P.75
宮古市魚菜市場
P.76
つがるいし
重茂半島
矢巾PA
やはば
矢巾スマートIC
矢巾町
ふるだて
りくちゅうかわい
閉伊川
ラ・フランス温泉館
紫波
紫波町
早池峰國定公園
早池峰山
1917
薬師岳
1645
はやちね
とよまね
魹ヶ崎
ひづめ
紫波SA
荒川高原
三陸復興國立公園
いしどりや
石鳥谷
東北本線
山田町
赤平金剛
山田湾
りくちゅうやまだ
やまだ
いわてふなこし
船越半島
はなまきくうこう
いわて花巻空港
しんはなまき
396
立丸峠
283
釜石自動車道
はなまき
P.63 遠野故郷村
福泉寺
なみいたかいがん
浪板海岸
きりきり
吉里吉里国
大槌町
おおつち
L
K
はるやま
いわねばし
みやもり
南部曲家千葉家 P.63
続石
高室水光園 P.63·64
東和IC
とうわ
花巻南IC
はなまき西南
宮沢賢治記念館
田瀬ダム
釜石線
遠野
P.61
とおの
大槌湾
うのすまい
北上市
456
北上江釣子IC
あやおり
遠野風の丘
あおざさ
いわてかみごう
りくちゅうおおはし
P.76 陸中海岸大飯店
りょういし
かまいし
釜石市
107
ますざわ
あらやまえ
いわてふつかまち
62
ひらくら
まつくら
こさの
へいた
釜石湾
尾崎
釜石大観音
鐵之歴史館 P.75
きたかみ
北上金ヶ崎IC
(北上金ヶ崎PA)
あしがせ
かみありす
滝観洞
どうせん
釜石仙人峠
ろくはら
かねがさき
五葉山
1351
とうに
唐丹湾
種山ヶ原
姥石峠
えさし藤原の郷
奥州市
みずさわえさし
397
三陸鉄道リアス線
よしはま
↓往大船渡、陸前高田
↓往大船渡
太
平
洋

秋田縣
山形縣
新潟縣
日本海
象潟 P.144
にかほ市
由利本荘市
横手市
湯沢市
東成瀬村
羽後町
遊佐町
酒田 P.145
庄内町
三川町
鶴岡 P.150
出羽三山
羽黒山 P.152
最上峽 P.149
戸沢村
新庄市
真室川町
鮭川村
金山町
大蔵村
舟形町
最上町
尾花沢市
大石田町
村山市
東根市
河北町
寒河江市
天童市
西川町
大江町
中山町
山辺町
朝日町
山形 P.137
山寺 P.142
上山市
白鷹町
長井市
南陽市
飯豊町
蔵王 P.136
蔵王温泉
鳴子 P.118
銀山温泉 P.141
鳥海國立公園
磐梯朝日國立公園
栗駒國定公園
蔵王國定公園
月山
湯殿山
鳥海山
STUDIO SEDIC 庄内外景拍攝場地 P.152
川崎町
蔵王町
大河原町
村田IC
白石IC
仙台

遠野
岩手縣
大船渡市
陸前高田市
氣仙沼
唐桑半島
一関市
平泉
北上市
奥州市
栗原市
登米市
南三陸町
石巻
女川町
牡鹿半島
金華山
東松島市
松島
宮城縣
仙台
多賀城市
名取市
岩沼市
大崎市
涌谷町
釜石
三陸鉄道リアス線
三陸復興國立公園
太平洋
仙台湾
石巻湾
宮城·山形
1:700,000
0
15km

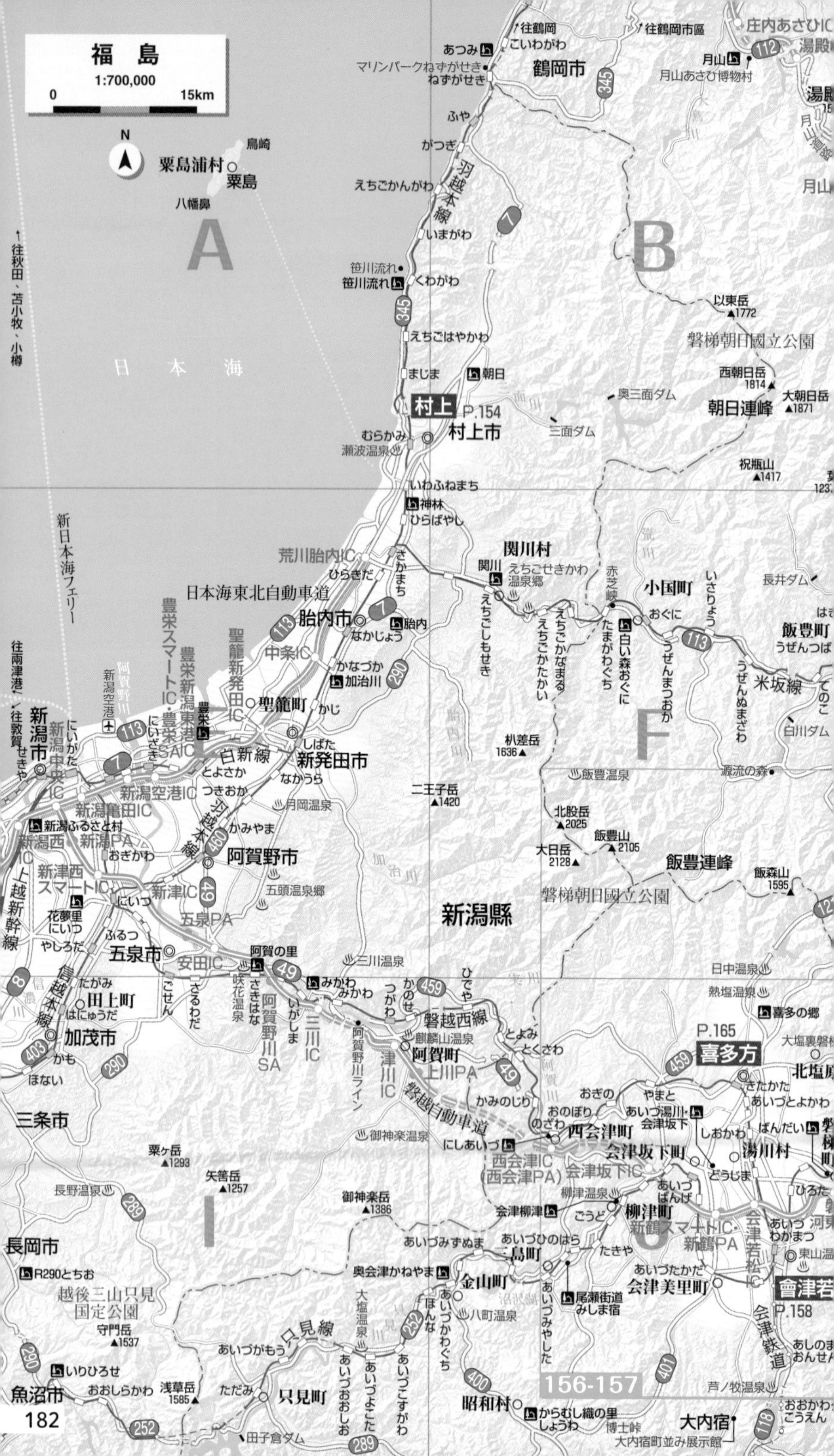

福島
1:700,000
0
15km
N
A
B
F
I
粟島浦村
粟島
鳥崎
八幡鼻
日本海
往秋田、苫小牧、小樽
新日本海フェリー
往兩津港
往敦賀
鶴岡市
往鶴岡
往鶴岡市區
庄内あさひIC
湯殿
月山
月山あさひ博物村
あつみ
こいわがわ
マリンパークねずがせき
ねずがせき
ふや
がつぎ
えちごかんがわ
羽越本線
いまがわ
笹川流れ
くわがわ
えちごはやかわ
まじま
朝日
村上
P.154
村上市
むらかみ
瀬波温泉
奥三面ダム
三面ダム
以東岳
1772
磐梯朝日國立公園
西朝日岳
1814
大朝日岳
1871
朝日連峰
祝瓶山
1417
いわふねまち
神林
ひらばやし
荒川胎内IC
さかまち
ひらきだ
日本海東北自動車道
関川村
関川
えちごせきかわ温泉郷
えちごしもせき
えちごかなまる
えちごかたかい
赤芝峡
白い森おぐに
たまがわぐち
小国町
おぐに
うぜんまつおか
いさりょう
長井ダム
飯豊町
うぜんつばき
うぜんぬまざわ
米坂線
白川ダム
胎内市
なかじょう
胎内
中条IC
豊栄スマートIC・豊栄SAIC
豊栄新潟東港IC
聖籠新発田IC
聖籠町
かなづか
加治川
かじ
新潟空港
にいがた
にいざき
豊栄
新潟市
新潟中央IC
白新線
しばた
新発田市
とよさか
なかうら
つきおか
新潟空港IC
新潟亀田IC
月岡温泉
杁差岳
1636
二王子岳
1420
飯豊温泉
源流の森
北股岳
2025
飯豊山
2105
大日岳
2128
飯豊連峰
飯森山
1595
新潟ふるさと村
新潟西
新潟PA
おぎかわ
かみやま
阿賀野市
新津西スマートIC
新津IC
五頭温泉郷
上越新幹線
花夢里にいつ
にいつ
ふるつ
やしろだ
五泉PA
五泉市
安田IC
阿賀の里
新潟縣
磐梯朝日國立公園
三川温泉
日中温泉
熱塩温泉
喜多の郷
たがみ
田上町
はにゅうだ
信越本線
加茂市
かも
ほないい
ごせん
さるわだ
咲花温泉
さきはな
阿賀野川SA
いがしま
みかわ
三川IC
阿賀野川ライン
かのせ
つがわ
ひでや
磐越西線
麒麟山温泉
阿賀町
津川IC
上川PA
とよみ
とくさわ
P.165
喜多方
大塩裏磐梯
北塩原
きたかた
あいづとよかわ
三条市
磐越自動車道
御神楽温泉
かみのじり
おぎの
やまと
おのぼり
あいづ湯川・会津坂下
のざわ
西会津町
しおかわ
ばんだい
湯川村
にしあいづ
西会津IC(西会津PA)
会津坂下町
会津坂下IC
どうじま
ひろた
粟ヶ岳
1293
矢筈岳
1257
長野温泉
御神楽岳
1386
柳津温泉
あいづばんげ
会津柳津
ごうど
柳津町
新鶴スマートIC
新鶴PA
会津若松IC
あいづわかまつ
河東
東山温泉
長岡市
あいづみずぬま
あいづひのはら
三島町
たきや
R290とちお
奥会津かねやま
金山町
あいづたかだ
会津美里町
會津若松
P.158
越後三山只見国定公園
大塩温泉
ほんな
あいづかわぐち
八町温泉
あいづみやした
尾瀬街道みしま宿
守門岳
1537
只見線
会津鉄道
あしのまきおんせん
いりひろせ
あいづがもう
あいづおおしお
あいづよこた
あいづこすがわ
156-157
芦ノ牧温泉
魚沼市
おおしらかわ
浅草岳
1585
ただみ
只見町
昭和村
からむし織の里しょうわ
博士峠
大内宿
おおかわこうえん
田子倉ダム
大内宿町並み展示館
345
7
113
290
460
49
8
403
289
252
459
400
401
118
112
121

尾花沢市
大石田町
銀山温泉
P.141
村山市
東根市
河北町
西川町
寒河江市
天童市
大江町
中山町
山寺
P.142
山辺町
朝日町
左沢線
山形
P.137
上山市
白鷹町
南陽市
高畠町
米澤
P.127
蔵王温泉
蔵王
P.136
七ヶ宿町
白石市
宮城縣
仙台
P.106
富谷市
大崎市
加美町
色麻町
美里町
大衡村
大和町
大郷町
松島町
利府町
塩竈
七ヶ浜町
多賀城市
名取市
岩沼市
村田町
川崎町
蔵王町
大河原町
柴田町
角田市
亘理町
山元町
丸森町
国見町
桑折町
伊達市
福島市
新地町
相馬市
南相馬市
飯舘村
川俣町
二本松市
大玉村
本宮市
郡山市
三春町
田村市
葛尾村
浪江町
双葉町
大熊町
富岡町
川内村
猪苗代町
苗代湖
P.171
福島縣
東北中央自動車道
東北自動車道
山形自動車道
常磐自動車道
磐越自動車道
三陸自動車道
仙台北部道路
仙台南部道路
仙台東部道路
東北新幹線
山形新幹線
奥羽本線
東北本線
常磐線
磐越東線
仙山線
阿武隈急行
太平洋
126
136
116-117

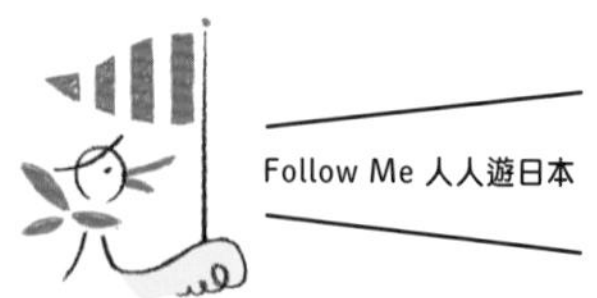

旅遊準備的建議

前往東北的方法

台灣目前只有常態直飛仙台的航班，建議到仙台再轉機或搭乘巴士前往東北各地。高速巴士雖然較花時間，但利用夜行巴士的話，就可有效活用抵達後的白天時間。只要事先購買和使用各種費用專案等就可以買到超值的票券，所以早點開始計畫吧。

往青森	東京出發	羽田→青森	1小時15～20分　¥34690日圓(平時) JAL 0570-025-071 ●1天6班。青森機場～青森站搭巴士35分，710日圓。
往青森	東京出發	東京→新青森	東北新幹線「隼號」　2小時59分～3小時24分　¥17670日圓～ JR東日本050-2016-1600 ●「隼號」1天行駛18班
往青森	東京出發	東京→青森	「津輕號」　G 9小時35分　¥6500日圓～　JR巴士東北 017-773-5722　●1天1班。從東京站八重洲南口發車。另外有從BUSTA新宿發車的津輕號・JAMJAM LINER等車輛行駛。
往青森	大阪出發	大阪(伊丹)→青森	1小時25～40分　¥42160日圓(平時) JAL 0570-025-071／ANA0570-029-222 ●1天6班。青森機場～青森站搭巴士35分，700日圓。
往盛岡	東京出發	東京→盛岡	東北新幹線「隼號」　2小時11～17分 ¥15210日圓～　JR東日本050-2016-1600 ●「隼號」1天有22班，與「疾風號」「山彥號」合計33班
往盛岡	東京出發	東京→盛岡	「DREAM盛岡號」　7小時25分　¥6700日圓～　JR巴士東北 019-624-4474／岩手縣交通019-662-2121／國際興業0570-048985 ●1天2班。經過池袋站東口
往盛岡	大阪出發	大阪(伊丹)→花卷	1小時20分　¥40460日圓(平時) JAL 0570-025-071 ●1天4班。岩手花卷機場～盛岡站搭巴士45分，1430日圓
往秋田	東京出發	羽田→秋田	1小時5分　¥28390日圓(平時) JAL 0570-025-071／ANA0570-029-222 ●1天9班。秋田機場～秋田站搭巴士35分，950日圓
往秋田	東京出發	東京→秋田	秋田新幹線「小町號」　3小時42分～4小時23分 ¥18460日圓～　JR東日本050-2016-1600 ●1天15班
往秋田	東京出發	新宿→秋田	「フローラ号」　9小時10分　¥9700日圓 秋田中央交通018-823-4890／小田急巴士03-5438-8511 ●1天1班。新宿站西口(ハルク前)發抵

往秋田

大阪出發

大阪(伊丹)→秋田
1小時15～30分 ¥37960日圓(平時)
JAL 0570-025-071／ANA0570-029-222
●1天3班。秋田機場～秋田站搭巴士35分，950日圓

往仙台

東京出發

東京→仙台
東北新幹線「隼號」「山彥號」 1小時31分～2小時22分
¥11610日圓～ JR東日本050-2016-1600
●「隼號」「山彥號」合計1天89班

巴士夕新宿→仙台
「仙台新宿號」 5小時50～56分 ¥3500日圓～
JR巴士東北022-256-6646
●白天、晚間巴士合計1天5班

臺灣出發

桃園→仙台
3小時30分 $13000～$26000
長榮、ANA、虎航、星宇
●仙台機場～仙台站搭火車（快速）17～25分，660日圓

往山形

東京出發

東京→山形
山形新幹線「翼號」 2小時26～54分 ¥11890日圓
JR東日本050-2016-1600
●1天16班

BUSTA新宿→山形
「ドリームさくらんぼ号」 6小時10分 ¥5900日圓～
JR巴士東北022-256-6646
●1天1班。上行也可在王子站、池袋站下車

大阪出發

大阪(伊丹)→山形
1小時15分 ¥39260日圓(平時)
JAL 0570-025-071
●1天3班。山形機場～山形站搭機場接駁巴士35分，980日圓

往會津

東京出發

東武淺草→會津若松
東武鐵道特急「Revaty 會津」+野岩鐵道+會津鐵道リレー號 4小時21～39分 ¥7390日圓(平日) 東武鐵道03-5962-0102／野岩鐵道0288-77-2355／會津鐵道0242-28-5885 ●リレー號1天4班

東京→會津若松
東北新幹線「山彥號」(→郡山)+快速・普通 2小時30分～3小時26分 ¥9640日圓 JR東日本050-2016-1600
●快速為1天7班

BUSTA新宿→會津若松
「夢街道會津號」 4小時20～44分 ¥4600日圓～
JR巴士關東0570-048905／會津乘合計程車0242-22-5555
●1天4班。也有經過豬苗代站和往喜多方方向的班次。

大阪出發

新大阪→會津若松
「希望號」+東北新幹線「山彥號」(→郡山)+快速・普通 5小時29分～6小時18分 ¥22030日圓 JR東日本050-2016-1600
●快速為1天6班

※機票費用為一般費用

●從東京搭乘夜行巴士前往東北

巴士名 路線	行經地點	需時	費用 (來回)	客運公司
パンダ號 上野←→青森	弘前	10小時20分	5000日圓～	弘南巴士☎0172-37-0022
ノクターン号 品川←→弘前	濱松町	9小時15分	11200日圓 (20000日圓)	弘南巴士 0172-37-0022 京浜急行巴士 03-3743-0022
シリウス号 東京←→七戸十和田	池袋・八戸	11小時10分	7800日圓～	國際興業 0570-048985 十和田観光 0178-43-4521
イーハトーブ 池袋←→花巻（停駛中）	大宮・北上	9小時50分	7500日圓～	國際興業 0570-048985 岩手縣交通 0197-66-7799
けせんライナー 池袋←→釜石	一之關・氣仙沼	9小時	9400日圓～	國際興業 0570-048985 岩手縣交通 0193-25-2525

HINT 活用超值的車票

在JR有販賣指定區間任意乘坐車票往返折扣車票，以及將這兩種車票合併的車票等的超值車票（特別企畫乘車券）。是根據旅行的路線或行程，可大幅節省交通開銷的好東西。

只是也有只在固定期間販賣的車票，或是有限制利用日期的車票，因此需注意。

週末通行票

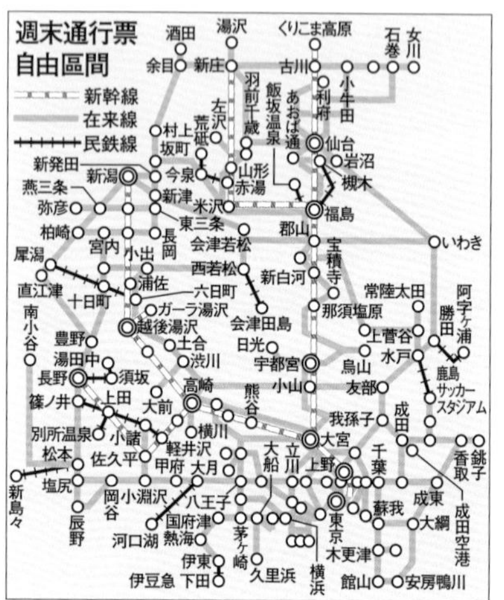

限定在週六、日，可任意搭乘JR東日本列車自由區間的車票。除了JR線、也可任意搭乘會津鐵道線（西若松～會津田島之間）等的13家鐵路公司普通列車（包含快速）自由座。搭乘新幹線或特急時，只需另外加購特急券等即可搭乘。另外，還可以特別費用租借車站租車的S等級和A等級的車。

「週末パス」
🕔週六、假日的連續2天
※發售期間須向JR日本確認
¥ 8880日圓
販售場所…自由區間內的主要綠色窗口、View Plaza、主要旅行社

小旅行假日通行票

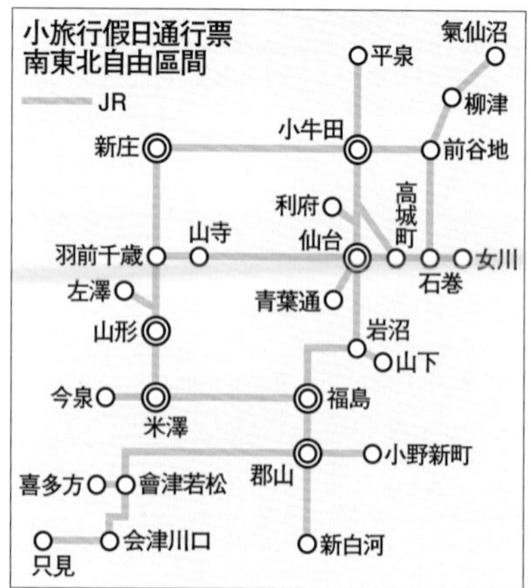

週六・假日以及4/29～5/5、7/20～8/31、12/23～1/7每天的1日內，可任意搭乘各自由區間內的普通列車（含快速）自由座。只要購買特急券，即可利用特急、山形新幹線的福島～新庄之間。不過無法搭乘東北新幹線。岩手假日通行票、青森假日通行票也是一樣。

「小さな旅ホリデーパス」
🕔1天
¥ 南東北自由區間2720日圓／岩手假日PASS 2500日圓／青森假日PASS 2520日圓
販售場所…自由區間內的主要綠色窗口、View Plaza、主要旅行社

岩手假日通行票

「いわてホリデーパス」

可於週六、假日，1天內自由搭乘自由區間內的普通列車（包含快速）自由座、BRT（盛～氣仙沼～柳津）以及東日本交通巴士（茂市～岩泉病院間）。

青森假日通行票

「あおもりホリデーパス」

可於週六、假日，1天內自由搭乘自由區間內的普通列車（含快速）的自由座。

津輕Free Pass

可任意搭乘從青森到碇之關、以及行經五所原到津輕鐵道的金木、從弘南到弘南鐵道的黑石等鐵路。另外，弘南巴士的指定路線也是任意搭乘。

「津軽フリーパス」
2天 ¥2460日圓
販售場所…自由區間內以及秋田區域內的綠色窗口、View Plaza、主要旅行社

五能線Free Pass

可任意搭乘指定區間的普通列車（包含快速）自由座。只要購入特急券，即可搭乘特急列車。搭乘「Resort白神號」的話需事先購入指定座票。

「五能線フリーパス」 2天 ¥3880日圓
販售場所…自由區間內以及秋田區域內的綠色窗口、View Plaza、主要旅行社

仙台Marugoto Pass

可任意搭乘右下圖的JR普通列車（包含快速）的普通自由座，以及鐵路、巴士各公司路線（有只提供部分路線的情況）、盧葡兒仙台。

「仙台まるごとパス」
2天 ¥2720日圓
販售場所…JR東日本主要車站的綠色窗口、View Plaza、主要旅行社

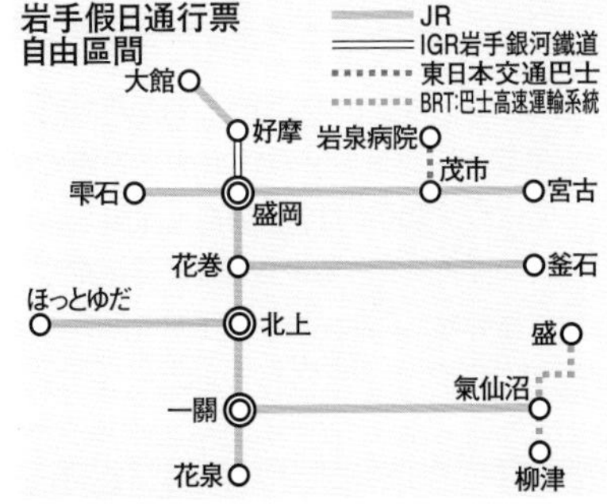

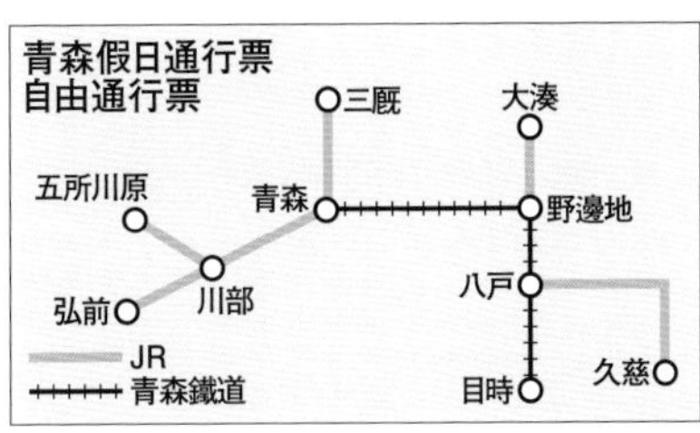

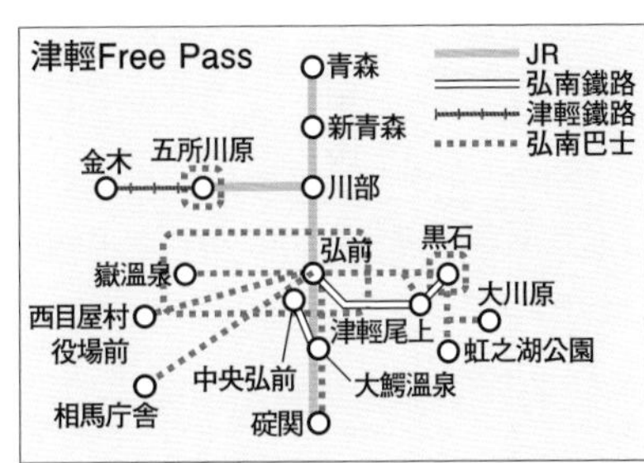

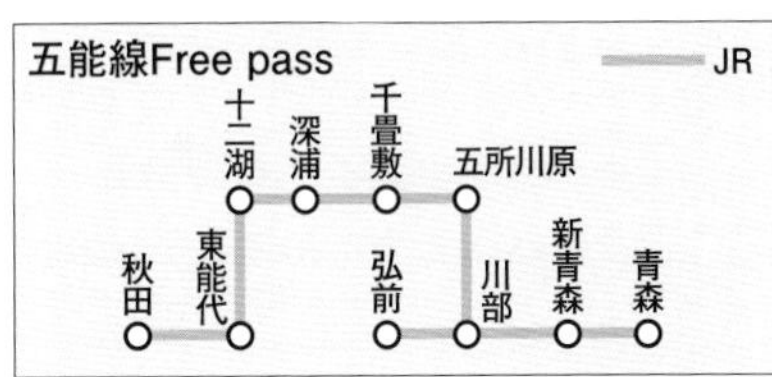

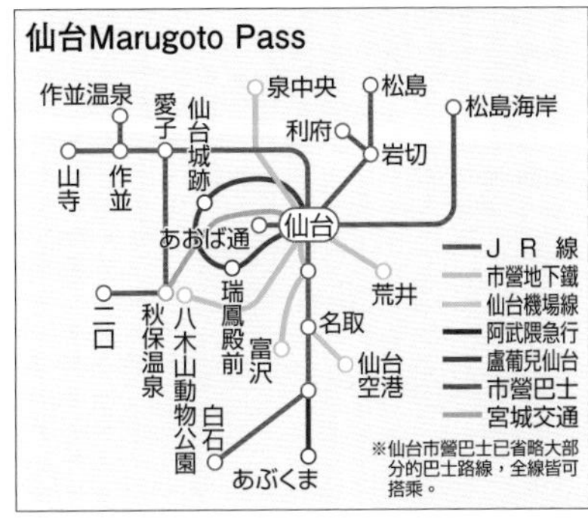

搭乘定期觀光巴士有效率地遊逛

東北地區仍有部分電車和巴士轉乘不方便。特別是需利用火車和路線巴士前往的觀光景點，常常需要等待很長一段時間，非常不便。

因此要在有限的時間中有效率地遊覽觀光，推薦多加利用定期觀光巴士，時間上與實用度上都頗為划算，有些行程還可享受溫泉。以下介紹主要的行程。也有需要事先預約的行程，需再確認。

	路線名稱	所需時間、費用	主要路線
仙台	仙台散步號	3小時／2200日圓	9:20仙台站東口出發→瑞鳳殿→仙台城遺跡→大崎八幡宮→定禪寺通（車窗）→12:20抵達仙台站東口 ※每天行駛（12/26～1/3、5/1～5除外）
	預約…JR巴士東北 ☎022-256-6646		
松島	松島散步號	3小時30分／3300日圓	13:30仙台站東口出發→樂天生命Park宮城球場→西行折回之松公園→松島灣(車窗)→松島(觀瀾亭、五大堂、瑞巖寺)→鐘崎かまぼこの国 笹かま館→17:30抵達仙台站東口 ※每天行駛(12/26～1/3、5/1～5除外)
	預約…JR巴士東北 ☎022-256-6646		
白神山地	白神山地展望與十二湖、不老不死溫泉路線 ※停駛中	7小時20分／8000日圓（附便當、山上導覽）	9:30東能代站出發→9:50八森站出發→白神山地展望（在二森入口附近欣賞白神山林與日本海）→縣境（午餐）→十二湖（青池與櫸木原生林漫步）→不老不死溫泉（泡湯、入浴費另計）→16:50抵達東能代站
	洽詢…第一觀光巴士 ☎0185-73-3200		
尾花澤	市區觀光巡禮與手打蕎麥體驗、銀山溫泉路線	4小時20分／4000日圓	11:00大石田站出發→11:07尾花澤會合處出發→寒月堂（購物）→芭蕉・清風歷史資料館→德良湖・花笠之湯（午餐、參觀打製蕎麥麵、體驗花笠舞）→銀山溫泉（漫步）→15:20抵達大石田站 ※全年行駛（週三休）
	預約…はながさ巴士 ☎0237-22-2206		
會津若松・大內宿	鶴城與大內宿	5小時35分／6100日圓	11:20會津若松站出發→鶴城(天守閣)→割烹 田季野(午餐)→蘆之牧溫泉站搭景觀小火車→湯野上溫泉站→14:50大內宿→16:15蘆之牧溫泉站下車→16:40東山溫泉服務處下車→16:55抵達會津若松站 ※2023/6/3～11/26每週六日、假日行駛
	預約…會津乘合自動車 ☎0242-22-5555		
奧會津	體驗只見線＆奧會津的巴士之旅 奧會津巡禮	9小時15分／6100日圓	8:25東山溫泉出發→8:50會津若松站出發→9:20道路休息站 あいづ出發→11:30蒸留所「ねっか」→季の郷 湯ら里(午餐)→深沢郷 むら湯泡湯+余名澤之森 櫸樹林散步→14:10只見線廣場→14:25只見站→15:25會津川口站→16:00道の駅「みしま宿→17:05道の駅あいづ下車→17:25會津若松站下車→17:40東山溫泉下車 ※2023/7/1～11/23週六日、假日行駛
	預約…會津乘合自動車 ☎0242-22-5555		

＊各路線皆為2023年度之排程。因可能會有變動，請事先向預約處洽詢。若報名人數較少，有時將採用觀光計程車的行程。

●連接東北各地的長距離巴士

巴士名稱 路線	經由	所需時間	運費 （來回）	公司名稱
あすなろ号 盛岡←→青森	碇關	2小時44分	3400日圓	弘南巴士 ☎017-726-7575 岩手縣北巴士 ☎019-641-1212
ヨーデル号 盛岡←→弘前	——	2小時15分	3200日圓 （5700日圓）	弘南・岩手縣北巴士等 岩手縣交通巴士 ☎019-697-6761
八盛号 盛岡←→八戸	——	2小時25分	2100日圓	岩手縣北巴士 ☎019-641-1212
106急行巴士 盛岡←→宮古	——	2小時15～17分	2070日圓 （3700日圓）	岩手縣北巴士 ☎019-641-1212
ブルーシティ号 仙台←→青森	——	4小時50分	4100日圓～6200日圓	宮城交通・弘南巴士 ☎0172-37-0022（弘南巴士）
仙台←→釜石 （運休中）	遠野	3小時44分	3400日圓 （5800日圓）	宮城交通 ☎022-261-5333 岩手縣交通巴士 ☎0193-25-2525
キャッスル号 仙台←→弘前	——	4小時20～30分	5700日圓 （9400日圓）	宮城交通・JR東北巴士等 弘南巴士 ☎0172-37-0022
仙秋号 仙台←→秋田	——	3小時35分	4300日圓 （7800日圓）	宮城交通 ☎022-261-5333 秋田中央交通 ☎018-823-4890
けんじライナー 仙台←→花巻温泉	花巻	2小時45分	2900日圓 （5200日圓）	岩手縣交通巴士 ☎0198-23-1020
SSライナー・夕陽号 仙台←→酒田	鶴岡	3小時35分	3400日圓 （6200日圓）	宮城交通・山交巴士等 ☎022-261-5333（宮城交通）

租車情報

下北半島及津輕半島、三路海岸等交通往來不便的地區中，不妨考慮租車旅遊吧。

●利用JR鐵道＆租車車票

若是要採用租車，不妨購買JR的「鐵道＆租車車票」。在同一行程中利用JR線營運里程201公里以上並在車站租車時，若乘車券與車站租車一起預約，搭乘者全部都享有八折優惠，特急可享九折（黃金週、盂蘭盆、過年除外），也可使用周遊票券。若在網路上預約車站租車，全車種都可打九折。

鐵道＆租車費用

車種／時間	K等級 （Move、WagonR等）	S等級 （FIT、MARCH等）	A等級 （COROLLA、TIIDA等）	EA等級 （Prius等）	MV等級 （WISH、Stream等）	WA等級 （NOAH、SERENA等）
24小時止	6700日圓	7540日圓	10560日圓	13200日圓	12650日圓	21010日圓

●利用租車公司隨租隨還的服務

即使租車公司也有很多優惠服務，所以可以多加考慮。這種隨租隨還的服務各公司不盡相同，也有50公里以內免費、同縣內的營業處免費（請事先確認）等方案。有時若投宿合作的旅館，租車和住宿費都可享有優惠。另外，若開車前往的話，要注意奧入瀨的楓葉季節等有車輛管制，和八幡平盾形火山線等冬季關閉時間。

租車公司連絡處

ニッポンレンタカー
☎0800-500-0919
トヨタレンタカー
☎0800-7000-111
日産レンタカー
☎0120-00-4123
オリックスレンタカー
☎0120-30-5543

交通較不方便的下北半島可利用租車較為便利

索引

國家圖書館出版品預行編目(CIP)資料

東北／實業之日本社BlueGuide編輯部；
人人出版編輯部作. -- 修訂第四版.
-- 新北市：人人出版股份有限公司, 2023.11
面； 公分. --（人人遊日本；13）

ISBN 978-986-461-356-4（平裝）

1.CST：旅遊 2.CST：日本

731.7109 112015398

東北

MAP一人人遊日本（13）修訂第四版
作者／實業之日本社BlueGuide編輯部
翻譯／人人出版編輯部
校對／林庭安
發行人／周元白
出版者／人人出版股份有限公司
地址／23145 新北市新店區寶橋路235巷6弄6號7樓
電話／（02）2918-3366（代表號）
傳真／（02）2914-0000
網址／http://www.jjp.com.tw
郵政劃撥帳號／16402311 人人出版股份有限公司
製版印刷／長城製版印刷股份有限公司
電話／（02）2918-3366（代表號）
香港經銷商／一代匯集
電話／（852）2783-8102
第一版第一刷／2005年 7 月
修訂第四版第一刷／2023年11月
定價／新台幣380元
港幣127元

Blue Guide Tekuteku Aruki 31. Tohoku

First published in Japan in 2021 by Jitsugyo no Nihon Sha, Ltd., Tokyo
Traditional Chinese translation rights arranged with Jitsugyo no Nihon Sha, Ltd.
through Japan Foreign-Rights Centre/Bardon-Chinese Media Agency